本书由
中央高校建设世界一流大学（学科）
和特色发展引导专项资金
资助

中南财经政法大学“双一流”建设文库
文|化|传|承|系|列|

世袭翰林院五经博士法权研究

——以亚圣裔孟氏宗族为中心

巩 哲 著

长江出版传媒
湖北人民出版社

图书在版编目(CIP)数据

世袭翰林院五经博士法权研究：以亚圣裔孟氏宗族为中心 / 巩哲著.
武汉：湖北人民出版社, 2019.12
ISBN 978-7-216-09941-7
Ⅰ. 世… Ⅱ. 巩… Ⅲ. 地方法规—法制史—研究—邹城 Ⅳ. D927.524.02
中国版本图书馆CIP数据核字（2020）第018587号

责任编辑：朱小丹
封面设计：陈宇琰
张 弦
责任校对：范承勇
责任印制：肖迎军

世袭翰林院五经博士法权研究
SHIXI HANLINYUAN WUJING BOSHI FAQUAN YANJIU
巩哲 著

出版发行:湖北人民出版社　地址:武汉市雄楚大道268号
印刷:武汉科源印刷设计有限公司　邮编:430070
开本:787毫米×1092毫米 1/16　印张:15.5
版次:2019年12月第1版　印次:2019年12月第1次印刷
字数:260千字　插页:2
书号:ISBN 978-7-216-09941-7　定价:62.00元

本社网址：http://www.hbpp.com.cn
本社旗舰店：http://hbrmcbs.tmall.com
读者服务部电话：027-87679656
投诉举报电话：027-87679757

总 序

“中南财经政法大学‘双一流’建设文库”是中南财经政法大学组织出版的系列学术图书，是学校“双一流”建设的特色项目和重要学术成果的展现。

中南财经政法大学源起于1948年以邓小平为第一书记的中共中央中原局在挺进中原、解放全中国的革命烽烟中创建的中原大学。1953年，以中原大学财经学院、政法学院为基础，荟萃中南地区多所高等院校的财经、政法系科与学术精英，成立中南财经学院和中南政法学院。之后学校历经湖北大学、湖北财经专科学校、湖北财经学院、复建中南政法学院、中南财经大学的发展时期。2000年5月26日，同根同源的中南财经大学与中南政法学院合并组建“中南财经政法大学”，成为一所财经、政法“强强联合”的人文社科类高校。2005年，学校入选国家“211工程”重点建设高校；2011年，学校入选国家“985工程优势学科创新平台”项目重点建设高校；2017年，学校入选世界一流大学和一流学科（简称“双一流”）建设高校。70年来，中南财经政法大学与新中国同呼吸、共命运，奋勇投身于中华民族从自强独立走向民主富强的复兴征程，参与缔造了新中国高等财经、政法教育从创立到繁荣的学科历史。

“板凳要坐十年冷，文章不写一句空。”作为一所传承红色基因的人文社科大学，中南财经政法大学将范文澜和潘梓年等前贤们坚守的马克思主义革命学风和严谨务实的学术品格内化为学术文化基因。学校继承优良学术传统，深入推进师德师风建设，改革完善人才引育机制，营造风清气正的学术氛围，为人才辈出提供良好的学术环境。入选“双一流”建设高校，是党和国家对学校70年办学历史、办学成就和办学特色的充分认可。“中南大”人不忘初心、牢记使命，以立德树人为根本，以“中国特色、世界一流”为核心，坚持内涵发展，“双一流”建设取得显著进步：学科体系不断健全，人才体系初步成型，师资队伍不断壮大，研究水平和创新能力不断提高，现代大学治理体系不断完善，国际交流合作优化升级，综合实力和核心竞争力显著提升，为在2048年建校百年时，实现主干学科跻身世界一流学科行列的发展愿景打下了坚实根基。

习近平总书记指出：“当代中国正经历着我国历史上最为广泛而深刻的社会变革，也正在进行着人类历史上最为宏大而独特的实践创新。……这是一个需要理论而且一定能够产生理论的时代，这是一个需要思想而且一定能够产生思想的时代。”①坚持和发展中国特色社会主义，统筹推进“五位一体”总体布局和协调推进“四个全面”战略布局，实现“两个一百年”奋斗目标、实现中华民族伟大复兴的中国梦，需要构建中国特色哲学社会科学体系。市场经济就是法治经济，法学和经济学是哲学社会科学的重要支撑学科，是新时代构建中国特色哲学社会科学体系的着力点、着重点。法学与经济学交叉融合成为哲学社会科学创新发展的重要动力，也为塑造中国学术自主性提供了重大机遇。学校坚持财经政法融通的办学定位和学科学术发展战略，“双一流”建设以来，以“法与经济学科群”为引领，以构建中国特色法学和经济学学科、学术、话语体系为己任，立足新时代中国特色社会主义伟大实践，发掘中国传统经济思想、法律文化智慧，提炼中国经济发展与法治实践经验，推动马克思主义法学和经济学中国化、现代化、国际化，产出了一批高质量的研究成果，“中南财经政法大学‘双一流’建设文库”即为其中部分学术成果的展现。

文库首批遴选、出版两百余册专著，以区域发展、长江经济带、“一带一路”、创新治理、中国经济发展、贸易冲突、全球治理、数字经济、文化传承、生态文明等十个主题系列呈现，通过问题导向、概念共享，探寻中华文明生生不息的内在复杂性与合理性，阐释新时代中国经济、法治成就与自信，展望人类命运共同体构建过程中所呈现的新生态体系，为解决全球经济、法治问题提供创新性思路和方案，进一步促进财经政法融合发展、范式更新。本文库的著者有德高望重的学科开拓者、奠基人，有风华正茂的学术带头人和领军人物，亦有崭露头角的青年一代，老中青学者秉持家国情怀，述学立论、建言献策，彰显“中南大”经世济民的学术底蕴和薪火相传的人才体系。放眼未来、走向世界，我们正以习近平新时代中国特色社会主义思想为指导，砥砺前行，凝心聚力推进“双一流”加快建设、特色建设、高质量建设，开创“中南学派”，以中国理论、中国实践引领法学和经济学研究的国际前沿，为世界经济发展、法治建设做出卓越贡献。为此，我们将积极回应社会发展出现的新问题、新趋势，不断推出新的主题系列，以增强文库的开放性和丰富性。

“中南财经政法大学‘双一流’建设文库”的出版工作是一个系统工程，它的推进得到相关学院和出版单位的鼎力支持，学者们精益求精、数易其稿，付出极大辛劳。在此，我们向所有作者以及参与编纂出版工作的同志们致以诚挚的谢意！

因时间所囿，不妥之处还恳请广大读者和同行包涵、指正！

中南财经政法大学校长

---

① 习近平：《在哲学社会科学工作座谈会上的讲话》，2016 年 5 月 17 日。

摘　要

世袭翰林院五经博士（以下简称世袭五经博士或世袭博士）是中国历史上独特的一种制度与文化现象。这一群体及其家族遗存了大量的文献资料、金石碑刻、世家档案。综合运用法学、历史学的思维和视角，以“法权”为理论框架，对这一群体的法现象进行分析，可以发现这一群体拥有多种不同的权力，同时这一群体及其背后的宗族也享有着多种多样的特权，并且与皇权、地方权力、其他宗族之间产生了不同位阶的法权交往与互动。

世袭五经博士法权的授予来源于帝王的认可，这种认可并非皇帝一人的肆意独断，它受到多重因素的影响，其中最为重要的是作为圣贤后裔享有的身份上的文化影响力，这一君王不得不着重考虑的因素。世袭翰林院五经博士被作为皇权稳定政治局势、收拢人心的工具，体现了实用主义的色彩。此外，在世袭五经博士授权与承袭的过程中，难免因为利益的纷争而产生纠纷与冲突，对此明清中央权力机关有一套独特的处理程序。这些处置考量的依据也并非只是规范性文件，而是案件背后内含的“法”与“理”。

以亚圣裔为例，权力对于世袭翰林院五经博士的法权现象而言是十分重要的。在不同的场域，世袭五经博士以不同的“角色”和“脸谱”示人，展现了亚圣裔世袭五经博士的权利多样性。在府衙场域，亚圣裔世袭五经博士是“大老爷”，是权力的中枢，拥有管理府、庙、林务的最高权力。为了便于权力的运用，其在府衙内设置了多种机构，履行不同的职能，辅助其进行管理、治理，形成了一套金字塔型官僚制的管理体系。世袭博士对府、庙、林务的管理是多样的，形成了不同的管理制度，这些管理制度依靠世袭博士手中的权力反馈机制，得以富有效率地运作。

权力的产生归根结底是出于对利益的保护，而最能直接体现利益的部分则是特权。亚圣裔世袭翰林院五经博士及其宗族拥有多项特殊权力，总的来说包括政治特权、经济特权两大类，其中政治特权以封赐为中心，包括世袭博士本身的官位承袭，以及对世袭博士亲属的政治封赠，这使得亚圣裔世袭翰林院五经博士能够享有独特的尊贵地位；经济特权以赐田地、税收拨作祭费、免除赋税为中心，使得亚圣裔世袭五经博士特权可以获得经济上的支撑，形成与一般意义上的地主大家族不同的经济利益。

亚圣裔世袭翰林院五经博士的法权并非封闭的，他们与地方政府以及节制圣贤后裔的孔府之间来往密切，形成了法权的对外交流与互动。对于世袭翰林院五经博士而言，孔府是与其世代通婚的姻亲、共用字辈的宗亲，又是促使孟氏家族中兴的关键力量，这两点使得两大家族亲上加亲、关系亲密。另外，由于衍圣公府在法权位阶上明显高于亚圣裔府，所以政治、司法事务上由衍圣公府对孟府进行统辖、节制、领导。在共享一些特权时，如文化教育权、祭祀权，孔府总要比孟府能获得更多的特权，享受更多的利益，这也是法权位阶高低差等其中应有之义。

总而言之，亚圣裔世袭翰林院五经博士的法权现象处于官僚制度、宗族制度、法律制度三者的交会地带，是中华法文化中颇具特色的内容，有利于我们寻找法制文明中的特殊与一般，对其法权进行研究，对我们进一步探讨三者之间复杂的关系大有裨益。

目 次

绪 论

种数枝梅探春消息，蓄一池水窥天盈虚。[①]

一、研究缘起与问题的提出

中华法系的社会治理模式在清代达到了成熟和顶峰，伴随着清末两千年未有之变局，在内忧外患中逐渐崩溃。维系中华法系在中国帝制社会得以长久运行的关键因素就是家族的存在，通过观察家族这一群体在中国法律制度中的独特作用，可以认识到中华法系在基层运转的制度和模式。中国历史上最负盛名的儒家圣贤后裔家族——孔、颜、孟、曾四大家族，不仅族群人数众多，而且作为圣贤后裔，其家族运作的模式亦是按照国家的意识形态——儒家思想而存在。更重要的是，正因为他们血统的特殊，统治者赋予他们大宗世袭不变的特殊官职身份，分别是世袭衍圣公、复圣裔世袭翰林院五经博士、亚圣裔世袭翰林院五经博士、宗圣裔世袭翰林院五经博士（世袭翰林院五经博士以下简称世袭五经博士或世袭博士），在政治上加以优待，使四大家族完成了从私邸到官府，从普通地主宗族到权贵宗族的转变。这种转变在实质上是皇权对四大家族的大宗在国家法权上的确认，是家族伦理与国家政治制度的结合，刻画了中国帝制王朝管控血缘社会的制度逻辑。

其实，早在1873年（清同治十二年）的一个秋天，由英国来华传教的伊莎贝拉·韦廉臣夫人就以一个异国旁观者的视角观察到了这一群体，她在她的游记中以畅快的笔调写道："孟子出生于公元前371年[②]，在他84岁高龄时去世。他的后裔依然生活在这一地区，现在年龄最大的孟子后裔是孟子的第72代孙。他以及他的儿子和孙子，都很有修养，知识渊博。他们告诉我，孟子的第73代嫡孙，现在还都是小孩，就生活在孟府之中。"[③]

泰山岩岩，汶水汤汤。笔者一直以来也有兴趣于齐鲁文化，在阅读有关世袭衍圣公的相关史料与著作时，时常发现有关世袭五经博士的吉光片羽穿插其

---

① 孟府五进院楹联。

② 学界一般认为孟子诞生于周烈王四年即公元前372年。

③ ［英］伊莎贝拉·韦廉臣：《中国古道：1881韦廉臣夫人从烟台到北京行纪》，刘惠琴、陈海涛译注，中华书局2019年版，第215页。

中出现，这引起了我的注意。遍阅文献，有关衍圣公以及曲阜孔府的文献可以说已经有所成果，研究得比较全面和深入，而涉足世袭五经博士的相关著作却十分稀少，可以说是有待开垦的一方净土。当我得知湖北省相关图书馆尚存《孟府档案全编》前集全册时，十分惊喜。翻阅孟府档案，发现其中有大量亚圣裔世袭翰林院五经博士处理司法活动、族务活动、府务活动、林庙管理事务的相关材料以及与孟府有关的土地契约文书。这些现存内容丰富、种类多样的史料，让我有了进一步的思考。

"九世曰鲋，字子鱼。赅博经史，兼通六艺。秦始皇并天下，召为鲁文通君。"[①]这是专制王朝第一次对圣贤后裔加封，不过这个时候的封号还不能世代承袭，直到汉成帝时期孔福袭封关内侯，圣贤后裔始可世袭封号。大明景泰三年（1452年），"升授颜、孟宗子世袭为翰林院五经博士之职"[②]。此后清代不断册封圣贤后裔为世袭翰林院五经博士，有二十个姓氏之多，是所谓："爵之使贵，田之使富。帝历几更，苗裔如素。岂其皆才，先贤之故。"[③]

我们可以看出圣贤后裔册封有三个趋势：一是封号由不可承袭演变为可以承袭，二是爵位等级不断攀升，三是册封数量渐多，仅雍正一朝就册封了五氏子孙。但是，就中国古代世袭制度的演变趋势来看，皇权日盛的前提下，世袭制度在逻辑上和设计上应是逐渐走向衰亡的。为什么历代王朝却对圣贤后裔网开一面，宠渥日隆，这一切的背后有统治者何种政治考量？不过，册封的过程也并非海不扬波，大明崇祯年间发生过"争袭奉祀互控冒继乱宗"[④]的司法案件，清嘉庆年间又发生了山东巡抚上疏，为称左丘明后裔的肥城邱氏请立五经博士，却被嘉庆帝夺回的"左邱公案"[⑤]等案件。这里不禁设问，世袭翰林院五经博士这一官职的权力是如何被授予的？围绕册封发生的司法案件是怎么处理的？为何地方政府对册封之事颇感兴趣？

传统观点认为历代帝王对圣裔的册封只是一文化符号，象征本朝崇儒尚道，并没有实际权力，笔者认为此观点尚有探讨的空间。在孟府档案中发现孟府同

---

① 徐镜泉纂辑、孔繁英参订、徐寿昌点校：《孔氏南宗考略》卷一《北宋以前圣裔考第三》。

② 刘培桂编著：《孟子林庙历代石刻集：亚圣五十六代孙世袭翰林院五经博士荣归记》，齐鲁书社2005年版，第143页。

③ 郭齐、李文泽主编：《儒藏·史部·孔孟史志10·三迁志（清）》，四川大学出版社2005年版，第475页。

④ 曲阜师范学院历史系编辑：《曲阜孔府档案史料选编·第3编 清代档案史料·第2册 圣贤后裔》，齐鲁书社1980年版，第153页。

⑤ 参见周郢：《〈左传精舍志〉与清代"左邱公案"》，《山东图书馆学刊》2009年第5期，第110～113页。

地方政府之间的公文来往，文中有“贵院请凡查照……就近差拿”①“据情移会江苏铜山县县主照例严惩”②“再此次系借用邹县印信合并声明”③等昭示权力意义的辞令，可以确定这一职位是有特定权力存在的，这正凸显了清代中央对世袭五经博士权利的表达与地方世袭五经博士实践中职权的背离。那么以亚圣裔为代表的世袭五经博士拥有怎样的司法权力？他们权力的边界周延到何种地步？

事实上，世袭五经博士不仅与地方行政权力往来频繁，亦要受到位列朝中文武两班之首的衍圣公节制，形成以衍圣公为月，世袭五经博士为星，众星拱月般的“圣裔共同体”。共同体成员之间血统一致，都属于对儒学有较大贡献的圣贤大宗之后，权力来源一致，都来自最高统治者的册封，内部结构一致，设有户头、户举等管理者，衍圣公与诸世袭博士在共同体内部参差互现，彼此观照，这在中国历史上是非常特殊的现象。这种特殊现象的背后共同体内部又有什么不同点，具体到法律史领域，衍圣公和世袭五经博士的权力配置有什么不同，在处理案件过程中他们之间你来我往的运行制度是怎样的？

孔孟两家之间的关系是暧昧复杂的，两家累世通婚，本身就形成了严密的宗法关系；在官僚队伍里，衍圣公阶正一品，班列百官之首，世袭五经博士阶正八品，位于官僚体系金字塔的塔基；文化脉络上，孔府先祖孔子是至圣先师，孟府先祖孟子是亚圣，一个是儒家学派的开创者，一个是儒家学派继往圣开来学的中兴者，可以说两家血脉相连，文脉相传，官运相济。笔者认为对孔孟两家这种休戚相关、命运与共的关系史展开思索，是解答以上问题的不错切入点。

从人们对世袭翰林院五经博士世居地的称呼，也可看出些端倪，其俗称各地民间不一，有的称“翰林府”“博士府”“翰博府”，有的称“孟府”“曾府”。从民间俗称即可感受到“世袭翰林院五经博士府”的两重功能属性，一是官署威权，二是统摄族裔。它的所在，既处于官僚体系权力的支端末节，又处于宗法社会家族权力的控制中心。上文已经简单介绍了其作为官僚体系成员给我们带来的思考，那么作为宗法社会家族权力的控制中心，孟氏家族的司法活动是怎样的？亚圣裔五经博士其对本族裔纠纷矛盾的解决发挥的作用是什么？

对世袭五经博士这一群体的陌生，对孟氏宗族司法活动和纠纷解决机制的

---

① 郑建芳主编：《孟府档案辑录》，中国社会出版社 2013 年版，第 18 页。
② 郑建芳主编：《孟府档案辑录》，中国社会出版社 2013 年版，第 23～24 页。
③ 宫晓卫等主编：《孟府档案全编》第 1 册，齐鲁书社 2014 年版，第 12 页。

好奇，对孔孟两家权力配置的异同以及相互关系的疑问等问题，都促使我试图深入研究下去，这是本书确定题目的主要方面。

现阶段的法律史研究已经从宏观视角切入了微观视角，微观法律史研究为宏观法律史研究提供了或支持或反对的论据，推动了宏观法律史研究的进步。这是法律史研究从共性到个性，再由个性到共性的科学过程。本书也试图采用此种视角，对有清一代宗族法制作个性研究的深入，以期弥补法律史学界对世袭五经博士族群及其代表性家族——亚圣裔孟氏家族研究的空白，以期对宗族法律史乃至中国法律史浩如烟海的研究作出渺不足道的贡献。

二、研究的价值与意义

（一）理论意义

1. 以往法律史学界多关注国家法律制度、官僚制度、司法制度和这些制度在实践中的运行以及宏观角度的宗族法、家族法的研究。对大家族家法的研究特别是对曲阜孔府的研究，也已经相当深入。这些研究基本上涵盖了法律史领域的主要方面，但是处于这些领域交界之处的，被光芒遮蔽的孟府法权研究却始终没有学者进行法律史视角的探析。

孟府法权的特殊性就在于，在官僚体系中他们是支端末节，是皇权在地方的触角之一，是对社会秩序进行管控的强制力；在宗族领域他们又是本宗族的中心，大宗主的地位决定了孟府对本家族事务、家法族规执行的核心支配地位；对于国家司法制度、法律制度、官僚制度而言，孟府亦是基层的执行者，这种执行既包括孟府是否超越了皇帝对其权力边界的设定，也包括了孟府是否按照司法、法律制度对权限内的事务行事；而相对于普通宗族，亚圣后裔的文化身份又使孟府成为儒家法律文化忠实的践行者，儒家法律思想忠实的捍卫者。

对孟府法权作法律史研究可以填补其本身作为宗族组织的司法运作情况的空白，更可以通过对孟府的研究发现明清中国在官僚权力、国家、宗族法制、地方司法运行等相互交叉、模糊领域的法权生态。

2. 本书相较于前人的理论还有一点突破之处，那就是填补了宗族与宗族之间法制互动关系研究的空白，将宗族法研究由之前的封闭式研究转到开放式研究的轨道上来。前人的研究大多将关注的焦点放在一般意义上的宗族法制以及部分大家族的宗族法上，这些研究是以宗族内部研究为进路，忽略了横轴宗族之间的活动，忽略了宗族之间的法权联系。

本书将以孔孟两家的法权来往为关注点之一，将两家在横轴上展开的法权内容描述清楚，是本书的一个突出特点。

（二）现实意义

1. 为乡村社会治理提供新的方略，回应“乡村振兴”的战略决策。

中华人民共和国成立后，中国共产党携着人民授予的空前的革命力量，先后推出土地改革、农业社会主义改造、人民公社化运动、家庭联产承包责任制改革等政策，迅速涤荡了农村旧的社会秩序，并对农民的联结关系进行了重构，使得存在逾千年的宗族组织瓦解，在历史上，第一次真正意义上整合并利用了三农资源。

随着社会经济的发展，特别是近四十年大量的农业人口迁徙到城市，甚至造成了“农村空心化”的现象，为解决这个问题，2018 年中共中央发出《中共中央国务院关于实施乡村振兴战略的意见》的一号文件，笔者注意到文件中特别强调了“乡风文明建设”“切实保护好优秀农耕文化遗产，推动优秀农耕文化遗产合理适度利用。深入挖掘农耕文化蕴含的优秀思想观念、人文精神、道德规范，充分发挥其在凝聚人心、教化群众、淳化民风中的重要作用”“乡村治理体系和治理能力现代化”“提高乡村德治水平，深入挖掘乡村熟人社会蕴含的道德规范，结合时代要求进行创新，强化道德教化作用，引导农民向上向善、孝老爱亲、重义守信、勤俭持家”[①] 的内容。

笔者认为虽然 1949 年以后在农村重构的社会组织发挥了整合资源的积极作用，但是不得不承认若是以单纯的行政权力取代其他所有的动员方式，这种高度依赖行政管理的关系模式在农村社会管理会非常脆弱，对调动资源和加强社会控制的能力是一种考验。为贯彻“乡村振兴战略”的实施，极有必要重新审视宗族组织在参与社会治理尤其是乡村治理中的作用和地位。

农村社会作为一种熟人社会，伦理联结关系和算人情账是乡情，绝大多数矛盾的解决并不是依靠法律，而是通过德高望重的村民从中调解，不过即便是

---

① 中共中央国务院印发《乡村振兴战略规划（2018—2022 年）》，中华人民共和国中央人民政府网站，http：//www.gov.cn/zhengce/2018-09/26/content_5325534.htm。

矛盾不解决，矛盾双方老死不相往来，也少有采取法律手段的情况，这就是乡村秩序的基本背景。以血缘关系为纽带的宗族组织，在维系亲属情感，化解族内矛盾冲突方面有着天然的优势，孟府档案中亦多见世袭五经博士作为大宗主出面主持公道的案例，不宁唯是，“任何时代记录下的民族或民众的法律只不过是一种始终在变化着的文化演化过程的静态表象”[①]。宗族组织这些功能的背后亦有相当的宗族文化支持，大的家族流传有家法族规、艺文唱和，重视对族人进行孝老爱亲、勤俭持家、诗书礼仪的德化教育，实力雄厚的家族还设立书院，以“教子孙两行正路，惟耕惟读”[②]，“敦笃伦理，轨范后学”[③]。

亚圣府所藏碑文《皇清诰封宜人孟母王太孺人墓志铭》写道：“（太孺人）其教子严而有法，为延师课督，不少姑息。尝曰：吾辈忝属圣裔，当诗书为本，勿自怠。更立三迁书院，教育戚族、门下数百人，皆斐然有声。”即可看出孟氏一族宗族长者不仅以身作则，谆谆教导，还设立书院教化族内子孙，可谓是用心良苦。作者相信，在恢复一定程度的宗族组织，把宗族化解邻里矛盾、寄托亲情、德育后人的潜力发挥出来，是“乡村振兴”战略的决策者和参与者所乐见的，笔者所要研究的本课题的旨趣之一也在于此。

2. 认识、批判、继承亚圣裔孟氏家族宗族法制与法律文化，回应“文化自信”的时代需求。

进入中国特色社会主义新时代以来，习近平总书记关于传统文化的一系列论断，让我们看到了科学认识和继承传统文化的可期未来，他说：“文以载道，文以化人。当代中国是历史中国的延续和发展，当代中国思想文化也是中国传统思想文化的传承和升华，要认识今天的中国、今天的中国人，就要深入了解中国的文化血脉，准确把握滋养中国人的文化土壤。”在庆祝中国共产党成立九十五周年大会上习近平总书记明确提出中国共产党人“坚持不忘初心、继续前进”，就要坚持“四个自信”，即“中国特色社会主义道路自信、理论自信、制度自信、文化自信”。他还强调，“文化自信，是更基础、更广泛、更深厚的自信”，把党的十八大确定的“三个自信”扩展到“四个自信”，表明了全党对构建中国特色社会主义文化以及文化软实力的重要性有了新的认识。

---

① ［英］R. 科特威尔：《法律社会学导论》，潘大松等译，华夏出版社 1989 年版，第 25 页。
② （清）齐学裘：《见闻随笔 · 陈玉方先生》卷二十五（清同治十年天空海阔之居刻本）。
③ 刘培桂编著：《孟子林庙历代石刻集 · 重修出院记》，齐鲁书社 2005 年版，第 228 页。

笔者认为拙著所选研究之题目也是对“文化自信”的一种契合与回应。

心理学相关理论认为，自信来源于三个方面，首先是对自我界限有清晰的认知。自我界限，是指自己对自己有着明确的认识，明白自己是独立区别于其他个体的，对自我界限认识不清，就会导致过度依赖他人，渴求与他人融为一体，渴求他人代替自己作出决定。廓清本国文化场域的自我界限，努力还原本国文化的面目，并明确本国文化与其他民族文化的区别，才不至于落入历史文化虚无主义、现代中心主义与西方中心主义。

孟府的法权制度文化，涵盖了不同的文化领域，是儒家文化、宗族文化、齐鲁文化以及法律文化的相互交叉，笔者将亚圣裔世袭五经博士法权作为研究对象并力图达到“认识我们自己”的目的，有助于我们对上述四个文化领域作进一步探索，增进我们对四个文化领域的知识储备，以资检视我们已存的“前提”和“真理”。

其次，自信源于对自我能力的拓展，不断谋求自我的进步。《大学》云：“苟日新，日日新，又日新。”当今，儒学正在经历新一轮的复兴运动，笔者在这场运动中看到了面对传统文化时国人渴望的眼神，感受到了“对其本国以往历史之温情与敬意”[①]，但是笔者也注意到这场运动中出现了一些泥古不化、因循守旧的现象，刻意寻找本土资源而不加甄别，错误地把儒学继承与创新引入复古运动的歧路。

文化的继承应是激浊扬清，荡去滓秽，文化的创新应是赋予优秀传统文化以现代生命力，关注现代难题，提供别出机杼的解决方案，“所以继往圣，开来学，而大有功于斯世也”[②]，实现传统的现代新生。有的学者总结中国古代社会的治理模式是“国权不下县，县下惟宗族，宗族皆自治”[③]，虽然此话说得未免太过绝对，但不得不承认宗族法制在维系专制社会秩序方面的确起到了举足轻重的作用。本书竭忠于史料、史实，尽智于史论、史识，希冀可以利用批判性思维，分析发掘出以孟府为中心的传统宗族法律制度文化在促进乡土社会和谐、纠纷解决，维系家族共生共荣方面的积极因素，批判地对待宗族法律制度文化中落后的、陈旧的部分，以期为后来者研究宗族法律制度文化提供资源和观点支持，

---

① 钱穆：《国史大纲》上册，商务印出馆 2006 年版，第 1 页。
② （南宋）朱熹：《朱子全书》第 24 册，上海古籍出版社、安徽教育出版社 2002 年版，第 3748 页。
③ 秦晖：《传统十论——本土社会的制度文化与其变革》，复旦大学出版社 2003 年版，第 3 页。

“人能弘道，非道弘人”[1]；亦更期盼对在现代社会对宗族法制与文化有创造性建构的学者有所启发，正所谓：“以古人之规矩，开自己之生面。”

其三，自信还来源于对内在动机实现的追求。一个民族，作为一个长期稳定的共同体，必然有着共同的理想追求，这是长期受到同质文化陶冶的结果。中华民族在形成过程中，有着概括起来为“和”的思想的理想信念。“和”就是人与人和，人与天和，王夫之云：“天地以和顺为命，万物以和顺为性，继之者善，和顺故为善也。成之者性，和顺斯成也。”[2]无论是人与人之间，还是人与自然之间，都需要保持一种相互平衡协调、和谐有序的状态，《中庸》评价这种状态为：“中也者，天下之大本也；和也者，天下之达道也，致中和，天地位焉。”[3]通过点滴“和”的实现，最终达到万事万物各有其分，各得其所，宇宙阴阳的哲学高度的“天地之和，阴阳之调”，[4]这是中华民族生生不息，念兹在兹力求实现的愿景。

笔者认为具体到社会结构层面，宗族之所以在历史长河中生机益发，最重要的原因之一，实是宗族乃是本民族理想追求的延展和实践，“和”之思想就是乡土社会里宗族组织垂宪万世的核心思想。

亚圣庙明代刻石《孟氏宗支之记》[5]上书：“余惟天地定位，四时顺序；宗支定位，子孙不紊。古圣贤法天地定位之理，分宗支之辨，盖顺天道正纲常也。天道顺，纲常正，家齐国治而天下平矣。亚圣有言，天下之本在国，国之本在家。今孟氏原始要终，依家礼立宗支法，可谓奉上先训知先务也。”可见亚圣裔孟氏家族践行“和”的路径是顺天道、正纲常、依家礼、立宗法，以实现子孙不紊、家齐国治天下平的目的。孟氏宗族以效法天道来说明宗族权力的缘起，利用一整套礼法制度，使得宗族秩序乃至天下秩序皈依于天道般的天地得位、四时有序。宗族法律制度文化典型代表的亚圣裔孟氏家族法律文化，上述一例可见一斑，笔者认为本课题研究有助于让我们对本民族“和”的思想有更深刻的认识，是不断丰富和发展我民族理想追求，增强我民族认同感、向心力使命的组成部分。

---

① （南北朝）皇侃：《论语义疏》卷八（清知不足斋丛书本）。

② （清）王夫之：《周易外传》卷七（清船山遗书本）。

③ （南宋）汪晫辑：《曾子子思子全书 · 子思子全书》（清文渊阁四库全书本）。

④ （秦）吕不韦撰、（东汉）高诱注：《吕氏春秋》卷五《仲夏第五》（四部丛刊景明刊本）。

⑤ 李彬等编：《孟庙孟府孟林碑刻集 · 皇帝圣旨 · 摽拨孟庙祭田公凭》，齐鲁书社 2019 年版，第 44 页。

三、研究现状与评价

迄今为止，笔者阅览各方资料，还未曾发现有过一位学者从法律史的学科视角来对孟府档案进行研究。史料充足，而法律史学界无人问津，行笔至此笔者亦有所感触，一是为法律史料与文化尘封许久而感到惋惜，二是为这些档案史料历经风雨侵蚀、王朝更迭、战乱兵燹、政治运动还能够保存下来一部分感到弥足珍贵，三是更加感觉正在进行的研究具有重要价值。

出现这种无人问津现象的原因是法律史学界对其他学科尤其是历史学的关注度还不够。黄宗智先生以历史社会法学的创新研究方法，在法律史学界掀起了一场“新法律史学”的风暴，喻其“成功地动摇了数十年来关于中国——尤其是清代——法律公认的看法”①。他在瞿同祖先生研究的基础上进一步将社会学研究方法引入法律史研究，拓展了法律史研究的视野。但是其带来的“羊群效应”也是明显的，由资料整理向理论阐释范式的转变加上反思史学的先天基因，降低了法律史学界对于新史料，尤其是一些对传统领域的新出史料发现、历史学新进展的敏感度。不少学者寻求新方法新视角，以求别出新意。尤其是经过中国法律史学是“史学化”还是“法学化”的争论后，学界陷入非此即彼的二元对立中，存在于法学界的法律史学者力主法学化，在一定程度上也消弭了关注史学研究进展的热情。当然本身孟府档案整理工作结束和出版的时间较晚也是原因之一。

不过，对世袭五经博士以及亚圣裔孟氏一族的研究，有一些是从其他角度展开的，分别是：

1. 从文化史角度开展研究的朱松美所著《孟府文化研究》②《邹城孟氏家风》③《孔府与孟府关系发微》④，金萍的《家风文化塑性与地方性文化治理——孟子后裔古村落空间治理文化考察》⑤，刘培桂的《孟子林庙历代石刻概述》⑥《孟子与孟

① 转引自尤陈俊：《“新法律史”如何可能——美国的中国法律史研究新动向及其启示》，《开放时代》2008年第6期，第70页。

② 朱松美、王志民：《孟府文化研究》，中华书局2013年版。

③ 朱松美：《邹城孟氏家风》，人民出版社2015年版。

④ 朱松美：《孔府与孟府关系发微》，《孔子研究》2014年第1期，第119～126页。

⑤ 金萍：《家风文化形塑与地方性文化治理——孟子后裔古村落空间治理文化考察》，《甘肃社会科学》2017年第4期，第209～215页。

⑥ 刘培桂编著：《孟子林庙历代石刻概述》，《孔子研究》2002年第5期，第77～84页。

子故里》[1]《孟子林庙历代题咏集》[2]《孟子林庙历代石刻集》[3]，罗国燕、边茂春的《解密孟府档案　弘扬母教文化》[4]，杨海文所著一篇书评《孟子研究的史学进路——兼评刘培桂先生新著〈孟子与孟子故里〉》[5]。

2. 从历史学角度开展研究的孔莹、王成舜著《圣贤后裔五经博士考》[6]。

3. 从档案学角度开展研究的刘旭光著《孟子家族的记忆：孟府档案管理研究》[7]、博士论文《孟府档案管理研究》[8]以及其同名期刊论文和《孟府档案的发现》[9]《孟府档案研究管窥》[10]《孟府档案中的珍品——敕命文书》[11]四篇文章，张欢所著《孟府档案文化研究》[12]，宫晓卫、邵泽水、侯新建等著《孟府档案全编》[13]。

4. "文化大革命"时期一些密集发表的带有浓厚意识形态色彩的文章《罪恶累累的"亚圣府"》[14]《界石碑下血迹斑斑》[15]《尊孔与侵略、卖国》[16]《"孟府"和"仁政"就是吃人》[17]等。

以文化史视角切入的，主要以研究历史上孟府文化现象为旨趣的专著《孟府文化研究》改变了以往研究成果那种"思想—生平—后裔"层层外推的研究进路，在这种进路下的孟府家族文化总是以孟子文化衍生品出现的，是外缘性的，非核心的，朱松美以"家族文化"为核心关注点，并贯穿对中国文化、儒家文化、齐鲁文化互动关系的思考，首先开辟综合利用孟府所藏档案、谱牒、方志等能够真实反映孟府日常活动的史料之路径，对亚圣裔孟氏一族相关的文化要素进行全景式的再现，全面介绍了孟氏家族源流，孟子及孟府地位兴衰，邹城府庙

---

① 刘培桂：《孟子与孟子故里》，中国文史出版社 2001 年版。
② 刘培桂编：《孟子林庙历代题咏集》，齐鲁书社 2001 年版。
③ 刘培桂编著：《孟子林庙历代石刻集》，齐鲁书社 2005 年版。
④ 罗国燕、边茂春：《解密孟府档案　弘扬母教文化》，《山东档案》2016 年第 3 期，第 17 ～ 18 页。
⑤ 杨海文：《孟子研究的史学进路——兼评刘培桂先生新著〈孟子与孟子故里〉》，《华南理工大学学报（社会科学版）》2003 年第 4 期，第 28 ～ 32 页。
⑥ 孔莹、王成舜：《圣贤后裔五经博士考》，《山东档案》2007 年第 5 期，第 61 ～ 62 页。
⑦ 刘旭光：《孟子家族的记忆：孟府档案管理研究》，世界图书上海出版公司 2015 年版。
⑧ 刘旭光：《孟府档案管理研究》，山东大学博士学位论文，2011 年。
⑨ 刘旭光：《孟府档案的发现》，《档案学通讯》2010 年第 4 期，第 93 ～ 95 页。
⑩ 刘旭光：《孟府档案研究管窥》，《山东档案》2011 年第 5 期，第 14 ～ 17 页。
⑪ 刘旭光：《孟府档案中的珍品——敕命文书》，《档案学研究》2012 年第 1 期，第 94 ～ 96 页。
⑫ 张欢：《孟府档案文化研究》，《北京档案》2018 年第 5 期，第 19 ～ 22 页。
⑬ 宫晓卫等主编：《孟府档案全编》，齐鲁书社 2014 年版。
⑭ 中共邹县县委、六一九〇部队、曲阜师范学院中文系编写组：《罪恶累累"亚圣府"》，《破与立》1975 年第 5 期，第 58 ～ 61 页。
⑮ 郑成礼：《界石碑下血迹斑斑》，《文物》1974 年第 9 期，第 60 ～ 61 页。
⑯ 邹文军：《尊孔与侵略、卖国》，《文物》1974 年第 9 期，第 62 ～ 64 页。
⑰ 单其悦：《"孟府"的"仁政"就是吃人》，《破与立》1974 年第 2 期，第 36 ～ 38 页。

林墓建筑文化内涵，府务管理，家学教育等几方面内容，可谓是内容丰富，卷帙浩繁，对后来者系统了解孟府文化提供了资料性的便利。不过其问题也是彰明较著的，由于作者研究取向的原因，本书以阐述孟府的家族文化为重心，较少涉及家族制度内容，以及文化与制度之间的作用关系，也并未涉及孟府司法活动和孟府与地方政府关系的相关内容，有待学者补充研究。

另一著作《邹城孟氏家风》也是沿袭前著的研究进路，只不过进一步缩小了研究对象的范围，定位在“家风”文化上，所采用的史料，研究方法和结论没有太大变化，文学性、故事性较强。

同样通过文化史视角进行研究的《家风文化塑性与地方性文化治理——孟子后裔古村落空间治理文化考察》，别出心裁地使用了田野调查的方法，作者金萍将“村落空间”看作“文本”，从村落发掘口述文本、记忆文本、历史文本等，通过这些材料回溯历史，情景重现，形成相互呼应的回路，从而形成作者对当下村落空间文化的继承、保护、发展、治理的思考和策略，文中使用了不少口述历史的材料，这在本领域是创新之举，给后者研究本领域提供了新的素材。其提到的“空间的文化治理”，有别于传统的“空间的行政治理”研究，和文化治理“回灌工程”的概念对基层村民自治的制度建设亦颇具启发意义。总的来说，历史的回溯只是其探求文化治理体系的坐标之一，这篇文章还是一篇以文化治理为研究中心的文章。

以研究孟府与孔府两家族关系为主要内容的是《孔府与孟府关系发微》一文，这也是唯一一篇研究两家关系的文章。文章主要从发生关系的内容、性质，之间相互关系的地位高低作为切入点，并观照到两家的政务、婚姻、教育、宗法和私交等领域，较为全面地展示了两家关系的概况，不足之处就是文章大而不细，较为宏观，多介绍性、概括性词句，尤其是两家族法律与政治关系以及互动机制应是最应关注的重点内容，却着墨甚少，稍显遗憾。

20 世纪末至 21 世纪初，利用邹城亚圣府庙林墓所藏史料研究孟子文化的代表人物刘培桂先生，是亚圣府庙林墓史料发现和运用的开局者。他的文章《孟子林庙历代石刻概述》以及专著《孟子与孟子故里》主要贡献在孟子文化的研究以及史料的搜集整理。正如作者所说：“他（《孟子与孟子故里》）凝聚的不仅仅是我个人的心血，而更多的是世世代代对孟子情有独钟人们的心血，是认识了解孟子的一个重要侧面。”杨海文在《孟子研究的史学进路——兼评刘培桂先生新著〈孟子与孟子故里〉》的书评中称刘培桂先生的研究是学界多被冷落的“历史—思想史进路”，以“三孟升格运动”和“孟子故里圣地化”为主要研究问题，细腻地运用史料对孟子的思想和生平进行考证，具有“不负有心人”的史料功底。刘培桂先生还发掘整理出版了《孟子林庙历代题咏集》和《孟子林庙历代石刻集》两部史料集，可谓是“力尽不知热，但惜夏日长”，为我们今后的研究提供了极大的便利。毛泽东说：“一个时代有一个时代的主题，一代人有一代人的使命。”前辈已经尽最大努力完成了史料搜集整理工作，有待后辈在史料的基础上，深入发掘其背后所隐藏着的孟府法权制度和法律文化。

目前为止，学界唯一一篇有关圣贤裔世袭五经博士的论文是孔莹、王成舜所著的《圣贤后裔五经博士考》，此文主要是贡献是世袭五经博士的考证。文章分为四个部分，首先介绍了“博士”和“世袭五经博士”设置的起源，并在下文中将世袭五经博士分为孔氏后裔世袭五经博士和十三氏后裔五经博士，以年代为序，较为详尽地考究了他们分别被册封的时间和经过，其后简略介绍了世袭五经博士的管理制度，在文章的最后谈到了世袭五经博士制度的废除。文章较为合理地对世袭五经博士进行了分类，并述清了每一支源流的概况，是研究世袭五经博士的开山之作，但是，由于文章篇幅不长，内容较简单，考究的深度有限，许多问题没有涉及，尤其是世袭五经博士的管理制度，寥寥数语是难以涵盖全面的，有待继续加强研究。

《孟子家族的记忆——孟府档案管理研究》代表了孟府研究的另一个学科取向——档案学。作者在书中细数了孟子及其后裔的兴衰历程，介绍了孟府档案、所藏图书、石刻档案的现状、价值并整理编制了目录，研究了历史上孟府“赐书楼”对孟府家族档案、书籍的管理状况与机制，展望了入选世界记忆工程和孟府档案整合利用的未来。此书选取孟府档案为研究对象，是我国第一部研究孟府档案的专著，作者本人也参与了孟府档案的整理、分类和编目工作，作者定义了孟府档案的概念，他第一次将孟府档案进行分门别类、编目整理的工作，并详述了孟府档案在历史研究、经济研究、文化艺术上的价值，具有档案学知识背景优势的他，颇具创见地提出按照档案管理的经验和方法，将孟府的档案、文物、图书实行一体化管理，实现资源的互通利用，使得故纸堆里的孟府档案第一次被认识、管理和利用起来，孟府档案也是笔者探析孟府法权及法文化运用的主要史料。可以说刘旭光教授的这种贡献在本领域是具有开创性的，而其运用学科交叉的研究方法，也为我们法律史学科能否与档案学形成学术互动，并产生出一些不同凡响的成果，提供了新的道路。

《孟府档案全编》前后集由齐鲁书社分别于2014年和2015年出版面世，是我国国家2011—2020年古籍整理出版规划的重点项目，荣获2014年度全国优秀古籍图书奖一等奖。全书共95卷，2300余万字，6000余幅图片。《孟府档案全编》前集将北宋孔辅道寻访孟子后裔以来，孟府在各类活动中产生的公文函件、司法档案、府务管理记录、土地地租清单、册封圣旨、族谱家志等纸质档案，及历代名人雅士题咏、亚圣府庙林墓修建、翻新的石刻碑拓，楹联字画、近代照片，文物资料等进行全面影印出版。《孟府档案全编》后集全面辑录了道光至民国年间，孟氏宗族流寓在各地支系的唯一一部孟氏支派世系支谱，地域涵盖了鲁、黑、辽、吉、津、鄂、晋，真实反映了孟氏宗族在全国各地繁衍生息的历史情况，对于宗族文化遗产的整理、抢救、保护有重要意义。

《孟府档案全编》有三点特色，一是按照档案资料载体和性质不同，分卷归类，并配有精悍简介；二是力求原样原貌，家谱家志采用孟府所存善本，与档案书画一样均是影印而来，真实客观。三是文献价值高，书中的圣旨、诏书是珍贵的清代政治史研究资料，书画、碑刻又具有独特的艺术价值。《孟府档案全编》是国内第一部也是最全面完善的一部孟氏宗族档案资料总集，是研究孟子、孟氏家族和邹鲁儒家文明的不可多得的文献。

其他从档案学出发的文章大多没有超出上述文献所作贡献的范围，在此不做赘述。

“文化大革命”期间有关孟氏宗族的文章，具有那个时代浓厚的意识形态印记，对许多问题的分析是不科学、不客观的，对于文章中的许多偏激观点，笔者不能苟同。另外，这些文章大量运用了口述历史的方法，搜集了不少当地民众对孟府的历史活动的直观感受和认识，具有一定的史料性价值。

四、相关概念与时间范围的确定

（一）相关概念

本书所说“世袭翰林院五经博士”指的是以大明景泰三年（1452年）册封颜回、孟轲后裔为世袭翰林院五经博士为始，至民国二十四年（1935年）国民政府颁布政令，废除衍圣公、世袭五经博士封号为止，其间历代统治者册封为世袭翰林院五经博士官职的圣贤后裔。五经博士的官职汉代已有设置，“自武帝立五经博士，开弟子员，设科射策，劝以官禄”[①]，汉武帝罢黜百家，独尊儒术，设五经博士，以传道授业，扩大儒学影响力。此后历代有设有废，但职官职责没有变化，直到明代景泰三年以前一直是“初置五人，各掌专经讲义”[②]，景泰三年以后“继以优给圣贤先儒后裔世袭，不治院事”[③]，清廷入关立国之后，世袭五经博士彻底成为圣贤后裔专属官职之用。

童之伟教授在《法权与宪政》一书中对“法权”解释道：“法权是一个反映法律承认和保护的全部利益的法学范畴，以社会的归属已定之全部财产为本源，表现为法律权利和法律权力之总和或统一体。”[④]法权的实质，是法定的利益，因为只有在法定利益层面上，权利和权力能够直接还原为无差别的存在，从而获得统一性。笔者之所以用“法权”一词作题，正是因为在世袭五经博士身上体现了权利与权力的统一，他们一方面享有处理本族内部案件的权力并在实践中与地方司法权力你来我往，另一方面又享受着政治、经济、教育等多方面的特权。康熙二十八年（1689 年），康熙帝南巡回京经过微山仲家浅，子路后裔世袭五经博士仲秉贞率族迎驾，康熙帝就曾指着仲府问：这是你的衙门吗？明清时期统治者允许宗族族长拥有一定范围内的案件处置权，但这种处置权是朦胧的，模糊的，而世袭五经博士作为宗族宗子，其统摄宗族、持秉宗法是得到统治者认可的，是具有法定权威性的。

（二）时间范围的确定

《吕氏春秋·察今》有言曰：“有道之士，贵以近知远，以今知古，以所见知所不见。”[⑤]“以近知远，以今知古”在历史学家马克·布洛赫中道而止的著作《历史学家的技艺》中，即是倒推的阅读历史的方法，其认为“所有的研究的本来步骤都是从比较清晰的或者不太模糊的认识走向更朦胧之处”[⑥]，机械地按照历史事件发生的次序来开展历史研究是严重错误的。

笔者对此观点深以为然，一般而言，越接近我们当下所生活的时代，其史

---

① （东汉）班固：《汉书》卷八十八（清乾隆武英殿刻本）。

② （清）嵇璜：《续文献通考》卷五十四《职官考》（清文渊阁四库全书本）。

③ 刘培桂编著：《孟子林庙历代石刻集·亚圣五十六代孙世袭翰林院五经博士荣归记》，齐鲁书社 2005 年版，第 143 页。

④ 童之伟：《法权与宪政》，山东人民出版社 2001 年版，第 15 页。

⑤ （秦）吕不韦撰、（东汉）高诱注：《吕氏春秋》十五卷《慎大览第三》（四部丛刊景明刊本）。

⑥ ［法］马克·布洛赫：《历史学家的技艺》（第 2 版），黄艳红译，中国人民大学出版社 2011 年版，第 60 页。

料就越全面且详细，历史学者所需要还原的历史事实就愈发接近其本来面目，不仅如此，人类社会的发展演进不是断裂的，我们正在创造的历史总是不绝如缕般地在先代人所经历的时空里找到相通的元素，这大概是人类社会存在、进步和曲折的相对稳定的本质性的规律，历史学如果不能对这种规律作出揭示，就难以称之为科学的学科。

笔者正是基于以上思考，把拙著所要研究的对象之时间范围限定在 1368 年至 1949 年间，一是这段时间的五经博士及其宗族历史材料易于寻找，体量大，内容全，种类丰富。二是“中国的治理史乃是皇权试图将其统辖势力不断扩展到城外地区的历史”①，那么有清一代可以说是皇权最接近城墙之外氏族村落的王朝，其法律制度与制度运作亦是历代王朝的登峰造极之作，笔者相信观察清代孟氏一族的法律史，是具有代表性意义的。三是清代建立至今，此去经年不过三百八十有余，基于历史文化的延续性，彼时的宗族法与文化遗存或许可以与今天在神州大地上存在的还有生命力的宗族文化产生某种对话。四是明亡清兴、清末民初正是社会急剧碰撞变革的关键时期，明亡清兴之后对圣贤后裔们来说，变与不变分别对于他们意味着什么，按照费正清“冲击—回应”理论范式，清末巨变中的宗族经历了什么样的冲击？作出了何种回应？除了“冲击—回应”，清末宗族是否自我孕育了革新的力量？从孟府一宗中可否作出一二观察？值得深究。

五、研究的主要史料来源和研究方法

（一）研究的主要史料来源

本书以亚圣裔世袭翰林院五经博士的法权为主要研究对象，以记录从北宋到中华人民共和国成立前期孟府管理活动、宗族活动、经济往来、家族谱牒的纸质孟府档案为中心史料，能够较为全面地反映历史上孟府的运作机制，是“实践中的孟府”，这部分史料选取由齐鲁书社出版的《孟府档案全编》和中国社会出版社出版的《孟府档案辑录》。

① ［德］马克斯·韦伯：《儒教与道教》，江苏人民出版社 1995 年版，第 109 页。

本书亦需要使用明清部分皇帝实录以及中国第一历史档案馆、台北“中央研究院”历史语言研究所所藏内阁大库档案的部分史料。这部分史料集中反映了皇帝、六部、督抚、衍圣公围绕世袭五经博士的册封、处罚等问题展开的议论，通过这部分史料可以探察到世袭五经博士从册立到继承的整个过程，字里行间，演绎着他们对世袭五经博士不同的态度和看法。明代部分皇帝实录选取 2005 年线装书局出版的《钞本明实录》，清代部分皇帝实录选取 2008 年中华书局出版的《清实录》，本书所需台北“中央研究院”历史语言研究所所藏内阁大库档案的部分史料，来源于公布于互联网数据库上面的内容，而中国第一历史档案馆的史料则由笔者前后多次赴北京馆内誊抄。

另一部分史料，是以石材为介质存在的亚圣府庙林墓碑刻，现存 1949 年以前石刻 404 块，自北宋景祐五年（1038 年）《新建孟子庙记》第一通碑刻讫民国三十五年（1946 年）的《王登俊、志悔过碑》最后一通碑刻，时间跨度长达 908 年，可谓是蔚为大观。“金石铭勒，出于千百载以前，犹见古人真面目，其文其事，信而有征，故可宝也”[①]，其历史价值非常重要。本书主要使用碑刻中的诏饬、榜牒、墓志、府记、标志等文，以补史之阙、正史之谬。这部分史料选取刘培桂编著的《孟子林庙历代石刻集》。

中国古代有特殊地位的圣贤，其家族后裔一般编撰有家族志书，如至圣后裔的《阙里志》，复圣后裔的《陋巷志》，亚圣后裔的《三迁志》，宗圣后裔的《宗圣志》，周敦颐后裔的《濂溪志》，两程后裔的《两程故里志》，其中《阙里志》《三迁志》《陋巷志》当世即被称为“鲁之三大志”[②]。这些志书内容主要有圣贤的生平概况，圣贤后裔的流变，宗族管理以及家庙林墓的建制情况，是由名人志、氏族志、祠庙志组合而成的家族志书。亚圣裔孟氏宗族的家族志书有以下六种：

1. 明成化十八年刊刻，刘濬撰《孔颜孟三氏志》。
2. 明嘉靖元年编，史鹗修、费曾纂《三迁志》。
3. 明万历三十九年刊刻，胡继先主纂《孟志》。
4. 明崇祯元年刊刻，吕元善、吕兆祥、吕逢时修纂《三迁志》。
5. 清雍正元年刊刻，王特选增纂《三迁志》。
6. 清光绪十三年刊印，陈锦、孙葆田纂《重纂三迁志》。

---

① （清）钱大昕：《潜研堂集》文集卷二十五《关中金石记序》（清嘉庆十一年刻本）。
② 济宁市政协文史资料委员会、嘉祥县政协文史资料委员会编：《曾子家世》，齐鲁书社 1997 年版，第 116 页。

像这样编纂详尽，颇具规模的家族志书群，在中国历史上是一种不多见的社会文化现象，是研究官方话语中的孟氏宗族不可多得的史料。笔者亦选取这些家族志书的部分内容作为中心史料的补充材料。这部分史料选自四川大学古籍整理研究所编纂的《儒藏·史部　孔孟史志》丛书。

孔府档案是至圣孔子后裔及其历代衍圣公记录各类政务、生活、宗族活动所产生的文书档案，是迄今为止我国历史上现存规模最大、收藏最完整、时间跨度最长的私家档案文献，因其与中央政府、地方政府亦有大量文书往来，所以又具有官方文书档案的性质，内容涵盖了袭封、司法、族务、府务、外交等诸多领域，与孟府档案一样，是研究孔府、邹鲁地方乃至明清社会政治经济生活的珍稀材料。由于孔府、孟府具有相同的儒家文化渊源，衍圣公与世袭五经博士是统摄与被统摄的关系，加之地域相邻的孔孟家族之间长期联姻，使得两大家族关系非比一般，孟氏宗族也时常或为主角或为配角出现在孔府档案中。所以，孔府档案中涉及孟氏一族的档案也成为研究本书主题非常好的侧翼文献，尤其针对孔氏与孟氏宗法、政治关系与异同的问题，孔府档案是史料的主要来源之一。这部分史料取自 1980 年齐鲁书社出版的《曲阜孔府档案史料选编》（3 编 24 册）以及 1982 年中华书局出版的《孔府档案选编》（全 2 册）。

孟子诞生于山东邹县（今山东邹城），北宋景祐年间孔辅道遍访其林墓，于邹县四基山之阳查得古迹，“肇其堂宇，以公孙丑、万章之徒配”，《邹国亚圣公庙兴造记》载：“亚圣公生乎邹，传先圣道，垂训万世。累代钦崇，官为设祠，俾子孙守之，修奉祀，礼也。”[①] 可见宋以后亚圣后裔一直在邹地繁衍生息。其间邹县地方政府与亚圣府孟氏一族多有来往，《邹县为恳恩照例优免以杜攀扰事公文》载：“兖州府邹县为恳恩照例优免以杜攀扰事。蒙钦差巡抚山东等处地方、督理营田、提督军务、都察院右副都御史黄批，据本县申，据翰林院世袭五经博士孟呈前事。”[②] 邹县知县或布政令通告，或书丹额立碑石，或献祭田修林庙，无论私交或是公干，邹县与亚圣府均联系密切。县之有志，犹国之有史，以反映邹县历史面貌为主旨，囊括邹县建制、职官、政事、风土、圣贤等内容的明清、民国邹县志书，就成为我们研究邹县与亚圣府、地方世族豪强与地方政府之间法律和政治关系重要的一手材料。这一部分史料取自 1986 年山东邹县地方志编

① 刘培贵编著：《孟子林庙历代石刻集》，齐鲁书社 2005 年版，第 67 页。
② 刘培贵编著：《孟子林庙历代石刻集》，齐鲁书社 2005 年版，第 276 页。

纂委员会办公室编纂的内部资料《邹县旧志汇编》和1995年中国工人出版社出版的《历代邹县志十种》。

（二）研究方法

本书主要采用下列研究方法：

1. 历史研究法。历史研究法就是通过对历史资料的考察，阐述一定历史阶段发生的历史现象，并作出解释的研究方法。通过对史料的考察，还原世袭五经博士法权及其家族法文化在历史上的真实形态，与时代结合，得出这种形态产生的背景、原因、影响，并把它放入具体的历史环境中，分析与各历史要素之间的相互关系。历史研究法不应该只是静止的研究，不应只是现象的纯粹描述，应该将现象本身放在一定的历史阶段进行动态的观察，并对与之相关联的历史要素之间此消彼长现象背后的原因作出剖析。本书亦将所要研究的对象，以时间为序作线性研究，得出其演变的机制和原因。

2. 比较研究法。比较研究法就是“根据一定标准，将有联系的两个或两个以上的社会现象，进行比较分析，找出它们的异同，研究发生异同的原因，探讨它们之间的相互影响和作用。比较研究有横向比较研究和纵向比较研究。横向比较研究是不同地区、国家、民族之间的同一社会现象，或一个地区、国家、民族内部的某些有联系的社会现象的比较研究。纵向研究是同一社会现象在不同历史时期的形态、特征、作用等的比较研究。”[①]通过比较，易于揭露社会现象的本质和规律。本书在横向比较上选取同为圣贤后裔并被赋予世袭官职的孔府，作为比对的对象与孟府在司法活动上的异同作探析，并得出其在法权配置上的差异。在纵向上，一是对比不同历史时期孟府法权、法文化上的差异，二是对比现代孟氏宗族治理情况与帝制时代治理情况的不同，寻找宗族法权与法文化演变轨迹，以及现代价值。

3. 价值分析法。价值分析法是法理学研究的基本方法，是对作为客体的现象或事物与作为主体的人（一定的阶级、阶层，群体与个人）的价值关系，即对特定客体内含的、应有的价值因素的认知和评价。笔者认为虽然这种方法常常只被用来评价现代立法工作是不是“良法”“善法”，但这种方法亦有必要引

① 何爱云：《新时期廉政教育研究》，中共中央党校博士学位论文，2012年。

入对历史上的法律制度的分析中去，对古代法进行价值认知和价值评价。价值认知与价值评价是组成价值分析法的两大部分，价值认知是考究客体反映着何种价值取向，客体追求中追求的各种价值之间是具有何种轻重缓急的地位，价值评价是客体应是什么价值取向的问题，批判和追求理想中客体的价值。本书利用这种方法分析以孟府为代表的宗族法律制度和文化的价值取向，抽象出氏族所要追求的价值概念，作出价值判断。

4. 口述历史法。口述历史法就是研究者利用录音、笔记的手段，获取历史见证者关于其所经历的历史信息的方法。本书主要采用在文献中直接提取口述史料的办法，必要的时候实地参访，获取口述史料。口述史料的引入，可以与官方文献资料形成对比，从不同历史主体的角度，看待历史现象和制度设计。

5. 案例分析法。案例分析法就是通过对实际发生的案件进行法学思维的分析处理，分析它们的法律关系，得出一般与个别的规律性的结论。立足于案例分析，可以观察国家层面的法律制度，是否在具体实践中落到了实处；立足于案例分析，可以观察在解决有关圣贤后裔案件的过程中，各个主体扮演何种角色，发挥何种作用；立足于案例分析，可以分析各个主体之间在解决有关圣贤后裔案件的过程中，是否存在利益间的博弈。

第一章
世袭翰林院五经博士法权的确认与传袭

五经博士一职设置由来已久，缘起于汉武帝为了加强儒学的传播，《汉纪·武帝纪一》载："初置五经博士。博士，本秦官，掌通古今，员至数十人，汉置五经而已。"① 不过，不再具备传播儒学使命而以世袭官职为特征存在的世袭翰林院五经博士却是晚在明代始得确立。

世袭翰林院五经博士法权的确立与官僚体系中的其他官职的授予既有一致的地方也有不相同的地方，一致之处凸显了权力来源的一致性——至高无上的皇权，相异的部分则是源自其与常设官职在权力上的差异。世袭翰林院五经博士与常设官职的另一区别之处是其法权具有世袭罔替的特点，是在宗族大宗内部封闭，而非面向士人呈开放式的。笔者下文将从世袭五经博士的历史沿革、法权来源、因法权承袭产生的争端与处理以及法权丧失与继承四个方面，对其官职法权的确认与传袭进行展示，并思考这种法权来源形成背后的法理内涵。

第一节　世袭翰林院五经博士的官制嬗变

翰林院五经博士的设置在历史上有三个明显的历史阶段，一是汉代至明朝末年，这一阶段翰林院五经博士在不同朝代几经废立，并不是常设官职，不过其承担的职能是相同的；二是明末至清末这一阶段，转变为圣贤后裔世袭罔替的五经博士的设置和职能已经稳定下来，再也没有太多的变动；三是清末民初，这一阶段外来的先进政法知识冲击了中国千年稳固的政治格局，世袭五经博士亦不例外，开始了近代时空背景下的转型。

① （东汉）荀悦：《汉纪》卷十《前汉孝武皇帝纪一》（四部丛刊景明嘉靖刻本）。

一、汉代至明初——从初置到制度化趋势

（一）背景：汉代儒学核心地位的确立

公元前 202 年，刘邦结束了持续七年时间的农民起义和楚汉相争的战乱局面，定鼎中原，建立了中国历史上第二个大一统王朝。建政初年，面对“天子不能具钧驷，而将相或乘牛车，齐民无藏盖”[①]的社会经济状况以及吸取秦朝“仁义不施，而攻守之势异也”[②]的灭亡历史教训，采用黄老之学“扫除烦苛，与民休息”[③]的国策，国库逐渐充盈，人口快速增长，社会与经济得到恢复和发展。

汉初的这一时期，以“马上得天下”的最高统治者刘邦对儒学及儒家知识分子并不重视，他曾说：“为天下安用腐儒？”[④]“与人言，常大骂，未可以儒生说也。”[⑤]可见刘邦不仅仅是不重视这些儒生，甚至对他们流露出鄙夷不屑。刘邦的这种态度与其个人经历与时代的需求不无关系，底层出身的刘邦称雄于战乱频仍的年代，他更需要的是足智多谋的军师谋士，骁勇善战的勇武将士来为其平定天下。不过，即便是夺取了天下，被战乱破坏的经济环境，也无法在物质上支撑儒家学说所要求的繁文缛节，重义轻利的儒学理念也较难对社会经济快速恢复有所助益。所以汉代建政到汉武帝时期，黄老思想一致占据统治地位，而汉初社会经济的发展成就也从一个方面证实黄老思想积极的正面作用，从而更加巩固了黄老之学在统治阶级内部的思想主导地位，儒家学说的生存空间进一步受到挤压。

虽然刘邦依靠武力夺取天下，他却并没有因为武力而拥有绝对的中央集权，完成统一后的他，想尽各种手段逐一剪除割据一方的异姓诸侯，并将自己的子孙分封到各地区，以试图屏卫刘氏王朝，却先后经历了吕后“垂帘听政”把持朝政，吴、楚“七国之乱”等威胁刘氏政权的重大历史事件。刘邦的这些设计并没有真正改变权力分散的政治局面，加之居于统治地位的黄老思想主张“清静无为”，这都束缚了汉初皇帝们试图有所作为的手脚。

到了汉武帝时期，国家实力已然相当充盈，皇权的触角积极向地方伸展，

---

①（北宋）司马光：《资治通鉴》卷第十六《汉纪八》（四部丛刊景宋刻本）。

②（明）唐顺三辑：《文编 · 过秦论》（清文渊阁四库全本）。

③（东汉）班固：《汉书》卷六（清乾隆武英殿刻本）。

④（西汉）司马迁：《史记 · 黥布列传》（清乾隆武英殿刻本）。

⑤（西汉）司马迁：《史记 · 郦生陆贾列传》（清乾隆武英殿刻本）。

由此带来的社会矛盾也同时激增，无为而治的黄老思想再也不能维持其对庞大帝国的思想调控。能够有效加强并维持统治秩序的儒家思想被推到前台，经过董仲舒等儒家学者们的改造，吸收了黄老思想以及其他学派思想的新儒学，被汉武帝置于百家之首，推行出了“罢黜百家，独尊儒术”的国策，经过改造后的儒家学说，适应了汉朝中期的社会状况，很快取代了黄老学说的地位，成为社会正统指导思想。

（二）策略：汉代五经博士的初置

尊崇儒学的政策在汉武帝时期推行也并非一帆风顺，其遭到固持黄老思想的顽固派的强烈反对。建元二年（前 139 年），为使窦太后不再干预朝政，御史大夫赵绾请求汉武帝不要事事征求窦太后的意见，不过这次事件实以失败告终，御史大夫赵绾、郎中令王臧下狱治罪，其后二人自杀，宰相窦婴和太尉田蚡也被罢免。① 此次事件以后汉武帝逐渐意识到，尊崇儒学的政治势力还是要弱于黄老学派的政治势力，如果贸然向他们摄取政治权力，必然引起他们的强烈反弹，必须采取迂回渐进的政治策略。

五经博士的设置就是以汉武帝为首的崇儒派所采用的策略之一。“五年春，置五经博士。”②“武帝建元五年初置五经博士。”③ 以五经博士取代博士制度，其他学问从此以后不能再享有博士官衔，这就在政治上确立了儒家知识分子在官僚体系中超脱其他诸家的地位，五经博士的设立也开启了汉代乃至后代的经学研究，进一步加强了儒家知识的话语权重。

同时五经博士除了原有议政、制礼、藏书、顾问应对的职能之外，还添加了学官、教课的职能，五经博士除了承担太学中教授儒学知识的教学职能，甚至可以组织官员策试，插手官员选拔任用。④ 这样一来，五经博士的职权就从文化教育领域跃升至政治领域，是儒家知识与政治权力联结的重要节点。

自此开始，五经博士就作为彰显儒家知识的载体存在于官僚体系中了，虽然历经各朝代官制变迁，几经废立，但基本上大一统王朝都会设立这样的官职，

---

①（东汉）班固：《汉书》卷六《武帝纪第六》（清乾隆武英殿刻本）。

②（清）胡绍煐笺证：《文选笺证》卷二十八（清光绪聚学轩丛书第五集本）。

③（东汉）班固：《汉书》卷十九《百官公卿表第七上》（清乾隆武英殿刻本）。

④ 吴涛：《西汉博士杂考》，《洛阳师范学院学报》2014 年第 3 期，第 48 ～ 52 页。

以彰显崇儒向道的统治信念。

（三）汉代以后的五经博士设置历变

汉武帝初立五经博士之后，各个朝代对五经博士的废立态度各异。东汉光武帝“爱好经术，未及下车而先访儒雅，采求阙文，补缀漏逸”，“于是立五经博士，各以家法教授，太常差次总领焉”①。魏晋与南北朝时期的刘宋与南齐两朝不设置五经博士，“不复分掌五经，而谓之太学博士也”②。南梁天监四年（505 年）开始恢复设置五经博士，《梁书·儒林传》收录梁高祖复置五经博士诏曰：“可置五经博士各一人，广开馆宇，招内后进。”③ 北方的北魏一朝也设立五经博士一职，《魏书》载：“太祖初定中原，虽日不暇给，始建都邑，便以经术为先，立太学，置五经博士，生员千有余人。”④ 相比中原地区儒学的兴衰起落，北魏鲜卑族更加崇尚儒家文化，态度更加坚定彻底。隋朝一统南北之后，虽然推行科举制度作为选拔官员的标准，但因其国祚并不长久，并未设置五经博士一职。

唐代立国之初也继承隋代的制度，直到唐文宗太和七年（833 年）八月七日重新议立五经博士，⑤ 这是自汉武帝初置五经博士以来，第一次在大一统王朝恢复五经博士官制，《新唐书》记载：“五经博士各二人，正五品上。掌以其经之学教国子。《周易》《尚书》《毛诗》《左氏春秋》《礼记》为五经，《论语》《孝经》《尔雅》不立学官，附中经而已。”⑥ 可见唐代对五经博士官制的规定较为清晰完整，自此开始五经博士的设置逐渐趋于规范化、制度化。宋代至元末没有设置五经博士。

从五经博士上述不同时代的设置变化可以看出，儒学是否兴盛是其设置与否的重要因素。魏晋南北朝时期战乱不断，王朝更迭频繁，“朝寡纯德之人，乡乏不贰之老，风俗淫僻，耻尚失所，学者以庄老为宗而黜六经，谈者以虚荡为辨而贱名检，行身者以放浊为通而狭节信，进仕者以苟得为贵而鄙居正，当官

① （唐）魏征等：《群书治要》卷二十四《后汉书四》（四部丛刊景日本本）。
② （唐）房玄龄等：《晋书》卷二十四《志第十四·职官》（清乾隆武英殿刻本）。
③ （唐）姚思廉：《梁书》卷四十八《列传第四十二》（清乾隆武英殿刻本）。
④ （南北朝）魏收：《魏书》卷八十四《列传儒林第七十二》（清乾隆武英殿刻本）。
⑤ 李成晴：《唐五经博士考》，《清华大学学报（哲学社会科学版）》2013 年第 51 期。
⑥ （北宋）欧阳修、（北宋）宋祁：《新唐书》卷四十八《志第三十八》（清乾隆武英殿刻本）。

者以望空为高而笑勤恪”[①]。“魏、晋浮荡，儒教沦歇，风节罔树，抑此之由”[②]，形成了放浪形骸、喜好虚淡玄空的社会风气，引发了士人的儒学信仰危机。佛教道教的传播与繁荣也在挤压着儒学的生存空间，南朝的宋文帝、梁武帝皆为虔诚的佛教徒，唐初立国到安史之乱前的一段时期，最高统治者亦对道教情有独钟，甚至“感霍山神，称‘奉太上老君命告唐公汝当来，必得天下’”[③]，以此来宣扬唐朝政权合法性，可见一斑。

唐代安史之乱一劫，使得“两京所藏，一为炎埃。官滕私褚，丧脱几尽。章甫之徒，劫为缦胡”[④]，儒学的传承受到战乱的重创，儒家官僚增添五经博士职官目的就是为了使“四科咸进，六艺复兴”[⑤]，重新建构被战火灼伤的儒学思想体系。到了结束分裂割据时代的宋朝，是儒学重新焕发生机的阶段，按道理应该积极设立五经博士，但却并未有此种举动，原因其实是宋代儒学士人对经学相比前朝有不同的观念，在宗经与重道上，时人更注重对经典背后道义的探求，朱熹有言曰：“经之于理，亦犹传之于经。传所以解经也，既通其经，则传亦可无。经所以明理也，若晓得理，则经虽无亦可。”[⑥]可见得道忘经、有道无经是宋代儒者的最高追求，这种不囿于陈规旧识的经学变古怀疑思潮与尊儒卫道的意识并无矛盾之处，却是宋代在孔孟儒学上的革新发展，自然，以传播教授经义为首要功能的五经博士就变得不那么重要了。

元朝作为中国历史上第一个少数民族大一统王朝，其在面对儒家文明时的心态颇为复杂，统治者倾向功利主义并坚持蒙古本位，“与中国之民若赘疣焉，不得已而治之。有若六畜焉，食其肉而寝处其皮以供养嗜而已”[⑦]。虽然蒙古族皇帝给儒家圣贤加尊封号达到历代之最，但其目的主要是为了运用文化宗教的力量增强统治的效果，并非将儒家学说置于统治思想的核心地位，抑或是将儒士置于统治体系的核心地位，相反在元代诸文化多元并存是客观事实，儒生们的地位一落千丈，一些南宋遗民就曾偏激地抱怨道：“嗟呼，卑哉！介乎娼之下、

---

①（唐）房玄龄等：《晋书》卷五《帝纪第五》（清乾隆武英殿刻本）。
②（唐）姚思廉：《梁书》卷四十八《列传第四十二》（清乾隆武英殿刻本）。
③（唐）杜光庭撰、（清）董诰辑：《全唐文》卷九三三《历代崇道记》（清嘉庆内府刻本）。
④（北宋）欧阳修、（北宋）宋祁：《新唐书》卷一九八《列传第一二三》（清乾隆武英殿刻本）。
⑤（后晋）刘昫：《旧唐书》卷二十四《志第四》（清乾隆武英殿刻本）。
⑥（南宋）黎靖德编：《朱子语类》卷一〇三（明成化九年陈炜刻本）。
⑦（明）王世贞：《弇州稿选·读元史》，齐鲁书社 1997 年版，第 249 页。

丐之上者，今之儒者也。”[①] 所以终元一朝不曾设置五经博士一职的原因自然也是炳若观火。

二、明初至清末——从承续到变革

（一）明初至景泰年间：承续前制

明代五经博士的设置可以划分为两个不同的阶段，明洪武十四年（1381 年）至明景泰二年（1451 年）这一段时期，明代承袭前代五经博士设置的惯例，于洪武十四年翰林院官职更定的时候设立正八品五经博士。《明会典》记载：“洪武十四年，改正五品衙门。革承旨、直学士、待制、应奉、检阅、典簿。设孔目、五经博士、侍书、待诏、检讨。”[②]“五经博士，初置五人，各掌专经讲义”[③]。除了在翰林院设置五经博士以外，国子监博士厅也设置五经博士，“正八品博士厅，五经博士五人”[③]。

（二）明景泰年间至清末：官制改变

大明景泰二年（1451 年）议立圣贤后裔为世袭翰林院五经博士，次年（1452 年）率先被授予世袭翰林院五经博士的是孟子后裔“翰林院世袭五经博士……孟氏一人，景泰三年，授孟子裔孙希文”和颜子后裔“翰林院世袭五经博士……颜氏一人，景泰三年，授颜子五十九世孙希惠”[④]。此次册封邹县与孟府特地勒石铭记称朝廷的举动为“断自宸衷，超越前代”，“宠命初颁，朝野交庆”，[⑤] 可见明朝对圣贤后裔的优渥达到了前代之最，自此之后五经博士就成为“优给圣贤先儒后裔世袭”的特殊官职。明代册封为世袭五经博士的圣贤后裔有孔氏南宗一人，孔氏主祭祀子思庙一人，朱氏主祭婺源庙一人，孟子裔、颜子裔、曾子裔、周敦颐裔、程颐裔、程颢裔、邵雍裔、张载裔、朱熹裔、刘基裔各一人。世袭翰林院五经博士品阶正八品，“不任以有司之烦职，特授翰苑之清官”[⑥]。不

---

① （南宋）谢枋得：《叠山集·送方伯载归三山序》（四部丛刊续编景明本）。
② （明）申时行：《大明会典》卷二二一（明万历内府刻本）。
③③④ （清）张廷玉等：《明史》卷七十三《职官二》（清乾隆武英殿刻本）。
⑤⑥ 刘培桂编著：《孟子林庙历代石刻集·亚圣五十六代孙世袭翰林院五经博士荣归记》，齐鲁书社 2005 年版，第 144 页。

治院事，无翰林院的实际职责。

顺治元年（1644年），清军入关，柴天改玉，此年十月山东巡抚方大猷奏请：“以孔子六十五代孙孔允植仍袭封衍圣公，照原阶兼太子太傅。其子兴燮照例加二品冠服。孔允钰、颜绍绪、曾闻达、孟闻玺、仍袭五经博士。”⑦ 清政府为了巩固尚不稳定的新生政权，表明其崇儒向道的统治理念，迎合汉族士人，拉拢圣贤后裔，同意了方大猷的奏疏。清代因之明制，世袭五经博士的官制没有太大区别，增设了“咸阳姬氏文王后，曲阜东野氏周公后，济宁闵氏子骞后，浚县端木氏子贡后，常熟言氏子游后，钜野卜氏子夏后，萧县颛孙氏子张后，菏泽、肥城两冉氏伯牛、仲弓后，肥城有氏有子后，邹平伏氏伏生后，孟县韩氏文公后，郿县张氏明公后，各一人。而程氏改纯公后一人。又崇关侯祀事，亦录其后，洛阳、解州、江陵各一人”②。清代所册封圣贤后裔人数达到历朝之最。

三、清末民国至中华人民共和国成立——从近代转型到阶级革命背景下的命运

在清末两千年未有之变局中，西方给帝制中国造成的巨大冲击不仅是器物上的，更是制度安排上的，文明代际上的，传统的政治秩序被入侵的先进政法知识所挑战，帝国内部积蓄的对现有秩序的不满，亦接近其所能承受的临界点。武昌首义，中华民国建立，清王朝覆灭，政治体制上与世界先进国家接轨的步伐进一步加快，存续近两千年的五经博士官制也面临被近代化浪潮裹挟的命运。

（一）北洋政府及南京国民政府时期

辛亥革命的硝烟散去之后，渐趋冷静的人们面对新生的政权和充满不确定性的秩序构建产生了迷茫和彷徨，一方面持续两千多年的帝国体制，是将个体生存的模式融入这种体制之中的，孔孟之道、宗法关系等传统理念都已内化为个体的自觉准则，暴力革命可以摧毁政权，却难“破心中贼”。另一方面，外来输入的新秩序介入，并没有从根本上改变贫弱的现状，反而加剧了矛盾冲突和

⑦《清实录·世祖章皇帝实录》卷九，顺治元年十月二十二日，中华书局2008年版。

② 赵尔巽：《清史稿》卷四八三《列传二七〇·儒林四》（民国十七年清史馆本）。

群体对立。这一系列的反应引发了社会的信仰危机和道德危机，不稳定的民初政局和低下的社会控制能力也加剧了这种危机感。

守旧派积极动作，将此危机转化为名曰尊孔，实为复古的借口。袁世凯于1913年11月26日发布《尊孔典礼令》："孔子之道，如日月经天，江河行地，树万世之师表，亘百代而常新。凡有血气，咸蒙覆帱，圣学精美，莫与比伦。溯二千余年，历史相沿，率循孔道，奉为至圣。现值新邦肇造，允宜益致尊崇……所有衍圣公暨配祀贤哲后裔，膺受前代荣典，祀典均仍其旧。惟尊圣典礼綦重，应由主管部详稽故事，博考成书，广征意见，分别厘定，呈候布行。"[①] 并于2月20日发布《崇圣典例》，规定衍圣公爵位照旧承袭，但各个圣贤后裔旧时的五经博士等职务改称为奉祀官，世袭主祀。[②] 这就从行政法规上确定了北洋政府对圣贤后裔的制度性安排，除了衍圣公仍然世袭爵位以外，世袭五经博士群体全部取消其世袭官职的称号，转变为"某圣奉祀官"的称呼，至此持续近两千年的五经博士官职彻底消失在历史长河之中。

南京国民政府成立以后，社会环境从连年的北伐中渐趋恢复安定，此时的政治环境已不同于清末民初，自由、平等、民主的理念经过舆论、运动等的传播已经渐入人心，接续政权开始重新安排国家政治结构和体制。1928年形势的变化使得衍圣公府不得不提前知会国民政府，称"同游平等之世宙，适符改辙之初心"，希望取消衍圣公称号[③]，一方面，国民政府恐被舆论认为袒护"封建残余"，另一方面，国民政府又认为保留这一文化符号，有助于恢复社会秩序，恢复"忠孝仁爱信义和平"的固有道德[④]，经过一番"讨价还价"，民国二十四年（1935年）下令废除爵位，孟子后裔孟庆棠、颜子后裔颜世镛、曾子后裔曾繁山为奉祀官，予以简任官待遇。明显这些规定承袭了《崇圣典例》，反映出圣贤后裔近代化反复曲折的进程，东西文明、古今文明交汇碰撞的融合与难产。

（二）中华人民共和国成立以后

以马克思主义为指导思想的，以阶级斗争为武器的，更具革命性的中国共

---

① 中国第二历史档案馆编：《中华民国史档案资料汇编·第3辑〈文化〉》，江苏古籍出版社1991年版，第5～6页。

② 中国第二历史档案馆编：《中华民国史档案资料汇编·第3辑〈文化〉》，江苏古籍出版社1991年版，第8～9页。

③ 中国社会科学院近代史研究所中华民国史研究室、山东省曲阜文物管理委员会编：《孔府档案选编》上册，中华书局1982年版，第721页。

④ 参见李俊领：《"文治"与圣裔：国民政府对孔德成的借助及其困境》，《抗日战争研究》2017年第2期，第129页。

产党，在新民主主义时期将自己的革命斗争的对象确定为帝国主义、封建主义、官僚资本主义三座大山。在如何对待圣贤后裔的问题上，中国共产党认为他们是封建时代的残余力量，是要摧毁的对象。1946 年 7 月，鲁南专署组织孔府佃户的农民代表在孔庙诗礼堂举行“众裁会议”，促使代理奉祀官孔令煜减租减息，取消斗尖、地皮、合子粮等不合理的收租制度。[①] 显示着将要新生的政权与这种历史传统的，不容妥协的政治关系。

出于种种考量，孟子后裔、曾子后裔跟随蒋介石迁往台湾，并在台湾继续保持南京国民政府时期的“奉祀官”称号至今。一部分圣贤后裔（如颜子后裔）选择留在祖国大陆，没有了专属圣贤后裔的称号和相应优待，圣贤后裔与政权制度设计安排间的联系彻底断绝。

第二节　世袭翰林院五经博士法权的来源

法权来源问题指的是权利、权力以及法定的权威被谁授予，怎么被授予的，以及以此可以观察出授予者的各种考量要素，并且从中又可以衍生出法权授予过程中出现的争端及其解决的问题，总结背后隐而不发的思维内核。世袭翰林院五经博士作为一种与血统、宗法紧密联系的官制，其背后所蕴含的法权亦不例外于这种原则。虽然与官僚体系中的传统官职在最终权力来源上有所一致，但其在授予标准上、授予方式上确有独特之处。为什么会出现这种特殊的地方，根源于两者背后内容的差异。这一节，本书将着重考察世袭五经博士法权的原点，分析世袭五经博士授予标准与授予方式上的特殊性。

① 参见李俊领：《“文治”与圣裔：国民政府对孔德成的借助及其困境》，《抗日战争研究》2017 年第 2 期，第 129 页。

一、世袭翰林院五经博士授予的程序、权力结构与法理逻辑

圣贤后裔被授予世袭五经博士要经过一定的程序，并经最高统治者确认，这里的程序性规范不同于普通流官，一般要经过奏报、寻访、具题与准奏四个阶段。授权过程分为首次和承袭两种不同的过程，不过相比明清两朝，亦有不同之处，总体来说清代的规制要比明代更加完善，反映出两朝在政治制度完善程度上的差异。

（一）明代世袭翰林院五经博士授予的程序和权力结构：以嘉靖十八年曾子六十世孙册封为例

1. 史实考证：《礼部志稿》《宗圣志》所载册封奏疏、圣旨、题覆

《礼部志稿》详细刊载了明代请立世袭五经博士的奏疏[①]，其云：

嘉靖十一年礼部题该学士顾鼎臣，奏为崇植先贤系胄，以隆道化事。窃惟尧、舜、禹、汤、文、武、周公之道，传至孔子而大明，其德与功，垂之万世，直与天地同其高厚矣。孔子传之曾子，曾子传之子思，子思传之孟子，不惟心相授受，且笔之于书，以诏后世，泄天地之精蕴，揭宇宙之纲维，汇六经之渊源，扫百家之蹊径。考之论语、大学、中庸、孟子所载，如一贯之旨，正心修身之学，中和位育之功，性善诚明之说，王霸义利之辨，微言妙道，不一而足，真所谓为天地立心，为生民立命，为往圣继绝学，为万世开太平者。然则曾子之功岂小补哉，暴秦坑焚之后，学道不明。汉司马迁称有良史才，其序孔门弟子列传，但曰孔子以曾参为通孝道，故授之业，作孝经而已。唐韩愈窃附于圣人之徒，其序道统之传，直以孟子上接孔子，他尚何说哉。良由《大学》《中庸》二书混于载记篇中，不与论语并显，学者莫知其为道学之枢奥而讨论之，是以时君世主徒知推尊颜、孟，而忽于曾子、子思。

自唐迨宋，虽加曾子封爵，而从祀犹列于十哲之后，子思则杳无闻焉。宋德隆盛，治教休明，仁宗始表章学、庸二书，而程颢、程颐、朱熹诸儒

① 参以《宗圣志》点校。

更相发明，溯流穷源，使天下后世晓然知道统授受之功，曾子为大而子思次之。咸淳三年，由是始封曾子为郕国公，子思为沂国公，配享次于颜子，跻于孟子之上，而四配之位始正。为万古不易之定论也。

我太祖高皇帝御极之初，首诏孔氏子孙袭封衍圣公，并世袭知县，并如前代旧制，固崇儒重道之宏规矣。弘治中，因修颜子、孟子庙，特置世袭翰林院五经博士各一人，以主祀事。此孝宗皇帝稽古右文之盛举也。夫曾子传道之功优于颜子，而孟子私淑于曾子、子思，今颜、孟子孙皆世袭博士，而曾子之后独不得沾一命之荣，岂非古今之阙典也哉。当时典礼守土之臣曾无一言及此者，岂以曾子子孙散在四方，亦世历久远，谱系不明，恐有冒滥之弊欤。

臣尝考之，春秋之时，莒人灭鄫，其太子巫仕鲁，去邑为氏，然则曾氏去受姓之祖甚近也。后世凡曾姓者孰非曾子之子孙乎。又访得正德年间，今都御史钱宏任山东按察司佥事，巡历至嘉祥县，谒曾子祠墓，因而访求附近编氓中曾姓者，得一农夫于深山中，貌甚朴野。询之，果曾子之后也。不知钱宏当时何以不请于朝，而复使之湮没耶。必以其人鄙陋不可侧衣冠之列故尔。臣愚以为，先王兴灭继绝，崇德报功，其意甚广，其道甚远，不当因其子孙之无贤而遂已也。臣自入仕以来，见三氏子孙来朝，辄有惑于衷，耿耿不忘，几三十年矣。

兹者恭遇皇上亲承道学之统，丕宏礼乐之化，厘正孔庙祀典，一洗前代陋规，重劳圣驾，临幸国学，躬行释奠之礼，真可谓功光祖庙而范垂百王矣。臣谬以章句之儒，得预俎豆之事，欣荣鼓舞，不能自已，乃敢陈其愚见，仰渎宸严。夫亦数千载未备之典，必有待于今日欤。伏乞敕内阁礼部议拟，取自圣裁，准照弘治年间追崇颜、孟二氏事例，访求曾氏子孙相应者一人，授以翰林院五经博士，世世承袭，俾守曾子祠墓，以主祀事。万世斯文，不胜幸甚。①

上述所载是时任吏部右侍郎、翰林院学士的顾鼎臣为曾子后裔请立世袭五经博士的奏疏，顾鼎臣先是分析了曾子在儒学上的巨大贡献“曾子之功岂小补

① （明）俞汝楫、（明）俞廷教：《礼部志稿》卷九十四（清文渊阁四库全书本）。

哉”，继而陈述优待曾子后裔的历史情况“曾子之后独不得沾一命之荣”，其后诉求皇帝下旨寻访曾子后裔“拟议请自圣裁……访求曾氏子孙相应者一人”。可见册封世袭五经博士的权力仍掌握在帝王手中。不过，值得深思的是，顾鼎臣将曾子在儒家学说上的贡献与地位细数之，变相左右皇帝权力的做法，似有一种儒家文化权侵袭皇权的隐征所在。

在给礼部题覆中则详细述明了寻访所应秉持的原则，通行天下大小衙门一体查访，需要通晓督察院与山东抚官亲赴嘉祥县当地精访博求，详细查考谱牒，并会同相关人员询问清楚等原则措施，尽量避免出现伪冒之弊。《礼部题覆采访曾子后裔疏》有：

为崇植先贤系胄事，看得吏部左侍郎兼翰林院学士顾鼎臣奏称：颜、孟二氏各得世袭翰林院五经博士一员，以主祀事，惟曾子之后不得沾一命之荣一节。

为照曾子亲受一贯，为圣门之高弟，独成《大学》，得吾道之正传，垂世立教，与颜子、孟子同功，号称“宗圣”，已并追崇。然独世嗣弗传，祠墓失守，虽配圣有灵，而象贤无主，诚为缺典。本官欲追求其后，同于二氏子孙，以作宾王家，以主祀事，实足以仰承朝廷崇儒重道之盛心也。

但历世久远，谱牒无传，若非精访博求，难免伪冒之弊，合无恭候命下之日，移咨都察院，转行山东巡抚、巡按官，亲临该县查访曾氏子孙，详考历代支系之真。及正德年间，曾经都察御史钱宏所访农夫有无见在，通拘到官，会同县学官吏师生并年高父老，逐一询问，务求的系曾氏正派子孙明白，先行具奏，以凭议处施行。

再照今去曾子之世上下千有余年，中间更历变故，子孙播越流寓，岂无散而之四方者，如南丰曾氏巩、肇、布兄弟并显于宋，其《家乘》以为出自曾子之后。今其嫡派子孙，亦不知谁何。合无仍通行天下南北直隶十三布政司、抚、按衙门一体访求，务得其人，具实奏闻，但不许轻易起送前来，以启夤缘争讼之端。臣等窃惟圣贤之后，神明所扶，必得真源芳胤，以承大贤之泽，以应圣天子之敷求者矣。[①]

①（清）曾国荃重修：《宗圣志》，山东友谊出版社 1989 年版，第 518 ～ 520 页。

《除授曾质粹五经博士札付》载：

吏部为崇植先贤系胄，以隆道化事。该本部咨文选清吏司案呈奉本部送，准礼部咨该本部题仪制清吏司案，呈奉本部送，据江西布政司咨江西按察司提学副使徐阶手本，前事送司到部，查得嘉靖十二年四月，内该詹事府掌府事吏部左侍郎兼翰林院学士顾鼎臣题奏前事，该部覆奉，钦依。又查得嘉靖十四年十月内，该巡抚山东右佥都御史蔡经，巡按山东监察御史郭圻，守巡提学道谢兰、窦明、叶汾会题前事等因，奉圣旨该部知道，钦此。钦遵。已经咨行江西抚察官，督同布按二司，查勘去后。

今该前因案呈到部，看得江西布政司咨呈该提学副使徐阶亲诣永丰县，据曾质粹送到谱系，揭查得曾子十五代孙曾据不仕新莽，迁居于吉阳，生子曾阐、曾玚。阐居吉阳，玚徙虔州。阐后十一代孙曾丞生子曾珪、曾旧、曾略，旧徙云盖，略徙抚州，惟珪仍居吉阳。传至曾孙庆，生子曾伟、曾骈。伟生辉，辉后传十五代棨，为学士，上距曾子五十四代。骈生曾耀，传二十代奋用，即质粹父，上距曾子五十九代。查勘曾氏自迁江南而言，居永丰者为嫡，徙虔州、云盖、乐安者为支。自永丰一派而言，出曾辉之后者为嫡，出曾耀之后者为支。

辉后见有永丰县廪生曾嵩、曾衮，各文行修饬，若应勘合之求，则合立嫡之法。但曾嵩兄弟面称生长南方，不乐北徙，惟曾质粹素念远祖，追求不已，仍前肯行。及结称曾质粹谱系源流真正明白，原系合族推举，读书循理，委无别项违碍，应合起送，承守宗圣祀事一节。

为照曾子学跻亚圣，道本心传，三省功勤，一贯妙悟，立教当时，有功后世。历稽前代俱有追崇。至我国朝，追谥“宗圣”，加封郕国，四配同享于孔子庙庭。但颜、孟子孙各已蒙甄录之典，顾曾氏后裔未沾一命之荣。先该掌詹事府今辅臣顾鼎臣上请，乞要详访其后，该本部覆题，广行咨访。

今据江西布政司咨呈前来，臣等看得曾氏子孙在逆莽之时避乱南徙，居于吉安而永丰为嫡。数传至伟，而曾辉为正。但曾辉之后，见今有曾嵩、曾衮兄弟二人，虽皆文行修饬，各称生长南方，不乐北徙，则曾耀之后，惟曾质粹读书循理。该彼处提学官查勘谱系明白，乡族共推。既无别项违碍情由，起送前来。所据宗圣曾子之祀，应合曾质粹继承。查有颜、孟世袭事例，相应一体，授以博士之职，以彰我皇上重道崇儒之意，兴灭继绝之仁，其于教化非小补哉。恩命出自朝廷，臣等未敢擅拟，伏乞圣明裁处等因。嘉靖十八年二月初五日，太子太保本部尚书兼翰林院学士严嵩等具题。

本月初八日，奉圣旨，曾质粹既勘系先儒曾子之后，准照颜、孟二氏例授翰林院五经博士。……[①]

从内容可以看出，时任江西抚按访查得到，曾质粹的先祖为避新莽篡汉之乱，举家迁徙至豫章之地，子孙散居抚、吉诸郡间。经过对家族谱系的察验，确定曾嵩、曾衮兄弟二人是曾子的嫡传，但因为两人久居南方不愿迁徙山东，所以确定由曾质粹承继，由嘉靖帝下旨照颜、孟的先例，封为世袭翰林院五经博士。从札付也可以看出，虽然世袭五经博士承袭必须是圣贤后裔的嫡孙，但也要求承袭之人"文行修饬""读书循理"，并且不得有"别项违碍情由"，否则虽是圣贤嫡后，也不能承袭世袭五经博士。另外，承袭也并非强制性的，尊重当事人是否希望承袭的意愿。

嘉靖十八年三月二十八日，太子宾客本部左侍郎兼翰林院学士张□[②]等具启。

本年四月初一日奉圣旨：是。曾质粹著去承主祀事。都察院远行与彼处抚按官作急将护坟供祀、田土住第等项事情逐一议处停当来说，不许迟慢。敬此。敬遵。

拟合就行。为此，合行，札仰本官照依本部、启，奉敬依内事，敬遵，查照施行，须至札付者。[③]

随后又诏令曾质粹回山东嘉祥曾子故地，奉祀祖先林墓，并要求都察院与山东地方官员将曾子墓、庙，祀田，五经博士府邸等安排妥当，以迎接曾质粹就任。

2. 明代世袭翰林院五经博士授予的权力结构层次与具体程序

通过这些奏疏、题覆、圣旨等可以完整总结出册封世袭五经博士所需经过的程序与权力结构层次（见图 1-1）：

---

① （清）曾国荃重修：《宗圣志》，山东友谊出版社 1989 年版，第 521 ～ 526 页。

② 应为张潮。

③ （清）曾国荃重修：《宗圣志》，山东友谊出版社 1989 年版，第 526 页。

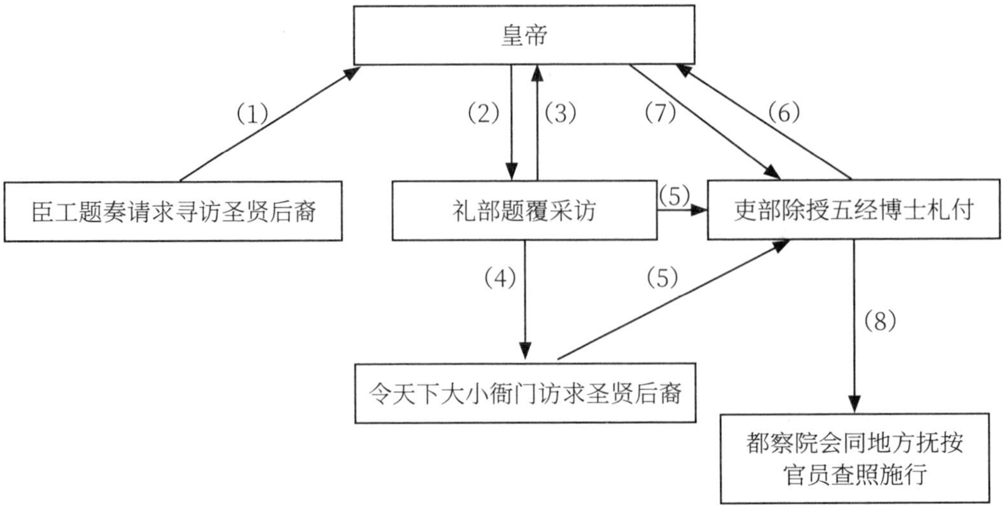

图 1-1　明代世袭五经博士授予的权力结构层次与具体程序[①]

从以上权力结构与流程图我们可以看出，在权力结构中皇帝始终是处于最高位阶，掌控着世袭五经博士法权授予的核心指令，也居于授予流程中的中枢位置，掌握着法权授予流程的关键节点。礼部则在世袭五经博士册立的过程中起到政策评价和指令基层官府寻访的作用，其中政策评价包含确定圣贤是否具有相当的影响力和地位，册立世袭五经博士是否符合礼制规范，并追溯前朝、本朝惯例，综合考量，确定时策，而在指令基层官府寻访的过程中，则确立明晰需要注意的事项和原则。

吏部在整个册封世袭五经博士的权力结构和流程中居于重要地位，所有关于册封的奏疏、圣旨、查访结果都会在吏部汇总，吏部将最终的意见拟出，由本部尚书提交皇帝决断，并最终将施行命令下达都察院、地方官府施行。基层官府虽然在这种权力结构中处于最低端，但因为其直接面对圣贤后裔，法权授予所带来的利益纠葛亦是重要考量要素，左右着册封的结果和进程。难怪在崇祯元年（1628年）浙江曾益伪托曾巩之后争袭五经博士一案中，山东勘结回文这样陈述道："宦越者言越……而宦东者言东，何能夺此予彼，亦彰彰可见。"[②] 可见地方官府的利益与世袭五经博士法权释放至基层的利益密切相关，形成了共同体。

① (1)(2)(3)(4)(5)(6)(7)(8) 为先后顺序的流程，后图同。
② （清）曾国荃重修：《宗圣志》，山东友谊出版社 1989 年版，第 535 页。

（二）清代世袭翰林院五经博士授予的程序和权力结构：以康熙二十三年周公七十五世孙册封为例

周公后裔在明代并未册封为世袭五经博士，康熙二十三年（1684 年）始授予世袭五经博士之职，与之有关的册封奏疏、圣旨等详细记录在东野氏家志《东野志》与“玄烨幸鲁”典籍《幸鲁盛典》中，从这些记载可以看出明清两代有关世袭五经博士授予的权力结构与程序差异之处。

1. 史实考证：《幸鲁盛典》与《东野志》所载康熙帝与东野氏对话和请封奏疏

康熙二十三年十一月十八日，清圣祖玄烨南巡驾幸曲阜阙里，亲自祭祀孔子完成后，轿辇从曲阜城北门出城，准备前往孔林祭祀。路上周公后裔东野沛然与其父东野云鹏匍匐于道左，将自己的奏疏、家族志书呈与康熙帝：

> 上曰：“周公姬姓，尔疏称东野，何也？”
> 沛然奏曰：“昔伯禽之季子鱼食采于东野，因以为姓。”
> 上问：“周公庙何在？”
> 沛然奏曰：“东望高阜，松柏郁然者，即鲁公世庙也。”
> 上问曰：“此老人谁也？”
> 沛然奏曰：“臣父东野云鹏，年七十有五，特来瞻仰天颜。”
> 上曰：“尔族众几何？”
> 沛然奏曰：“族人不及百丁。”
> 上览奏讫，付侍卫交部即议。①

清代册封世袭五经博士相比明代一个显著的特点就是，较多圣贤后裔是在皇帝巡幸的路途上被召见和册封的，正如上述东野氏被召见和其上疏的程序一样，省去了由臣工题奏的过程，这显示出清代帝王对基层和圣贤后裔群体管控力度的增强，同时从康熙帝与东野氏的对话，也可以看出皇帝对圣贤后裔是否适宜册封主要从三个方面考量：一是脉系，是否为圣贤真传嫡后，二是当地是否有祭祀的传统，三是族众多寡，这两点关切主要原因是，在王朝官制体系中所设计的制度功能，世袭五经博士主要是用于祭祀圣贤与统摄族裔。其请封奏

① （清）孔毓圻等撰：《幸鲁盛典》卷十，孔子博物馆藏。

疏这样写道：

> 周公后裔七十三代孙，世袭奉祀生，臣东野沛然，谨奏为吁恩求录，乞赐袭封，以培圣脉，以补缺典事。窃惟尧、舜、禹、汤、文武之道传之周公，自周公传之孔子，故性理有曰：孔子得统于周公者也。后世用孔子之道以治天下，尊其名爵，崇其祭秩，大其栖神之所，封其主祀之人，诚尊圣重道之盛典也。至于颜、曾、孟、仲得圣道之传，皆有世袭博士以优其后。宋儒程朱有表彰圣道之功，子孙亦得以博士世其官。若臣祖，周公以元圣之德，制作经纬，载在周官，迄今行者其礼也，奏者其乐也，传述者其谟训也。故知周公与孔子之位虽不同，而传道之功则无二。后世之报者，自不得稍有异同。
>
> 唐高祖武德二年，尊周公为先圣，孔子为先师，并祀国学。宋真宗大中祥符元年，过鲁幸周公庙，追封周公为文宪王与孔子封文宣王并重，是周公与孔子并列久矣。而今祠宇颓坏，拜谒寂寥，主鬯仅一青衿，祭田不及百亩，不惟不能并尊与孔子，且不得比隆于颜、曾、孟、仲之班。谅孔子及诸贤之灵，必有蹙然不安者。此千百年未举之旷典，正留以待今日者也。
>
> 恭遇我皇上，圣明天纵，究心理学，驾幸阙里，特祀孔子，尊师重道，致敬尽礼。念及于元圣，未有不优渥其子孙者，臣系元圣嫡孙，主奉蒸尝，叨沫皇恩，荣膺衣顶，见銮舆之遥临，遂平生之快睹，但祖庙摧残不堪，驻跸谨将东野志书恭呈御览。倘蒙垂念周公传道之功，斟酌于颜、曾、孟、仲之间，稍加优隆，虽臣一家之私荣，实天下万家之同庆，斯文丕变，圣德生辉。
>
> 臣草茅寒贱，不谙朝仪，冒渎天颜，悚息待罪。伏乞鉴宥施行，谨跪捧恭进以闻。十二月十一日奉。①

奏疏中的内容与明代臣工请求寻访的奏疏并无太大差异，先是陈述了周公的贡献与地位“故知周公与孔子之位虽不同，而传道之功则无二”，然后细数历代册封的情况“追封周公为文宪王与孔子封文宣王并重，是周公与孔子并列久

---

① （明）吕兆祥、（明）东野武、（清）东野沛然：《东野志》卷一，哈佛大学燕京图书馆藏，第 54 页。

矣”，最后请求按照颜、曾、孟、仲的惯例“乞赐袭封，以培圣脉，以补缺典事”。

接表之后，康熙帝命礼部议覆，提出意见。值得注意的是，因为康熙帝对册封已经有了“准尔奏了”[①]的表态，这里的部议题覆已然只是一种形式必要而已，其意见是为了给皇帝所做决断，提供理由支撑。这也并非臆测，类似的现象也出现在康熙帝与衍圣公孔毓圻的对话中：

> 上问：“孔林周围几许。”
>
> 孔毓圻奏曰：“共地一十八顷。今二千余年，族人日繁，祔葬无所。”
>
> 上曰：“何不开扩。”
>
> 孔毓圻奏曰：“林外皆版籍民田、欲扩不能。尚望特恩赐给。”
>
> 上曰：“即具疏来。”
>
> 孔毓圻等，叩头谢恩。[②]

从孔毓圻等的对话与姿态上看，在当时的语境中，明显康熙帝已经默许了孔氏的奏请，但康熙帝仍旧要求其“即具疏来”，可见，在最高统治者已经准许的场合，在形式上依然需满足程序性的要求。

2. 明、清世袭翰林院五经博士授予的权力结构层次与具体程序的区别

东野沛然上疏之后的圣旨与部议覆本，内容流于形式，但权力事项和统治阶级内部权力流动的记载，有助于我们分析清代世袭五经博士法权授予特点并与明代作出对比。《东野志》载：

> 该臣等会议得先经礼部议覆东野沛然表请承袭之处毋容议等因具题。
>
> 奉旨，周公承接道统，继往开来，功德昭著，其子孙应否给与职衔，着九卿、科道、詹事会同确议，具奏，钦此。
>
> 仰惟皇上道兼君师，德隆古今，媲唐虞之勋业，接周孔之心传，治定功成，礼明乐备，创垂无前之盛烈，肇举未有之隆规，周公兼三王而施四事，承武烈而显文谟，其后裔古来虽无给有官职，恭遇我皇上崇文重道之时，周公后裔应授官职，拨给祭田，修葺庙宇，以彰皇上之殊恩旷典。

---

① （明）吕兆祥、（明）东野武、（清）东野沛然：《东野志》卷一，哈佛大学燕京图书馆藏，第 54 页。

② 《清实录 · 圣祖仁皇帝实录》卷一一七，康熙二十三年十一月十八日，中华书局 2008 年版。

俟命下之日，行文该抚，详查周公嫡派，取据各结，并东野氏宗谱送到之日，礼部查明，将应授之人题请授为世袭五经博士，祀田照颜子祀田例，由户部拨给，庙宇交与该抚设法修葺可也。

奉旨，依议。

礼部谨题为签恩求录，乞赐袭封，以培圣脉，以补缺典事。该臣等议得，先经臣部等衙门会议，周公后裔应授官职，俟命下之日，行文该抚详查周公嫡派，取具各结，并东野氏宗谱送到之日，礼部查明将应授之人题请授为世袭五经博士等因具题。

奉旨，依议，钦此。

随行文山东巡抚，去后今据该抚张鹏咨称，查东野沛然实为周公七十三代裔孙，又系嫡长，乘袭世职实为允宜等因，取具该府县印耳各结，并将宗谱咨送前来，相应将东野沛然准授为世袭五经博士。俟命下之日臣部转咨吏部，照例给札可也。

奉旨，依议。[①]

由这些题覆和圣旨可以得出清代世袭博五经博士法权授予的权力结构层次与具体程序（见图 1-2）。

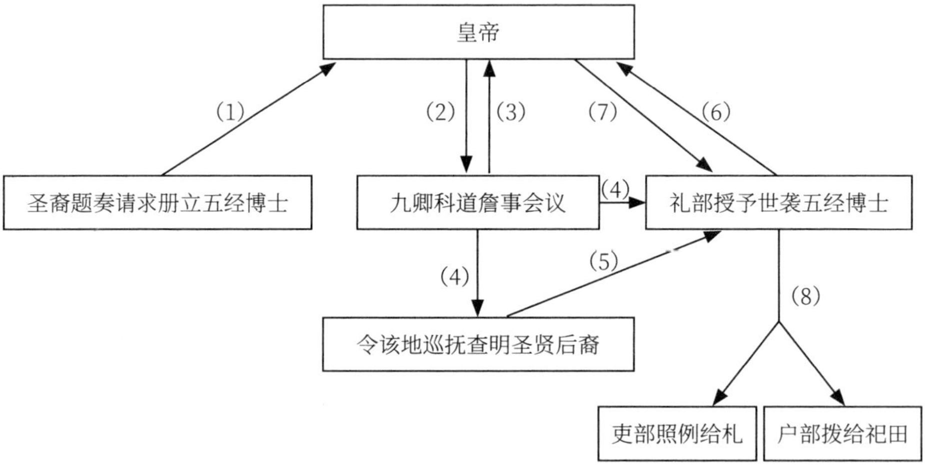

图 1-2　清代世袭五经博士授予的权力结构层次与具体程序图

① （明）吕兆祥、（明）东野武、（清）东野沛然：《东野志》卷一，哈佛大学燕京图书馆藏，第 49 ～ 50 页。

与明代相同，皇帝始终是世袭法权授予的最高来源，是整个决策运行系统的中枢，不过相比明代，整个法权授予中的权力配比发生了变化，九卿科道詹事会议取代了以前礼部的位置，是权力结构中指令决策的发出机关，地位相比明代的礼部有显著提升。而礼部则替代吏部成为世袭法权授予权力架构中承上启下的关键机构，将最终的决定拟出并下达吏部、户部。在执行方面，清代相比明代更加细化，除了庙宇修葺是地方官府负责之外，吏部给予札付，祀田的拨给则是由户部来运作。

清代与明代在世袭法权授予的实质内容与权力结构上的差异反映了清代皇权的强化，尤其是在人事权力上，保持乾纲独揽，“朕为天下主，一切庆赏刑威，皆自朕出”①，这使得吏部的话语权重相比明代有所下降。九卿、科道、詹事会议是清代决策程序中与明代显著不同的部分，这源自清朝在关外时的议政决策制度。努尔哈赤时期“诸贝勒、大臣每五日一次集于衙门……秉公审事，以为常规”，到康熙帝时期议政制度已经相当完备。不过到清军入关之后，清廷“广咨廷议”②，“断自宸衷”③，议政程序已经从决策职能转变为咨询职能，虽然主要是咨询职能，其地位仍然要高于礼部、吏部，可以使用指令性的话语（图 1-2），这显然与明代咨吏部的话语（图 1-1）有权力位阶上的差别。同时，相比明代，清代礼部在圣贤后裔世袭官职授予的问题上，管辖力度更大，已经不是明代那种命令、规范的传达机构，而是直接掌握与皇帝权力沟通来往的关键之处，直接确定授予世袭法权与否。与之相反，吏部的权力受到了礼部的挤压，在此问题上权限限定在根据礼部的决定给札付上，清代对各部职权划分更加细致，各部权力配比更加匀帖。

二、从册封时序的先后透视世袭翰林院五经博士授予的影响因素

圣贤后裔被首次授予世袭五经博士的时间节点并非是一致的，他们有先后顺序上的安排（见表 1-1）。

---

① 中国第一历史档案馆编：《乾隆朝上谕档》第 1 册，档案出版社 1986 年版，第 286 页。

②《清实录 · 高宗纯皇帝实录》卷四十一，乾隆三年四月十七日，中华书局 2008 年版。

③《清实录 · 高宗纯皇帝实录》卷二七一，乾隆十一年七月十一日，中华书局 2008 年版。

表 1-1 圣贤后裔首次册封世袭五经博士时间表

圣贤后裔	名字	册封世袭五经博士时间	人数
邹县亚圣孟子五十六世孙	孟希文	明景泰三年（1452 年）	1
曲阜县复圣颜子六十世孙	颜希惠[1]	明景泰三年（1452 年）	1
青田县诚意伯刘基七世孙	刘禄	明景泰三年（1452 年）[2]	1
建安县朱熹九世孙	朱梴	明景泰六年（1455 年）	2
婺源县朱熹十一世孙	朱墅	明嘉靖二年（1523 年）	
嘉祥县宗圣曾子六十世孙	曾质粹	明嘉靖十八年（1539 年）	1
嵩县程颐十七世孙	程克仁	明景泰六年（1455 年）	2
嵩县程颢孙[3]	程接道	明崇祯三年（1630 年）	
道州周敦颐十二世孙	周冕	明景泰七年（1456 年）	1
衢州南宗至圣孔子五十九世孙	孔彦绳	明正德元年（1506 年）	2
曲阜县至圣孔子六十二世孙主祭子思庙	孔闻礼	明正德二年（1507 年）	
泗水县仲子路五十九世孙	仲吕	明万历十五年（1587 年）	1
郿县张载十四世孙	张文运	明天启二年（1622 年）	1
曲阜县元圣周公七十五世孙	东野沛然	清康熙二十三年（1684 年）	2
咸阳县元圣周公七十七世孙	姬肇勋	清乾隆四十三年（1778 年）	
鱼台县闵子骞六十五世孙	闵衍籀	清康熙三十八年（1699 年）	1
浚县端木子贡七十世孙	端木谦	清康熙三十八年（1699 年）	1
常熟县言子游七十三世孙	言德坚	清康熙五十一年（1712 年）	1
洛阳县关羽五十七世孙	关爵	清康熙五十八年（1719 年）	3
解州关羽五十二世孙	关居斌	清雍正四年（1726 年）	
当阳县关羽五十二世孙	关朝泰	清雍正十三年（1735 年）	
钜野县卜子夏六十四世孙	卜尊贤	清康熙五十九年（1720 年）	1
肥城县冉子伯牛六十五世孙	冉士朴	清雍正二年（1724 年）	2
菏泽县冉子仲弓六十七世孙	冉天琳	清雍正二年（1724 年）	
萧县颛孙子张六十六世孙	颛诚道	清雍正二年（1724 年）	1
孟县韩子愈三十世孙	韩法祖	清乾隆三年（1739 年）	1
肥城县有子若七十二世孙	有守业	清乾隆五十三年（1788 年）	1
邹平县伏子胜六十五世孙	伏敬祖	清嘉庆十年（1805 年）	1

① 后因颜希惠并非嫡子后改颜议承袭。

② 因年刘禄年幼只有 11 岁，后在明景泰七年（1456 年）起用。

③ 因程颢绝嗣，程颐后裔程接道继程颢嗣。

从上表可以看出，圣贤后裔册封为世袭翰林院五经博士的时期多有集中，其中明代最为明显，大量集中在景泰帝在位期间，清代则集中在康、雍、乾三朝。分明的时间节点，儒学代表人物册封后裔位序的不同，加之景泰帝在位期间厉行裁汰冗官，为何仍不断册封这种世袭官职，[①]这引起了笔者的思考，这其中应有一些缘故，在左右着册封的内容和时序。

（一）不同社会背景的需求

一些学者认为，从英宗即位、理政至土木堡之变后，明王朝就进入了一个新的历史阶段，或称其为腐化期［明英宗正统十四年（1449 年）至武宗正德十六年（1521 年）］[②]或称其为积弱与改革时期［明英宗正统七年（1442 年）至明神宗万历十年（1582 年）］[③]。笔者深以为然。这一段时期白银逐渐货币化，商品经济日趋活跃，新经济要素跃动在传统经济秩序临界点上，统治者内部，国家社稷几落于阉党之手，宦官干政、乱政现象严重，“振狡黠得帝欢，遂越金英等数人掌司礼监，导帝用重典御下，防大臣欺蔽。于是大臣下狱者不绝，而振得因以市权”[④]。同时，邓茂七、叶宗留等农民起义此起彼伏，北患瓦剌、南患倭寇，土木堡一役英宗皇帝竟被北虏所俘，可谓是“四面边声连角起”。

在这种矛盾丛生、内忧外患的局面中，景泰帝御极登宝，其选择进一步强化儒家正统思想的做法，正是为了收拾这种危机四伏的局面。册封各地圣贤后裔世袭官职，一方面可以修复被破坏的礼法秩序，宣示明政权与儒家思想特别是理学思想的紧密关系，加强治理话语体系的治理影响力；另一方面，也是转移士大夫群体对频繁发生热点事件的关注，减少士人舆论对时局的抨击。

（二）儒学思想不同历史发展阶段的表露

“朝廷以道学、政术为二事，此正自古之可忧者。”[⑤]明代占据官方核心地位的思想体系自然可以说是儒家学说，但更加细致来说应该是程朱理学思想，即便是探求孔孟之道，也必须在程朱理学的范围之内进行阐释，逾矩者会被认为

---

① 尹选波：《试论景泰帝朱祁钰》，《明史研究》1993 年第 3 期，第 123 ～ 134 页。
② 许大龄：《明清史论集》，北京大学出版社 2000 年版，第 317 ～ 318 页。
③ 陈梧桐、彭勇：《明史十讲》，上海古籍出版社 2007 年版。
④（清）张廷玉等：《明史》卷三〇四《宦官一》（清乾隆武英殿刻本）。
⑤《张载集 · 答范巽之书》，中华书局 1978 年版，第 349 页。

是“异端邪说”“炫奇立异”。明代统治者竭力运用在文化上的话语权推动程朱理学的思想统治地位，“一宗朱子之书，令学者非五经、孔、孟之书不读，非濂、洛、关、闽之学不讲”①。已然到了“世之治举业者，以《四书》为先务，视《六经》为可缓；以言《诗》，非朱子之传义弗敢道也；以言《礼》，非朱子之家礼弗敢行也；推是而言，《尚书》《春秋》，非朱子所授，则朱子所予也；言不合朱子，率鸣鼓而攻之”②的地步，在这种“古人之儒术，一切尽废”③的学术环境之中，景泰帝将濂（周敦颐）、洛（程颐、程颢）、关（张载）、闽（朱熹）四家儒贤之后，率先立为世袭五经博士，正是明代理学思想巨大影响力的一种展现。

相比明代，清代是理学走向衰微的时代，爱新觉罗·昭梿就在其《啸亭杂录》中讲道“习理学者日少，至书贾不售理学诸书”，又称：“黠者诉詈正人，以文己过，迂者株守考订，訾议宋儒，遂将濂、洛、关、闽之书，束之高阁，无读之者。”④清高宗也意识到这个问题，他说：“而两年来，诸臣条举经史，各就所见为说，而未有将宋儒性理诸书，切实敷陈，与儒先相表里者。盖近来留意词章之学者尚不乏人，而究心理学者盖鲜。”⑤虽然清代帝王也会强调程朱理学对维系伦理纲常的秩序社会的重要性，但也并未重视程朱理学的学理研究，反而在讥讽道：“道学者必在身体力行，见诸实事，非徒托之空言。”⑥正是在这种自上而下的轻理学风气中，统治者将关注的视点转移到儒家原典中孔门七十二贤后代的命运，先后寻访、册封他们为世袭五经博士。

（三）新君即位法统性的要求

土木堡之变明英宗被俘，瓦剌气势汹汹，试图趁机进犯北京，京师群龙无首，皇太子朱见深年仅 2 岁，郕王不得不临危受命监国，可这种模式无法应对这种“圣驾北狩，皇太子幼冲，国势危殆，人心汹涌”⑦的巨大变局，一部分朝臣竟然意图南迁避祸，在这种形势危急的关头，群臣请立郕王为新君，即皇帝位。不过，在明代理学控制下的社会信仰与秩序中，这种更替是极不符合法统的，难怪连

①（清）陈鼎：《东林列传 · 儒林传序》（清文渊阁四库全书本）。
②（清）朱彝尊：《曝书亭集》卷三十五《道传录序》（四部丛刊景清康熙本）。
③（明）王廷相：《浚川公移集》卷三（明嘉靖至隆庆间刊本）。
④（清）爱新觉罗 · 昭梿：《啸亭杂录》卷十（清钞本）。
⑤《清实录 · 高宗纯皇帝实录》卷一二八，乾隆五年十月十日，中华书局 1985 年版，第 876 页。
⑥《康熙起居注》，中华书局 1984 年版，第 1194 页。
⑦《明英宗实录》卷一八一，台北“中央研究院”历史语言研究所 1962 年版。

郕王自己也敏锐而强烈的反应道：“皇太子在，卿等敢乱法耶？”[①]

不过兵部侍郎于谦则寻找到了合适的儒家理论来支持朱祁钰的称帝行为，其以《孟子》为据：“独扬言曰：‘社稷为重，君为轻’。”[②] 国难当前，当以社稷为首要考虑的对象，突破传统政治秩序和法统实是为了“弘济艰难以安宗社，以慰人心”[③]。基于这种理论，景泰帝才得以顺利登基。景泰帝或是出于内心的感激或者是意图进一步强化和传播孟子学说的影响力，巩固帝位合法性，在景泰三年（1452 年）第一次册封亚圣孟子后裔为五经博士，孟希文也是所有圣贤后裔群体中第一个被授官为世袭五经博士，其中事关政治统序，足见其联结的微妙之处。

（四）时局政治斗争的需要

明武宗正德十四年（1519 年）朱元璋第五世孙宁王朱宸濠在南昌兴兵反叛，被王阳明旋即平定，明世宗认为其在南、赣等处反贼绞平、安定地方功绩显著，特封其为新建伯，“岁支禄米一千石，三代并妻一体追封，给与诰卷，子孙世世承袭”[④]。时值杨廷和任内阁首辅，而杨廷和素与王琼不相能，而“守仁前后平贼，率归功琼，廷和不喜，大臣亦多忌其功”[⑤]。

“叨天之功”和朝中政治斗争的不利形势给王阳明带来了嫉妒和麻烦，一些朝臣开始从思想上诋毁王学，礼科给事中章侨言：“三代以下，论正学莫如朱熹。近有聪明才辨足以号召天下者，倡异端之说，而士之好高务名者靡然从之。大率取陆九渊之简便，惮朱熹为支离。”[⑥] 另一部分人通过抬高朱熹后裔的身份，达到消弭阳明心学的目的，虽然景泰六年（1455 年）已册封了建安朱氏后裔，但婺源后裔还尚未册封。“请依阙里之例，录其子孙一人，量授以官，俾掌祠事”[⑦]，于嘉靖二年（1523 年）诏准册封朱墅为世袭五经博士。

由是可见，圣贤后裔的册封并非仅仅是为了彰显儒学核心地位的一种宣示方式。它的内容和时间节点的把握受到多重因素的左右，用以配合政治上的动作，

---

① 《明英宗实录》卷一八一，台北“中央研究院”历史语言研究所 1962 年版。

② （明）李贽：《续藏书》卷十五，中华书局 1974 年版，第 305 ～ 311 页。

③ （明）《明英宗实录》卷一八一，台北“中央研究院”历史语言研究所 1962 年版。

④ （明）钱德洪、（明）王汝中：《王阳明年谱》卷三《年谱二》。

⑤ （清）张廷玉等：《明史》卷一九五《列传第八十三》（清乾隆武英殿刻本）。

⑥ 《明世宗实录》卷十九，嘉靖元年十月二十三日，台北“中央研究院”历史语言研究所 1962 年版。

⑦ （清）张廷玉等：《明史》卷二八五《儒林三》（清乾隆武英殿刻本）。

这反映了后世儒学作为一种知识、话语与政权、政制相互互动的紧密关系。这种关系就如同飞舞的绸带一般，引发了后续的一系列权力（特别是法权）在基层的配置与震动。

（五）文治功绩的彰显

《礼记·祭法》称:“汤以宽治民而除其虐,文王以文治,武王以武功,去民之灾,此皆有功烈于民者也。”“文治武功”一词被用来评价贤明君王的丰功伟绩由来已久,“文治”即是以文教礼乐治理国家，使得国家文化昌盛，政治清明，历代帝王为了标榜自己的“文治”功业,常常采用视学、临雍,亲临孔庙祭祀,奖掖文臣,编修大型丛书等方式，除了这些以外，对圣贤后裔的优待，给予他们政治上的身份地位，也是彰显“文治”功绩的重要方式之一，是所谓“贤哲遗庥”。

明代中期的理学名臣丘浚在景泰五年（1454 年）刚刚金榜题名，进士及第，恰逢明廷在景泰六年（1455 年）授予建安县朱熹九世孙朱梃世袭五经博士一职，他当即作一首《朱文公九世孙梴初授五经博士归建安》歌功颂德道：

宣尼去世远，六籍日以湮。
道统久坠地，人文孰昭陈。
至哉紫阳翁，妙契古圣神。
远溯洙泗流，近追濂洛尘。
一洗千古陋，再见三代淳。
坐令宇宙内，百世同一春。
圣皇御宸极，表章右斯文。
眷兹神明裔，混迹同齐民。
纶音远搜访，爰得九世孙。
州里亲劝驾，来自万里闽。
稽首阙庭下，天颜正欣欣。
锡以八品秩，视兹内庭臣。
再拜谢九重，何以答深恩。
勉旃先臣训，仰酬圣主仁。

斯道明日月，国祚齐乾坤。[①]

诗歌中先是回顾了“紫阳翁”朱熹，在孔子去世之后，道统衰落，儒学危机的情况下远而继孔子的洙泗之学，近而继北宋濂、洛、关之学，开创“闽学”，将宋代理学思想推向高峰的功绩。后文则重点颂扬景泰皇帝“表章斯文”的“文治”功业，皇帝先是关心与普通百姓无有差异的朱子后裔，传旨寻访他们。得其第九世孙朱梴，又诏其稽首阙庭，赐给八品世袭五经博士，在丘浚眼中可谓是皇恩浩荡，无以为报，只能“勉旃先臣训，仰酬圣主仁”。最后一句“斯道明日月，国祚齐乾坤”，则更是直接点明了皇帝对道统文脉的重视和彰显，盛赞此举会使得明帝国的国运绵延万世，与天地同寿。

从这篇诗文中的“圣皇御极”“表章斯文”“天颜欣欣”，“圣主恩”“斯道明”等“流光溢彩”的描述中，可以见得皇帝授予圣裔世袭博士，对彰显“文治”功绩的重要作用，能够得到群臣的赞誉，为皇帝自己赢得崇儒重道的声望。据《清实录》记载，雍正即位之初的第二年，即着手增加文庙从祀，增置世袭五经博士，其中应“宜增置博士者四人，冉雍、冉伯牛、子张、有若”。礼部称他们“或亲承训论、递衍源流，或远契心传、倡明正学……予以延世之赏，人心公论，皆为允合”。清世宗批曰:“朕念先贤先儒，扶持名教，羽翼圣经，有关学术人心。爰命九卿详议，今诸臣参考周详，评论公正，甚合朕心，着依议行”[②]。增加世袭博士，事关学术人心，有关道统名教，是流传百世的大事，雍正皇帝也不得不郑重以待，足见以袭封之事彰文教治国的意味深远。

第三节　世袭翰林院五经博士法权的承袭

囿于明代相关史料的不足，对于世袭五经博士的法权在明代有如何的承袭

① 《丘浚集》第8册，海南出版社2006年版，第3716～3717页。

② 《清实录·世宗宪皇帝实录》卷二十三，雍正二年八月二十四日，中华书局2008年版。

制度，我们已经无法系统、全面考察，但仍有一些明代碑刻铭文传世，可让我们对其有所了解。清代这方面的史料仍然十分充裕，特别是第一历史档案馆所藏相关档案，为我们研究世袭五经博士法权的承袭提供了方便。此外清代还是世袭博士法律制度建立健全的重要时代，法律制度有何种面貌，制度设计的初衷是什么，制度与实践是如何配合的，都成为令人颇感兴趣的问题。

承袭意味着转移，是法权由一个主体转移到另一个主体的过程，相比于法权的初次授予，法权的承袭更具规范性，程序性也更强，而这样做的目的则是确保法权流转的稳定性和正当性。稳定性意味着法权由谁继承，法权承袭由谁发起，法权承袭由谁授予等过程是否稳定有序，有章可循；而正当性则意味着上述程序不能出现紊乱，一旦出现错误就应该追究相应责任，以昭明其正当性。通过稳定性和正当性做功，法权的继承呈现出规范性的特点。稳定性和正当性则由各部《则例》以法律的形式确定下来，由各个主体将既定的程序执行下来，并在实践中提供解决策略，以补充法律文本上制度之不足。

一、明代世袭翰林院五经博士法权承袭的概况

明代的亚圣府在承袭世袭博士问题上，出现了一个小的插曲，为了昭示这件事情的重要性，孟氏族人将公文刻录成碑，才使得今天的人们有机会了解当时世袭博士法权承袭转移的具体状况。

（一）孟公肇借袭博士案

明代正德十五年（1520年），世袭翰林院五经博士孟元病故，其嫡子孟公肇时年四岁，无法胜任世袭博士一职，其母请求由他人代袭，围绕这一事件，孟氏家族、吏部、礼部等机关展开了一系列的公文沟通，并被孟氏家族刻录在石碑上：

吏部为久缺奉祀事。该本部题文选清吏司案呈，提□政司咨呈，据兖州府备邹县申，准已故翰林院世袭五经博士孟元宗妇孔氏呈称：“有子孟公綮，幼小未能承袭。蒙行查勘，今将夫人之官爵，愿为借让嫡侄孟公肇代袭，权奉祀事。俟子孟公綮出幼，令侄退让，事体相宜，并无阴谋夺

嫡情弊。”并据孟氏族长及里老孟希达、葛贤等结勘相同。取具官吏里老、邻佑族长人等，不扶重甘，结状连人，起送到部，送司案查。

先准礼部咨，该山东兖州府邹县孟子五十六代孙孟希岳奏：“伏念臣祖孟子辟邪卫正，立言垂训，历代尊崇，日隆无替。至我圣朝，恩崇尤为优渥。推族之宗嫡，授以世袭翰林院五经博士，以主祀事。又给田拨佃，以供常祭。崇儒重道□加矣！不幸宗子博士孟元，先于正德七年间感患瘫痪，不能起居。至正德十五年六月初二日病故。遗有一子，今方四岁。祖庙之祀缺人主奉者十有一年，族之少长罔不咨嗟。兹遇皇上御极兴治，首议幸学，遣官召臣孔、颜、孟三氏宗子族人赴京陪祀行礼。臣以族人见推而来。今则大礼已成，回还有期。臣思臣祖，一月之内则缺朔望之礼，一岁之内则缺四时之祀，诚为旷典。窃见孟元见有亲弟孟亨所生长子孟公肇，平昔读书习礼，族人素服，见今蒙取陪祀在京。如蒙乞敕该部查勘无碍，暂令孟公肇代袭伯父职事，以主祀事。待候孟元之子年及出幼，仍令承袭。庶祖庙之神有所依享，圣朝恩典亦不（孤）［辜］负矣。”等因奏。

奉圣旨：“该部看了来说。钦此。钦遵。”

该本部看得礼部咨，称：“博士孟元病故，遗子四岁，祖庙缺人主奉。孟元亲弟孟亨长子孟公肇，读书习礼，族人素服。乞行查勘无碍，暂令代袭伯父职事，以主祀事。待孟元之子出幼，仍令承袭一节，为照颜、孟先贤二家世有博士，以主祀事，此我祖宗崇儒重道之盛典也。孟氏宗子博士孟元病故，其子年未出幼，宗庙主祀缺人。今族人孟希岳，举保孟元亲弟孟亨之子孟公肇，暂袭博士，以主祀事。待孟元之子出幼，仍令承袭，似亦相应。但未经查明，本部遽难议处合无。本部行移山东布政司查勘：孟元之子是否幼小；孟公肇平日行检，与本家族序，应否借袭奉祀，中间有无阴谋夺嫡之弊。如果无碍，于事体相应，明日具由缴报，以凭覆奏施行。”等因具题。

奉圣旨：“是，钦此。钦遵。”

已经類行齐勘，具由回报去后，今据前因查覆，间该孟子五十九代孙孟彦通奏，为清家门，崇公道，乞恩改正官职事。内称：“孟公肇于例有碍，用银买串家长族人官史，朦胧保结起送，冒袭博士。”及该孟公肇亦奏，为变乱宗枝，违例挟诈等事。内称：“孟彦通挟诈奏扰”等情。俱经备咨都察院，转行巡按山东监察御史，提（吊）［调］应审人卷到官，查问明白，具招咨报，孟公肇果无违碍，具结起送去后，续该本布政司咨。据兖州府备邹县申，蒙山东按察司案验，蒙巡按山东监察御史朱节批，据本司经历司呈，前事备仰本县官吏即将发去问完，供明：孟公肇重具官吏人等结状，径自起送，赴部冠带施行等因。抄招具结，连人起送，前来通查。

案呈到部，看得孟氏子孙世袭五经博士，乃朝廷崇儒重道之盛典，专为主祀而设，不可久缺其人。今孟子五十七代孙世袭五经博士孟元已故，伊子孟公縈年方四岁，未堪袭替。孟公肇既该宗人保勘平日行检，堪以借袭前职。又经行准山东布政司驳勘无碍，按察司审问供明，巡按衙门详允，行令起送前来，相应准理合无，将孟公肇借袭翰林院五经博士给凭回还，暂主祀事。待孟公縈□年一十五岁之时，照例保送，暂袭孟公肇行令退职闲住。倘有占悋官职，别生异谋，致令公縈失所及有他虞，有司体访得实，或因事告发，从重议拟施行。缘系久缺奉祀及节奏钦依是事理，未敢擅便。嘉靖二年五月初四日，少保兼太子太保本部尚书乔等具题。

本月初六日奉圣旨："是。孟公肇准暂袭翰林院五经博士，奉祀。待孟公縈长成保送之日，退职闲住。钦此。钦遵。"

拟合通行。为此，除外合行，札仰本官照依本部题，奉钦依内事理，钦遵，施行。须主札付者：

右札付借袭翰林院五经博士孟公肇　准此

嘉靖二年五月初十日　对同[①]

世袭博士孟元死后，因为嫡子年幼无法承继主祀之责任，孟子第五十六代孙孟希岳奏请希望先由孟元的亲弟孟亨所生长子孟公肇，借袭世袭博士，以使得祀典无缺，等到原孟元的嫡长子孟公縈长大后，再承袭世袭博士一职。皇帝让吏部拟议，吏部认为借袭虽然合乎礼法，但未经查明，仅凭一面之词，不能轻易得出结论，所以具题请求行文山东布政司查明三件事情：一是孟元之子是否的确年幼，而难以承担主祀任务，二是孟公肇的品德言行是否正常，在家族中是什么宗法地位，能否借袭，三是有没有夺嫡的阴谋。

随后经皇帝批准，移文山东布政司，开始勘查，期间又有孟子五十九代孙

① 刘培桂编著：《孟子林庙历代石刻集·吏部为久缺奉祀事札付》，齐鲁书社 2005 年版，第 193 ～ 195 页。

孟彦通控告孟公肇冒袭世袭博士，而孟公肇也针锋相对说孟彦通挟诈奏扰，经过山东监察御史、山东按察司查证，认为孟公肇“果无违碍”。山东布政司便将结状一同呈送给吏部。

吏部进一步确认了各项事实，认为嫡子确是年幼，不能承担祭祀责任，而孟公肇也并没有夺嫡的阴谋，符合礼法秩序，因此认为应当允许借袭，但明确要求孟公繁年满十五岁时，孟公肇必须“退职闲住”，如果有其他阴谋企图，使得嫡子丧失继承之权，就要从重处理，皇帝批准了这一意见，孟公肇顺利承袭。

（二）明代世袭翰林院五经博士继承的条件与程序

从上述案件的解析可以看出，明代对世袭博士的血缘关系是十分重视的，大力保障嫡长子的继承权利，即便是出现嫡子年幼，不能承袭这种情况，也需要由血缘关系最近的，符合礼法秩序的人借袭，嫡子长大以后即刻还职。其次，对于承袭者不仅有血缘关系上的要求，人品德行还需正派、老实。

在程序上，与清代不同，明代的世袭博士承袭不需要文理考试，但同样需要保举，只不过保举人也不是清朝那样，由衍圣公和各省督抚负责保举，而是氏族家长、族人。在具体实施程序上，先由礼部咨吏部，吏部呈报皇帝，启动下一阶段的调查，查明是否嫡裔、品行优劣等情况，再由吏部呈报皇帝，最后作出准或者不准的决定，皇帝在其中起着决定性的、最终的作用，而吏部的作用亦不小，是上传下达，最后给札付的机关。

同时，我们也应该注意到从正德十五年（1520 年）世袭博士孟元离世到嘉靖二年（1523 年）给札承袭，前后竟经历三年时光，而相比之下清代曾兴烈承袭世袭博士从乾隆四年（1739 年）二月，衍圣公开始保题进入程序，到乾隆四年四月吏部最终给札承袭，仅用了两个月，差别之大不仅仅在于明代孟公肇借袭一案的稍显复杂，或许更是两朝对世袭博士重视程度的不同，以及行政效率的差异。

虽然在大体程序上清代与之无太大差异，这反映出两朝政治体制的深刻的延续性，但是在细节上清代相比明代又更加完善、健全，制度设计上也更加合理、科学，有利于皇权集中，有利于最大限度地避免弊病。这是清代的贡献之处，是帝制时代末期，政治体制的巨轮朝着覆灭航行前，为了修正其航向，有限度的左右摇摆。

二、清代世袭翰林院五经博士法权承袭的法律规定

则例是清代重要的法律形式，则例的分量占据有清一代立法成果的一半以上，形成了《大清律例》为纲，则例为枝蔓的法律体系[①]。关于世袭翰林院五经博士法权承袭问题的法律，集中规定在《钦定大清会典则例》、各部院则例之中，无疑，世袭博士的法权承袭问题已然上升为国家法律制度的内容，凸显了世袭博士在帝国政法生活中的一定地位和重要性。

（一）《钦定大清会典则例》

《钦定大清会典则例》之中关于世袭博士法权承袭问题的法律规定，从顺治朝开始历经康熙、雍正、乾隆等皇帝的重申和修订，是一个逐渐完善、严密的过程。清代最早所见关于世袭五经博士法权承袭的规定是在顺治元年（1644 年）：

> 顺治元年，覆准颜、曾、思、孟、仲世袭五经博士由嫡派子孙承袭，令衍圣公咨送题补。[②]

清军入关，制度体系的建构基本上沿用前朝旧制，并且这一时期仍被确认为世袭五经博士的只有颜、曾、思、孟、仲这几氏，而像程子、周子、朱子等后裔虽然在明朝被册封为世袭五经博士，但清初立国仍尚未被承认，所以不能获得继承。法权继承人毫无疑问应该是“嫡派子孙”，在《钦定礼部则例》中也有这样的规定：“圣裔各先贤、先儒后裔博士，均由嫡长子孙袭，有故准以嫡次子孙继袭。”[③]可以相互佐证。明代宰辅高拱在其文集中就这样说道：“封爵以报希世之功，世袭以懋赏延之典，使其功在社稷，与国同休。嫡子嫡孙相继承袭，又何容议？”[④]，毋庸议这是中国古代宗法社会身份、财产继承的根本原则。

这一时期衍圣公被置于朝廷与各个圣贤后裔之间的关键位置，成为继承问

---

① 栗铭徽：《清代法律位阶关系新论——以〈大清律例〉和〈户部则例〉的关系为例》，《华东政法大学学报》2017 年第 3 期，第 155 ～ 169 页。

② 《大清会典则例》卷三十《吏部》（清文渊阁四库全书本）。

③ （清）汪廷珍等：《钦定礼部则例》卷一六九（嘉庆二十五年刊本）。

④ 《高拱全集》上，中州古籍出版社 2006 年版，第 479 页。

题上传下达的中枢节点，各圣贤后裔都必须经过衍圣公咨部请旨，才能获得应继承者的法权。

到了康熙、雍正年间，关内局势逐渐稳定，政治生态持续向好，清圣祖在这一时期新册封了不少世袭博士，并将程子、邵子等前朝册封的世袭博士官复原职，这一群体数量呈现出大幅度的增长，在世袭博士承袭问题上的法律规定，相比顺治朝更加成熟和严谨，据《钦定大清会典则例》载：

康熙二十四年，议准周公后裔、闵子后裔、端木子后裔、言子后裔、冉子雍后裔、冉子耕后裔、颛孙子后裔、有子后裔、卜子后裔、关氏后裔、宋儒朱子后裔、程子后裔、周子后裔、张子后裔、邵子后裔，均世袭五经博士。令衍圣公交现在博士，各将子弟严加训导，将应承袭之人，衍圣公保送礼部考试，果能文理通晓，注册存案，俟承袭之时，衍圣公察案具题，准其承袭。①

这里《钦定大清会典则例·吏部》将世袭博士考试制度界定为康熙二十四年（1685年）的则例，但查阅《钦定大清会典则例·礼部》却载：

雍正二年，奉旨，先贤冉雍、冉伯牛、子张、有若四人后裔，均照增置五经博士一人，予以世袭。是年，议准博士子弟，应承袭之人，若不读诗书，不识礼义，滥膺承袭，有玷先贤先儒，殊负圣朝崇儒重道之意，应由该抚送部考试，果文理通晓，照例注册，俟袭职时具题给札。②

同时《清实录》中雍正二年（1724年）九月也有相类似的记载：

戊午。礼部议覆。条奏内称，孔氏子孙，应于宗族内择品学兼优者。专司训迪。与曲阜教官公同督课，文庙乐舞音节及乐舞生衣冠，俱宜照国子监，划一遵行。至先贤五经博士应袭职之子孙。宜送礼部考试文艺，劣

① 《大清会典则例》卷三十《吏部》（清文渊阁四库全书本）。
② 《大清会典则例》卷八十二《礼部》（清文渊阁四库全书本）。

者送监肄业三年。方准承袭。均应如所请。从之。[1]

所以，两者可以相互印证，世袭博士承袭考试制度设立的时间应该在雍正二年（1724年）九月而并非是康熙二十四年（1685年）。从则例可以看出，这一时期帝国统治者已经开始由重视世袭五经博士继承的血缘身份是否正统，转向重视继承者个人的文化素养优劣上来，两者等量齐观。应袭者应文理通晓，读诗书，晓礼义，通过礼部考试之后方可准予承袭，如果不能通过考试，则必须“送监肄业三年”进行文理学习，才能承袭。

世袭五经博士承袭的考试制度是雍正时代的创新之举，是世袭博士承袭制度走向规范化、制度化的第一次尝试。但从史料中我们可以看出，这一时期的制度仍是不够完善，世袭五经博士什么时间考试、考试的内容是什么都没有提及。另外，由谁送部考试、具题给札也言语不清，例文中说“应由该抚送部考试”，实际上不仅是抚台，衍圣公也有送部考试的职责，这些内容都进一步详细规定在各部则例之中。

（二）《钦定吏部铨选则例》《钦定礼部则例》

《钦定吏部铨选则例·世袭五经博士考试》中载：

> 一凡圣贤后裔，皆设世袭五经博士以奉祭祀，东野氏五经博士二员，颜氏、曾氏、孟氏、闵氏、仲氏、有氏、端木氏、卜氏、言氏、三冉氏、颛孙氏各五经博士一员，由衍圣公保送礼部考试。关氏博士三员，朱氏博士二员，韩氏、周氏、邵氏、二程氏、张氏、伏氏各博士一员，由该督抚咨送礼部考试，其考试各员果能文理通晓，注册存案，俟承袭之时，由衍圣公及该督抚具题，礼部题覆准其承袭，移咨吏部给发札付。[2]

吏部的则例规定进一步细化了衍圣公和各省督抚之间的职权，将“东野氏五经博士二员，颜氏、曾氏、孟氏、闵氏、仲氏、有氏、端木氏、卜氏、言氏、三冉氏、颛孙氏”十二氏十五人的送部考试之责任交给衍圣公，而将“关氏博士

---

① 《清实录·世宗宪皇帝实录》卷二十四，雍正二年九月十八日，中华书局2008年版。

② （清）锡珍：《钦定吏部铨选则例·汉官则例》卷八下《杂例》（清光绪十二年刻本）。

三员，朱氏博士二员，韩氏、周氏、邵氏、二程氏、张氏、伏氏各博士一员”等分散在外省的以及济南府的伏氏世袭五经博士，送考之责交给各省督抚。

这种规定其实是有意限制衍圣公的权力，试图将衍圣公的人事权力限制在山东省内。与世袭五经博士一样，各省奉祀生的遴选，也经历了由衍圣公全国遴选到衍圣公负责山东省遴选，其余各省督抚分别遴选的规定过程，“乾隆三十一年，礼部准奏：山东一省奉祀生缺出，仍令衍圣公会同该抚学政咨部充补。其江浙等六省奉祀生，令该学政会同督抚详选嫡裔顶补”[①]。

具体考试制度由礼部管理，集中规定在《钦定礼部则例》之中：

> 一承袭人员，衍圣公及该督抚查明本支嫡派子孙，年十五以上者，具文申送给咨，赴部试四书文一篇，如文理明顺，题请承袭，旨下，移咨吏部给札。如年未及岁，该处咨部暂行注册，俟及岁时送试。若并无应继之人，别择亲支暂行主祀，俟应继有人，先行咨部注册，及岁时照例，咨送办理。[②]

无疑，由礼部主管的考试制度，《钦定礼部则例》的规定相比吏部更加细腻，不仅明晰了由谁参加考试——“承袭人员……本支嫡派子孙，年十五以上”，也明确了考试的内容——“四书文一篇”，并将特殊情况一并规定清楚：如果应该承袭之时，却没有达到十五岁，则先在礼部注册，等到了十五岁时再进行考试；如果没有继承人的，先由宗支代行祭祀之权利，等到有继承人时，按照先前的规定，咨送礼部考试。

这里的宗支代行主祀，一般是与嫡长子孙关系最近的亲属，《钦定礼部则例》在按语中列举了此一类的情况：

> 谨按，雍正二年，博士颜士基病故，弟士埙袭六年，颜士埙病故，叔怀禩袭。乾隆二十一年，颛孙诚道病废，侄明德袭。四十六年，邵心安病故，侄焕，以独子承祧两房袭。均由衍圣公及该督抚，咨明实在情由，据实题请。嘉庆十八年，覆准复圣裔五经博士颜锡嘏病故，据衍圣公以该博士原有嫡子二人，长振佑早故无子，请以出继之次子振吉，暂行代袭以主祀事，查

① （清）曾国荃重修：《宗圣志》，山东友谊出版社 1989 年版，第 566 页。
② （清）汪廷珍主撰：《钦定礼部则例》卷一六九《祠祭清吏司》（嘉庆二十五年刊本）。

与例载雍正六年，颜士埙病故，叔怀禩代袭之案相符，应如所请，准以振吉暂行代袭，俟振吉有子即继振佑为嗣，咨报承袭以继大宗。[①]

世袭五经博士病故或其他原因不能继续主祀的，没有子嗣与侄的，可由其弟承袭，其弟也不能继续主祀的又没有子嗣，继而由其叔继承；清代还有独子承祧两房的制度，大宗、小宗均由独子一人承祧，也可以继承世袭五经博士；长子不能主祀，出继之子也可以代为主祀，但生子之后要过继给大宗，然后出继人要将主祀权也就是世袭博士让渡给大宗，这些都从不同角度体现了中国古代宗祧继承制度的相关原则对世袭博士承袭制度的决定性影响。

除了承袭考试制度以及程序的规定外，《钦定礼部则例》还规定了不准承袭的情况：

博士有枉法婪赃、革职治罪者，其子孙不准承袭。

谨按，乾隆五十年，博士东野崇镝，因私捐奉祀生，以枉法赃论问拟绞监候，经部查照八旗则例，世职官员因人命拟以斩绞及枉法婪赃等情，革职治罪，其子孙不准承袭之条，咨覆衍圣公办理。

五十三年衍圣公将东野崇镝胞侄东野诺询题请承袭。[②]

此则例是因为东野崇鐍案引发。东野崇鐍因为私捐奉祀生被革职查办，并处以绞监候的刑罚[③]，礼部比照八旗则例，不准其子孙继续承袭，但允许与嫡长子关系最紧密的应袭之人继承，也就是东野崇鐍的胞侄继承世袭五经博士，从而成为定例。

总的来说，清代中央朝廷所确定的世袭博士承袭的法定流程正如图1-3所示，是一套严密完备的机制。它的确立过程是一个由简单、不完整再到详细、严密的过程，形成过程中，除了有群臣、帝王对承袭问题解决方案的提出，还有一部分来源于承袭实践。这些为实践中出现的各种情况而出台的解决办法，被上升为则例，完备了我们现在所看到的清代世袭博士承袭制度。同时，在这些制度中我们也能看出皇权对圣贤后裔群体的管理由放松走向严密，对以衍圣

①②（清）汪廷珍主撰：《钦定礼部则例》卷一六九《祠祭清吏司》（嘉庆二十五年刊本）。

③ 内阁大库档案，乾隆五十三年四月十七日，登录号：097016-001，台北“中央研究院”历史语言研究所明清档案工作室藏。

公为首的圣贤后裔群体权力的逐渐限制、约束的过程。

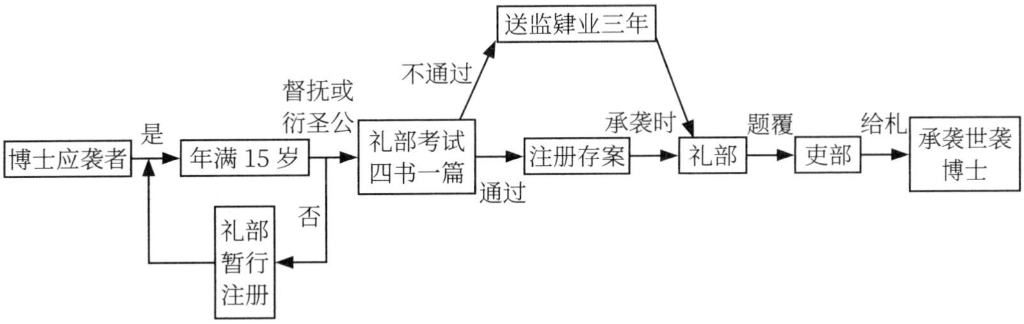

图 1-3　清代世袭博士承袭的法定流程

三、清代世袭翰林院五经博士法权承袭的实践状况

面对纷繁复杂的现实情况，书面上的法律制度总不能包罗万象，面面俱到，这在世袭博士承袭问题上也并无差异。更加多彩的制度世界，常常隐含在律法之下的实施过程中，现实世界里。在世袭五经博士承袭的具体实践中，通过对奏疏档案的分析，我们仍能有不少新的发现，而这些新发现是法律制度文本内容所没有也不可能承载的。

实践中的世袭五经博士承袭总体应分为三个方面，首先是承袭程序的开始，哪些原因是世袭博士承袭程序启动的必要条件；其次是在承袭程序中发生的冲突，各个权力主体是如何处置的；另外承袭过程中如果发生了违背法、例的情况，是否需要处罚，如何处罚，这也是承袭实践中不可忽视的重要问题。

（一）承袭的发生

1. 原世袭翰林院五经博士病亡去世

与一般的身份、财产继承相同，世袭五经博士法权发生承袭，最为普遍的情况是原世袭五经博士的病亡去世，而由其嫡传子孙承袭。中国第一历史档案馆存有乾隆四年（1739 年）“衍圣公孔广棨保题宗圣贤裔袭职”一事档案：

孔子七十代孙袭封衍圣公臣孔广棨谨题，为循例保题贤裔职事。

切照先贤嫡裔翰林院五经博士奉祀祠庙，实我皇上崇儒重道之盛典也。伏查雍正二年十月内定例，礼部议覆，现在博士子弟应袭职之人果文理通晓，令臣送部考试注册，俟袭职之时，令臣查案具题，准其承袭。奉旨依议。钦遵在案。

今有宗圣曾子嫡裔世袭翰林院五经博士曾衍橚，病故员缺，臣随将曾衍橚嫡长子曾兴烈遵例咨送礼部考试。读准礼部咨开，考得曾兴烈文理清通，堪以袭替等因到臣，理合循例，保题曾兴烈承袭。仰祈皇上，敕部议行处，施行。谨题请旨。

乾隆四年二月初十日孔子七十代孙袭封衍圣公臣孔广棨①

乾隆皇帝朱批："该部议奏。"随后吏部尚书张廷玉议得：

吏科抄出衍圣公孔广棨题前事……堪以袭替等因到臣，理合循例……乾隆四年二月初十日。题三月初六日奉旨：该部议奏。钦此。钦遵。于本年二月初七日抄出到部。

该臣等议得，衍圣公孔广棨疏称，宗圣曾子嫡裔，世袭五经博士曾衍橚病故员缺，将曾衍橚嫡长子曾兴烈，遵例咨送礼部考试，读准礼部咨称，考得曾兴烈文理清通，堪以袭替，等因到臣，理合循例保题等因前来。

查雍正二年九月内，礼部会同臣等议覆，条奏先贤子孙世袭五经博士，令衍圣公交现在博士，各将子弟严加训导，将应承袭之人，衍圣公保送礼部考试，果能文理通晓，注册在案，俟承袭之时，衍圣公查案具题，准其承袭等因。奉旨：依议。钦遵在案。

今衍圣公即称五经博士曾衍橚病故缺员，嫡长子曾兴烈例应袭替，循例咨送部考试，考得文理清通，堪以袭替，理合循例保题等语，将曾兴烈照例准其承袭翰林院五经博士，俟命下之日，部照例给凭，令其任事。臣等未敢擅便，谨题请旨。

乾隆四年四月初二②

---

①《题为保举曾兴烈承袭翰林院五经博士员缺事》，乾隆四年二月初十，档案号：02-01-03-03738-003，中国第一历史档案馆藏。

②《题为遵议曾兴烈承袭翰林院五经博士员缺事》，乾隆四年四月初二，档案号：02-01-03-03739-001，中国第一历史档案馆藏。

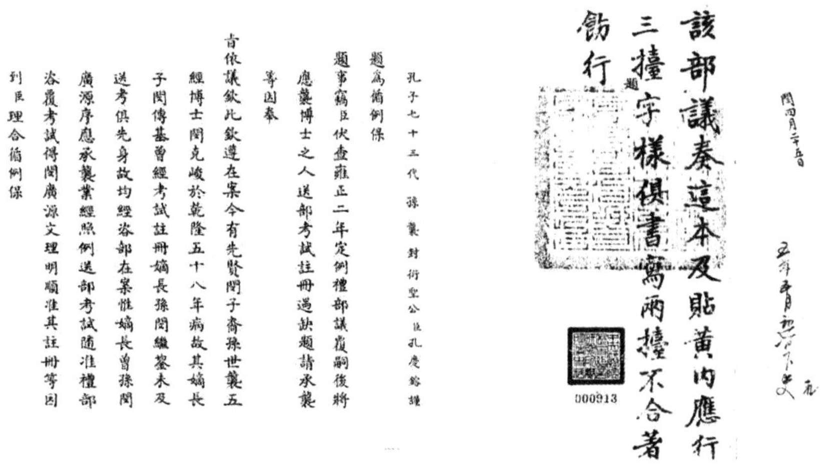
孔子七十三代孫襲封衍聖公臣孔慶鎔謹
題為循例保
題事竊臣伏查雍正二年定例禮部議覆嗣後將
應襲博士之人送部考試註冊遇缺題請承襲
等因奉
旨依議欽此欽遵在案今有先賢閔子裔孫世襲五
經博士閔克峻於乾隆五十八年病故其嫡長
子閔傳基曾經考試註冊嫡長孫閔繼鑾未及
送考俱先身故均經咨部在案惟嫡長曾孫閔
廣源序應承襲業經照例送部考試隨准禮部
咨覆考試得閔廣源文理明順准其註冊等因
到臣理合循例保

該部議奏這本及貼黃內應行
三擡字樣俱書寫兩擡不合著
飭行

000913

图 1-4　台北“中央研究院”史语所藏衍圣公保题闵子后裔闵广源袭职事档案[①]

可以从上述两则史料中看出：一是世袭翰林院五经博士承袭的考试制度的确是在雍正二年制定，由礼部与张廷玉议覆，印证了上文中笔者的观点；二是原世袭五经博士曾衍樠亡故，即可启动世袭博士承袭的程序，随后曾兴烈的考试，衍圣公的“保题”与吏部尚书的“题覆”基本上是按照各部则例所确定的原则与程序进行操作；三是则例中并未彰显出来的皇权，在具体实践中则有皇帝的朱批把控，无不在关键之处拿捏着世袭博士承袭的最高权力。

2. 原世袭翰林院五经博士年老告休

除了因为原世袭五经博士病亡去世引发承袭程序之外，还有的是原世袭五经博士以年老为由告休：

（贴黄）巡抚河南等处地方兼担督衔节制驻防满营仍兼管河务臣何熠谨题，为咨覆事。

该臣看得，洛阳县先贤邵康节后裔，世袭五经博士员缺，例应具题承袭。今查，前博士邵景龄因年老告休，伊嫡长子物故，请将伊嫡次子邵心安袭职，经前抚臣阿思哈咨准部覆，送部考试在案，嗣准部考试，邵心安文理明顺，准其袭职，行令查照办理等因。据署布政司事按察使谭尚忠，取具册结图谱，

① 孔庆瑢（衍圣公）（嘉庆五年闰四月十六日 118000608），题名：衍圣公为闵广源准袭五经博士，台湾“数字典藏与数字学习联合目录”。

请题承袭前来。臣覆查无异，除册结图谱送部外，相应具题。谨题请旨。[①]

这里的邵子后裔前世袭博士邵景龄就是因为年老而寻求告休开启世袭博士承袭程序，而非死亡。其嫡长子因为亡故不能继承，由其嫡次子继承，与一般继承相同，需要经过礼部考试，文理明顺才可以承继职位。我们注意到邵子后裔在河南，需要由河南巡抚咨送承袭，而不是衍圣公，这里也与《钦定吏部铨选则例》的规定相符。

3. 原世袭翰林院五经博士无法完成主祀职责

还有一种情况也可以提前让给嫡子承袭，即是因为身体原因，无法完成主祀职责的。台北“中央研究院”历史语言研究所明清档案工作室所藏，乾隆年间一则档案：

（贴黄）兵部侍郎兼都察院右副都御史、巡抚山西兼管担督、盐政印务节制大原城守尉臣海宁谨题，为请袭博士事。

该臣查得，关帝后裔世袭翰林院五经博士，如有承袭，例应题报。兹据布政使郑源璹详称，博士关金钟因感患腿疾，拜跪维艰，难以供职，呈请袭与关金钟嫡长子关国选，以供祀奉。由司取具册结呈详前来，臣查博士关金钟嫡长子关国选，素行端方，堪以承袭博士，除册结送部外，谨题请旨。[②]

虽然世袭五经博士是朝廷赏赐给圣贤后裔的荣誉性官爵，但仍然承担着主祀先贤的职责，如果世袭五经博士自身因为身体原因，不能履行这一职责，就要将世袭官职让出给嫡长子孙，以便顺利进行圣贤的祭祀活动。史料中关公后裔金钟就因为腿部疾病，不能履行其主祀职责而由其嫡子关国选承袭世袭五经博士，使祀典无缺。

在实际承袭过程中，不仅是原世袭博士需要有能力主祀，承袭者也需要具备承袭之身体条件：

---

① 内阁大库档案，乾隆三十六年六月九日，登录号：090887-001，台北“中央研究院”历史语言研究所明清档案工作室藏。

② 内阁大库档案，乾隆五十四年十二月七日，登录号:068136-001，台北“中央研究院”历史语言研究所明清档案工作室藏。

（贴黄）孔子七十一代孙袭封衍圣公臣孔昭焕谨题，为循例保题贤裔袭职事。

窃照先贤冉子嫡裔，世袭翰林院五经博士冉士朴病故员缺，例应冉士朴之嫡长子冉养尼承袭，但冉养尼素有瘫症，不能袭职奉祀，据呈情愿令其长子冉廷砚承替，经臣行文该原籍地方官，查明冉廷砚实系冉士朴之嫡长孙，取具印甘各结备案，随照例将冉廷砚，咨送礼部考试，续准礼部咨开，考试得冉廷砚文理粗通，准令袭替等因到臣。理合循例保题冉廷砚承袭，仰祈皇上敕部，议覆施行。谨题请旨。①

虽然世袭翰林院五经博士冉士朴病故员缺，按照宗法制度，应该由嫡长子冉养尼承袭，但却因为其"素有瘫症"，不能顺利履行主祀先贤的职责，所以只能由其嫡长子也就是病故冉士朴的嫡长孙来接替。以上这些例子表明，世袭博士并非仅仅是荣誉官爵，而是皇帝御下具有实际操作功能的角色，不具备这种功能，即便是嫡长子也不能享有世袭法权带来的利益。

4. 原世袭翰林院五经博士被革职查办

以上提及的世袭博士承袭的发起，都是基于原世袭博士身体因素而引发的，另一个引起承袭程序的重要原因是世袭博士触犯律条，被革职查办：

（贴黄）孔子七十二代孙袭封衍圣公臣孔宪培谨题，为遵例保题事。

窃照五经博士东野崇鐈，因滥捐祀生革治罪，接准部咨，令臣于近派嫡裔内，择其文理优通者，另行题袭等因。咨行到臣，即遵于其近派嫡裔内，选得东野崇鐈之胞侄，贡生东野绪询，年力壮盛，文理明顺，堪以袭职，与例相符，理合遵例具题，伏乞皇上睿鉴，部议覆施行。谨题请旨。②

从上面档案中的内容，可以看出如果原世袭博士因为触犯律条，而被革职查办，那么某裔世袭五经博士的职官并不会被取消，而是革去其本人的世袭博士职位，启动承袭程序，且其本人的子孙不能承袭，只能寻找与其最近的嫡派后裔，继承该后裔世袭五经博士一职。如果说，被革职者本人失去职

① 内阁大库档案，乾隆十五年十一月十六日，登录号:054433-001，台北"中央研究院"历史语言研究所明清档案工作室藏。
② 内阁大库档案，乾隆五十三年六月十八日，登录号:067626-001，台北"中央研究院"历史语言研究所明清档案工作室藏。

位自然是不言自明的，但将其子孙也排除在应袭者之外，则凸显了连带惩罚的意味。

（二）承袭程序的冲突

在世袭博士承袭程序的进程中，因为律例规定的不明确，导致程序中相关部门职权分工不清晰，以致产生矛盾和冲突。台北“中央研究院”历史语言研究所所藏档案一则，即是反映了礼部与吏部之间在这一问题上的争议：

> 乾隆二十一年闰九月二十三日内阁抄出大学士来保等谨奏为检举事。
>
> 本年九月十四日，五经博士颛孙明德承袭一本由吏部送阁，臣等报票依议签进，且后于九月十九日礼部文符颛孙明德承袭一本，送阁臣票拟依议签进呈。臣等谨查五经博士，向例由礼部考试，提请承袭，历由成案可稽。乃吏部本年正月内，有东野崇鐍承袭博士援引乾隆八年旧案，由吏部具题承袭，因此复将颛孙明德亦由吏部具题，而礼部不知业已具题，重复具本，并未向吏部移取正抄，而吏部亦未知会礼部，以致办理重复。伏查历年以来，吏部具题者止有二案，其余俱系礼部具题，臣等应请嗣后承袭博士，仍照旧例，由礼部具题，以归画一。但臣等并未看出重复具题，缘向亦属不合理，应检举。请旨吏部察论，为此谨奏。
>
> 乾隆二十一年闰九月二十日奏奉旨吏部察论具奏。钦此。①

此事本应该由一部将世袭博士承袭问题具题请旨，但吏部和礼部却都因为世袭五经博士颛孙明德承袭一案，将其具题承袭，导致两者发生程序上的矛盾。大学士来保检举礼部。礼部后来将其与吏部分工上的矛盾陈述清楚，礼部与吏部都有以往由本部具题旧例，双方都援引各自旧例将颛孙明德具题承袭，并且事先没有相互告知，所以才出现重复具题的后果。但礼部辩解说，虽然吏部仍有旧例，但只不过两例，其余的承袭全部是由礼部具题的，这样一来，礼部就更有具题的资格。为此，礼部还请旨“请嗣后承袭博士，仍照旧例，由礼部具题，以归画一”，由礼部统一提请承袭世袭博士。

① 内阁大库档案，乾隆二十一年闰九月二十三日，登录号：169539-001，台北“中央研究院”历史语言研究所明清档案工作室藏。

事实上也正是如此，从现存的档案来看，乾隆三十六年（1771年）七月二十四日，由礼部题请恩准程圭璋袭替五经博士；[①]乾隆三十六年（1771年）七月二十四日，由礼部题请恩准邵心安袭替五经博士；[②]乾隆三十八年（1773年）闰三月三日，由礼部题请恩准闵克峻袭替五经博士；[③]乾隆四十七年（1782年）二月三十日，由礼部题请恩准圣裔子孙袭替五经博士[④]；乾隆五十九年（1794年）七月二日，由礼部题请恩准朱云锦袭替五经博士[⑤]；这些都是由礼部具题。所以，自此复题事件以后，在世袭博士承袭的程序上，由先前的礼部、吏部分工不明确，改为全部由礼部具题请旨承袭，应是历史事实。

礼部将此案请求送部察议，最后移会稽察房议得："大学士来保，检举吏部礼部重复办理，五经博士颛孙明德承袭一案，内阁未经看出，实属疏忽，应将大学士来保等照例罚俸三个月。"[⑥]朝廷认定内阁大学士来保检举疏忽，将其罚俸三个月。

（三）承袭违例的处罚

上文中笔者分析了世袭博士承袭的法律规定与实践中的操作运行，那么如果操作者违反了相关规定，越过了权力的边界会有怎样的后果？囿于史料文献的有限，我们无法获知所有世袭博士承袭违例的处罚情况，不过，孔府档案中恰好有一则因提请承袭世袭博士违反法律规定而被罚俸禄的档案：

> 袭封衍圣公加二级纪录一次孔　为遵旨等事。乾隆五十五年七月二十九日准贵司咨开。本年七月十六日蒙巡抚部院案验。本年七月十一日准户部咨，山东司案呈。乾隆五十五年四月二十八日准吏部咨称。衍圣公将未服满之人率请承袭博士，殊属违例议处一案，抄单知照前来。应将单开衍圣公罚俸之处，抄节行文山东巡抚遵照办理可也。等因。咨院行司。蒙此，拟合移咨查照应完数目移司，转请咨部。等因到本爵府。准此，查

---

① 内阁大库档案，乾隆三十六年七月二十四日，登录号：031253-001，台北"中央研究院"历史语言研究所明清档案工作室藏。
② 内阁大库档案，乾隆三十六年七月二十四日，登录号：082962-001，台北"中央研究院"历史语言研究所明清档案工作室藏。
③ 内阁大库档案，乾隆三十八年闰三月三日，登录号：028669-001，台北"中央研究院"历史语言研究所明清档案工作室藏。
④《题为请准圣裔子孙承袭五经博士事》，乾隆四十七年二月三十日，档案号：02-02-014-000959-0008，中国第一历史档案馆藏。
⑤ 内阁大库档案，乾隆五十九年七月二日，登录号：069919-001，台北"中央研究院"历史语言研究所明清档案工作室藏。
⑥ 内阁大库档案，乾隆二十一年十月，登录号：221760-001，台北"中央研究院"历史语言研究所明清档案工作室藏。

前项罚俸九个月之处，例应缴银五百二十五两，今出具解批一张，委员咨送。为此，合咨贵司。烦为查照。请于乾隆五十七年执事官俸银项内抵扣五百二十五两。希即详咨结案，赐覆施行。须至咨者。

计咨送

解批一张，扣解九个月俸银五百二十五两

右咨

山东等处承宣布政使司

乾隆五十七年二月十八日

二十日发[①]

衍圣公将还未服完丧期的应袭者提请承袭世袭博士，被吏部认为违反法律，罚俸五百二十五两。罚俸又被称为“夺俸”，是以减去俸钱为手段，惩罚因为履行职务失职、擅权以及违反律例等情况的官员，达到驾驭百官，减少官员违法情况出现的目的，维持官僚体系的正常运转。

《大清会典》规定：“凡处分之法三：一曰罚俸，其等七。罚其应得之俸，以年月为差，有罚俸一月；罚俸二月；罚俸三月；罚俸六月；罚俸九月；罚俸一年；罚俸二年之别。”[②] 虽然相对于降级、革职之类的处罚，违例提请承袭世袭博士，罚俸九月当属于轻责，但在罚俸等类中，罚俸九月仍然属于较重的处罚。从中可以看出清廷对世袭博士及继任程序的挟制与管理，若世袭博士的承袭过程中出现违反律例的做法，相应流程的责任人要视罪责的轻重受到相应的处罚。

规则虽经历数朝修订，不断严密繁复起来，但仍然无法完全涵盖实践过程中层出不穷的各类情况。通过对清代档案的分析，我们的确能够看出在世袭翰林院五经博士承袭的具体实践中，相关法律规范在其中发挥的作用，但更多的内容是法律规范本身所没有规定的，却在实践中形成了自己的规则、程序。在承袭程序冲突的场域中，利害相关的官僚也以引用实践中的往年“旧案成例”作为自己行为合法性的来源。此外，通过对世袭翰林院五经博士承袭程序冲突和违例承袭的考究，也能够观察到清代在法定程序的执行上是严格的，违反相

---

① 曲阜师范学院历史系编辑：《曲阜孔府档案史料选编·第3编　清代档案史料·第2册　圣贤后裔》，齐鲁书社1980年版，第59～60页。

②《钦定大清会典（光绪朝）》卷十一《吏部·考功清吏司》（清文渊阁四库全书本）。

关规定和“旧案成例”就会受到否定性的评价，就要受到相关惩处，这些都足以见得在清代，制度实践对世袭翰林院五经博士顺利承袭，对补充相关法律规范缺漏的重要意义。

第四节　世袭翰林院五经博士法权承袭的纠纷及其解决

世袭五经博士是皇帝的恩荣，也是族裔的特权，特权产生利益，而利益的诱惑则容易引起争端。孔子语：“听讼，吾犹人也，必也使无讼乎。”[①] 虽然圣贤后裔被看作是儒学文脉的延续，应是儒家无讼、息讼法文化的忠实践行者；“各志载劾疏，所以明公道，吾私志载之则为播家丑”[②]；虽然族众将这种争端叱为家丑，试图在文化与道德上塑造纯正家风，却依然避免不了在世袭特权面前，族裔之间相互争抢攀咬的现象。

圣贤后裔中许多氏族都曾因承袭官职发生过争端，他们大体上分为两类，一类是在寻访中引起的争端，一类是在宗族内部发生的争端，前者主要是同姓之中，此族与彼族的争端，后者则是本宗祖不同支派之间的争端。仅曾氏一族就曾发生过两种类型的争端，本节将以曾氏争端为例，通过对争端缘起、经过、处理几个环节的解析，探求与世袭法权承袭相关的争端问题之要义。

大明崇祯六年（1633 年）五月，由衍圣公与山东巡抚提请承袭翰林院五经博士的曾宏毅，遭到了来自浙江会稽的生员曾益的控告，其称自己为曾巩之后，要求取而代之，袭封五经博士之职。随后，曾益、曾宏毅、山东、江西、礼部、崇祯帝，围绕承袭争端问题分别表达了自己的立场。

---

① （三国）何晏集解、（北宋）邢昺疏：《论语注疏》卷十二（清嘉庆二十年南昌府学重刊本十三经注疏本）。

② （清）曾国荃重修：《宗圣志》，山东友谊出版社 1989 年版，第 532 页。

一、案情分析：曾巩之后抑或宗圣之后

曾宏毅是曾子第六十三世孙，是嘉靖十八年（1539年）经寻访后，首次以曾子后裔身份获封世袭五经博士的曾质粹之嫡孙，承袭祖职本应是顺理成章，浙江曾益却将其控诉至礼部，《崇祯长编》记载了曾益的控告：

> 壬子，浙江绍兴府会稽县儒学生员宗圣六十二代嫡孙曾益疏称，其祖曾子十五传而徙居豫章，二十九传生巩，为宋大儒，巩孙忠仕司农丞，出判越州。建炎二年，金人陷越，合门四十口死难，葬山阴天柱山，惟子宻获免，固守祠墓，寓越。自宗圣至巩，实为嫡裔，有世谱及诸史并诸儒叙论足据，应得主祀承宗。考往时曾质粹所据永丰一谱，委属旁派不可不为厘正，宜将质粹后发回江西，使臣回籍山东以明谱系。倘蒙念其已成，敢援弘治六年诏孔子后，授两博士以奉衢州祀，及嘉靖三十四年诏朱熹后，授两博士以奉婺源祀两例，上请，无使曾氏嫡派未明，而旁支得主宗祀也，乞敕礼部勘核谱史诸书，施行章下所司。①

《嘉祥县志》（光绪）记载了曾宏毅申辩的奏疏：

> 窃惟国家特隆圣道，嘉惠贤裔，甚巨典也，恩重始封，以传子孙，至画一也。
>
> 臣在籍忽接邸报，有浙江绍兴府会稽县诈伪生员曾益一本，为象贤嫡裔宜清等事，意欲冒充嫡派，真说鬼说，梦矣。
>
> 伏思益于崇祯二年献赋，臣已知蓄有异志，业经科参，奉旨切责。时臣父疾笃，无暇纠参，止具公揭，投部、科、衙门令自警省，臣可相安于无言矣。不意，狡谋欺冒愈甚，臣谨摘其欺罔奸伪显著者，为我皇上陈之。
>
> 据益称益祖南明，系嫡裔居绍，毛知府有勘结起送，益祖赴京乞表恩节等语，不思臣祖参，居武城至十五世祖，据避新莽，迁江西庐陵诸郡。嘉靖十三年，世宗肃皇帝遍访曾氏子孙于天下，五十九代祖质粹始携谱江

① 《明实录·附录·94 崇祯长编》，台北“中央研究院”历史语言研究所1962年版。

西，保送应诏，江右、山左两省查勘。至十四年始给以衣巾主祀，益祖赴京，何不具疏辨明嫡裔，以正承祀，而止乞恩表忠节耶，岂表忠节更要于祀宗圣祖乎？益称质粹祖初与曾守仁争袭，许祀田均分，袭后背约等语，不思嘉靖十八年始袭博士初授官，未授田也，廷至臣父承业袭职，于万历十七年，比照颜、孟例计田户，十九年户部尚书石星题覆，当日无物可分，有何背约乎？

益称致曾守仁讦告，巡按御史刘瑶覆核，臣祖冒袭，旨下逮问等语，不知此非守仁讦臣祖质粹之事，乃臣祖继祖讦曾冒袭之事也，非巡按御史刘瑶，乃山东等道监察御史刘光国等，题为恳乞圣断，亟正先贤荫袭，以惩奸幸，以明公道事。奉圣旨，礼部知道。又吏科等科都给事中等官，刘不息、李盛春等，题为遵明旨，重始爵，以斥奸邪，以正大贤后裔事，内称将曾继祖之子，承袭博士，将曾衮革职，仍奏请题问以治其违命冒袭之罪，奉圣旨，是。三疏并部札等证，而益何造言肆诬乎？

益称所凭者，《欧阳集》《苏辙集》《绍兴志》《苏辙集》止论莱芜祖，宗圣祖道统未及世系，至欧阳与曾巩论氏书，则巩与南明俱非其后矣。且袭封之初，与衮争夺之时，及未献赋以前不言而直，至今言之，益之详诈立见矣。又援衢州、婺源之例，抑知孔氏随宋高宗南渡，建庙于衢州，婺源原有朱熹家庙，皆两祠而宜，绍兴绝无庙貌，而益何敢妄援以请乎？

臣祖已经查明，臣家五世累膺敕命，两取陪祀，赐第恩监，不一而足，奚宗之祀靡定，而欲发臣回江西，则□甚矣，夫曾衮以同宗冒袭，尚加严谴，况益全然假冒者哉，始假献赋为根基，既敢狡饬以争冒，究其意实在两立徼国家溢额之恩，真弁髦明旨侮慢宗圣，狡猾奸贪，不可一日容于尧舜之世者也。

伏乞敕下该部将曾益依律正法，庶刁诈永杜，俎豆增光，皇仁浩荡矣。冒渎天威，臣无任惶悚，待命之至，

奉圣旨，该部知道。[1]

从二人奏疏内容上看，争端双方主要围绕曾益是否为曾子嫡孙，是否应承

① 凤凰出版社编选：《中国地方志集成·山东府县志辑·79 嘉祥县志》，凤凰出版社 2004 年版，第 345 ～ 346 页。

袭五经博士的问题上展开的。曾益称自己是曾巩之后，又援引《欧阳集》《苏辙集》《绍兴志》等力图论证曾巩亦是曾子之后，但力度都甚弱，所以其不得不翻出曾质粹与曾守仁、曾质粹与曾南明的旧案，试图削弱曾宏毅承袭的合法性，可以说，这两桩旧案未能妥善处理，是造成当下两方争端的主要原因，曾宏毅在奏疏上诘问道“益祖赴京，何不具疏辨明嫡裔”，当时不极力申辩，现在反而状告其后世子孙，不免让人觉得有无中生有之嫌。

既无法以宗圣嫡裔自居，也无法削弱曾宏毅继承合法性的浙江曾益，似乎自知理亏，提出了第二种解决方案，就是比照衢州孔氏与婺源朱氏那样，再增设一位世袭五经博士，但对其不利的是，孔氏与朱氏是“两祠相宜”，而浙江会稽县并没有曾子家庙存在，便无从设立，从中也可以看出圣贤的祭祀权与世袭五经博士法权的不可分割性。

随后山东、江西两省分别就曾氏争端出具了勘结回文：

> 江西巡抚部院解学龙会同巡按御史李宗著会看得，五经博士曾宏毅，考之世系，委系先贤嫡派，当日诏访天下，勘结犁然。若曾益果为嫡嗣，何以不鸣于诏访中外之时，而争于五世久荫之后。则其旁引杂证，冒籍显然，尚应严惩，以警其后。今据该司呈详前来，相应咨覆。为此备由，移咨贵部，请烦查照，题覆施行。须至咨者。[①]（江西勘结回文）

> 山东巡抚部院朱大兴会同巡按御史王邦柱会看得，当国家崇儒重道之日，而宗圣之裔独泯然无闻，此肃皇所以下诏旁征，而曾质粹者遂应征北徙，袭爵奉祀，业有岁年。即当日曾衮之争，且为言路所参驳。曾益之祖南明既嫡系昭然，乃不争于质粹应诏之初，又不争于曾衮夺袭之候，至于今，历世已四，历年且百，而突有此奏，何怪乎该爵之忿然不平而该邑绅士氓庶纷然交哄矣，宦越者言越，述其史传谱牒，似凿凿可据，而宦东者言东，何能夺此予彼，亦彰彰可见，是在贵部酌裁耳。既经该司会呈前来，相应咨覆，为此合备前由，移咨贵部，烦请查照，题覆施行，须至咨者。[②]（山东勘结回文）

①（清）曾国荃重修：《宗圣志》，山东友谊出版社 1989 年版，第 533 ～ 534 页。
②（清）曾国荃重修：《宗圣志》，山东友谊出版社 1989 年版，第 534 ～ 535 页。

显然山东、江西两省的勘结回文认同了曾宏毅所称的两个事实：一是曾宏毅及其父祖确系宗圣之后，二是承袭爵位之时就已有争袭的争端，而曾益父祖却不曾参与其中。

礼部给出的意见是关键性的，称：

> 礼部尚书黄士俊，侍郎陈子壮，仪制司郎中吴之屏看得宗圣后裔世居东鲁之武城，至十五世孙曾据者避新莽之乱，自武城徙豫章，则曾宏毅之派也。又数十世，而有曾巩之孙曾志，自豫章宦越，流寓会稽，则曾益之派也。往者恭遇世宗肃皇帝崇儒重道，特诏访求，于是山东以曾守仁应，江西以曾质粹应，浙江以曾南明应。当日庙堂之上，几经咨勘，几经参详，乃始舍南明、守仁，而独以质粹主祀。钦奉肃皇帝圣旨，亦既确有凭据，永为信从矣。
>
> 考其时微直守仁相安无言，即南明同在访求之列，而谨疏请表祖曾志忠节，奉有该部知道之旨，并未及宗圣主祀事，岂非质粹派系彰明，固有以服其心乎。人更五世，时阅百年，而南明之孙曾益忽起而与质粹之孙曾宏毅争此世爵。夫宗圣祀典，关系匪轻，臣等何敢臆断。惟所钦奉者，先朝久颁之明旨。所详按者，三省覆实之回文。
>
> 虽曾益与宏毅彼此互相诋攻，宗支诚难远溯，然虚心而断之以理，则划然不可移易耳。当质粹入应访求，始则奉命衣巾主祀，既则奉命授五经博士世袭，肃皇帝圣旨炳若日星，皆曾嵩、曾衮、曾守仁所共知而共遵者。质粹既故，曾衮辄乘其孙未袭，百计冒承。维时科臣李盛春及刘不息等各疏劾之，台臣刘光国等又疏劾之，迄奉明旨，革衮冒袭，仍归之质粹之孙，无异议也。南明不敢争于同应访求之初，曾益争之于后，而谓于理可乎。曾衮不能争于质粹方故之日，曾益争之于今，而谓于理可乎。
>
> 至查三省抚按回文，浙江则称史传谱牒墓文，亦似有据。然能知南明为巩、志之孙，不能定为宗圣之裔。并谓南明不早辩证，觉有可疑矣。江西则称宏毅嫡派，当年勘结犁然，而明言曾益引证为冒籍矣。山东则称质粹应征北徙，袭爵奉祀，业有岁年。曾益之祖不争于应诏之日，又不争于曾衮争袭之候，至今日而突有此奏，宜该爵之不平而士绅氓庶之纷然交哄矣。孔、颜、孟之孙且公结宏毅为嫡传，并无冒滥矣。三省勘文若是，曾益欲以祖巩、志者，即以世爵嗣宗圣，而谓于理又可乎。故今质粹之孙宏毅世

承爵秩，主宗圣祀，理无容更。

惟是曾巩宋代大儒，曾志阖门死节，均合祀典。圣朝维风彰教，当亦不靳表扬，合无请旨，给以衣巾，俾世祀巩志家庙，用继南明当年疏乞表扬之志，则曾益一派，所邀恩于圣明者固不浅也。事干祀爵，典礼重大，臣等未敢擅便，统候圣裁，敕下臣部，钦遵施行。①

礼部给出的意见是关键性的，其认可了江西与山东的勘结回文，并指出虽然浙江省的勘结可以证明曾益系曾巩之后，但并不能因此就认定曾益或者说曾巩就是宗圣曾子之后。不过，“宗支诚难远溯”，对于礼部而言事实是什么，倒显得不那么重要，重要的是“虚心而断之以理”，曾宏毅所占之理是为何访求的时候不争，而是“袭爵奉祀，业有岁年”之后反倒控告争袭，曾益于“理”不可承袭宗圣之后世袭五经博士。但礼部认为，曾益所提第二种解决方案于“理”可行，所以请旨册封祭祀赐予官职，主祭曾巩一脉。

崇祯帝以圣旨的形式了结这桩争袭案件，《宗圣志》载道：

崇祯八年九月初三日，奉圣旨，曾宏毅既系宗圣嫡派，曾益何得纷争冒陈，姑不究。②

笔者通过查阅《明实录》《明史》等资料也并未发现曾益承袭的记载，以失败告终的曾益，两个诉求都没有得到明政权的支持。至此，前后迁延两年的“曾益争袭案”宣告终结。

二、法理分析：何谓之“理”

（一）处断程序与事实判别

“曾益争袭案”的处置程序是由曾益的控告，曾宏毅的申辩，相关省巡抚部院出具勘结回文，上述材料汇总后，由礼部给出最终意见，请求皇帝裁决，而

① （清）曾国荃重修：《宗圣志》，山东友谊出版社 1989 年版，第 535 ～ 540 页。
② （清）曾国荃重修：《宗圣志》，山东友谊出版社 1989 年版，第 533 页。

节制圣贤后裔群体的衍圣公则无权参与案件的决策，除了“事干祀爵，典礼重大”，[①]集权中央重视此类案件，圣贤后裔的法权承袭争端案件的处理等级较高之外，另一方面也在担忧衍圣公等地方官员“以朝廷名爵，为私家争夺之具”[②]，实是为了避免地方利益、家族利益左右案件的处理。

争袭案件的双方都拿出证据试图证明自己的曾子嫡后身份，曾宏毅使用的是经过明世宗及当时朝廷勘验过的宗族谱牒，而曾益除了族谱之外，还需要其他史传墓文佐证，证明力与曾宏毅相比就有云泥之别了，除了浙江巡抚部院以外，所有处置机构都认可曾宏毅所称的事实。不过，曾宏毅所称“事实”之中亦有混淆狡辩的部分，其所称“当日无物可分，有何背约乎”，认为其祖曾质粹获封世袭五经博士后并未获得朝廷祀田，所以不可称之为背约。但笔者发现《明实录》对曾质粹与曾守仁的这段纠纷确有记载：

> 下世袭五经博士曾质粹，于按臣逮问，初诏访曾子嫡派子孙时，兖州府嘉祥县曾守仁，与江西吉安府永丰县曾质粹，各以谱至，质粹虑守仁争袭，乃与其父积庆约，袭官后以所赐供祠田产均分，十八年质粹授五经博士，居积庆所，遂背约，凡所领房值赐地，绝不分给，二人者遂交恶讦诉不已，有司以赐地量分守仁，质粹复诬奏守仁夺赐地，事下巡按御史刘瑶核勘，质粹言多诬，并得其伪冒，狡狯状，故有是命。[③]

江西曾质粹因惧怕山东曾守仁与其争夺世袭博士之职，所以曾质粹与曾守仁之父曾积庆约定，曾质粹承袭之后分与曾积庆田产，但在承袭之后曾质粹背信弃约，并不分与曾积庆，这些都与曾益的描述相符。后文中曾益所称“巡按御史刘瑶覆核，臣祖冒袭”与曾宏毅辩解其实是“乃臣祖继祖讦曾冒袭之事也”，无一例外，都是张冠李戴，这里刘瑶所处理的案件既非“臣祖冒袭”之事，亦非“臣祖继祖讦曾冒袭之事”，而是笔者上文中提到的曾质粹与曾守仁的祀田均分纠纷。之所以会出现这种对历史案件的误导性表述，是因为控方（曾益）试图削弱辩方继承的合法性要素，而辩方（曾宏毅）则需要维护这种承袭的合法地位。

---

①（清）曾国荃重修：《宗圣志》，山东友谊出版社 1989 年版，第 540 页。

②《明武宗实录》卷五十四，台北“中央研究院”历史语言研究所 1964 年版。

③《明世宗实录》卷三四九，台北“中央研究院”历史语言研究所 1965 年版。

（二）“法”与“理”

通过对“曾益争袭案”的处理程序和事实分析来看，其所依据的标准是两个，一是“法”，二是“理”。

这里的“法”指的是宗祧继承制度，即是嫡长子有权利继承祖先的爵位，对于世袭五经博士而言，同时也要承担祭祀祖先的权利和义务，承袭权是祭祀权在身份地位上的延展。《唐律疏议》就明确规定："诸非正嫡，不应袭爵，而诈承袭者，徒二年；非子孙而诈承袭者，从诈假官法。若无官荫，诈承他荫而得官者，徒三年。非流内及求赎，杖罪以下，各杖一百；徒罪以上，各加一等。"① 《大明律》承袭之，且刑罚更重："凡文武官员应合袭荫职事，并令嫡长子孙袭荫。如嫡长子孙有故，嫡次子孙袭荫。若无嫡次子孙，方许庶长子孙袭荫，如无庶出子孙，许令弟侄应合承继者袭荫。若庶出子孙及弟侄不依次序搀越袭荫者，杖一百徒三年。"② 将这种宗祧继承制度中的身份继承礼制规范上升为法律规范，这里的“法”既是礼制中的“宗法”，也是具有规范意义的“法律制度”，是礼制与法制的联结。

本案双方表面看起来是在争抢袭荫职事，但实质上所有证据和阐述都在指向嫡长子所享有的祭祀继承权，而宗族谱牒成为左右祭祀权继承最重要的证据。但无论古今，对宗族谱牒真实性的质疑之声不绝于耳，有学者就认为："宋代以后，宗族热衷于修谱，目的是想通过家谱来维系和强固宗族群体。家谱出现了两大弊端——扬善隐恶和攀附显贵。"③ 在本案中，原本被江西、礼部勘为附会曾子，“旁引杂证，冒籍显然”④ 的曾巩一脉，到了清代，曾巩第二十六世孙曾琟玢在《本支单吊并略祖迁徙考》⑤ 中就已经将曾巩一脉与曾子、曾宏毅一脉，考为一支，全然没有往日纷争的些许痕迹。对于曾宏毅一脉而言，所称其祖先确为曾子，言之凿凿，然而曾子殁世至崇祯八年（1635年），已经有两千多年的历史，这其中真实与否，似也不能妄下结论，足可见礼部所称“宗支诚难远溯”是颇有道理的。

既然双方在“法”上并不能穷根溯源、辨明清晰，争议的焦点就转移到

---

① 刘俊文：《唐律疏议笺解》卷二十五《诈伪律》，中华书局1996年版，第1717页。

② 怀效锋点校：《大明律·吏律·官员袭荫》，法律出版社1999年版，第30页。

③ 周秋芳、王宏编：《中国家谱资料选编·家规则约·卷下》，上海古籍出版社2013年版，第908～909页。

④（清）曾国荃重修：《宗圣志》，山东友谊出版社1989年版，第533～534页。

⑤ 文师华、包忠荣：《曾巩家族的〈二源曾氏族谱〉》，《文学遗产》2007年第5期，第132页。

“理”的辩白和阐发上来。中国传统法政语境中，对争端纠纷的处理，贯穿着“情”“理”“法”的运用，它们之间既有交集也有区别，就“理”而言，其本质是历史背景下的时人对规律性、秩序性认知和处世模式的评判标准，合“理”是常态，是被社会评价体系认可的，不合“理”是失常的，被社会评价体系所否定。

本案中礼部连用四个不合“理”来驳斥曾益承袭的请求，按照崔明石先生对“理”划分的标准，[①]可以将其中两点归于“事理”，即是事情发展的必然趋势，一是曾益先祖曾南明不争于当时，而曾益争于当下；二是曾宏毅“世承爵秩”，已成定制，曾益不能与之争。将其中两点归于“天理”，即是家族伦理纲常，一是曾质粹同宗的曾衮尚不能争袭，他宗曾益更不能争袭；二是曾益先祖本是巩、忠，而非宗圣曾子，不能争袭。

礼部试图分别从不同的侧面进行说“理”。不过仍需要指出的是有些说“理”的矛盾之处，虽然曾益之祖曾南明没有与曾宏毅之祖争于寻访之时，但同时同宗的曾衮亦没有在寻访之时与本宗的曾质粹发生争端，这并不能削弱后来者试图争袭的合理性，笔者推测出现这种现象的原因可能是，曾氏一族是历史上首次获封世袭五经博士，利益相关者对潜在的利益感知还不明显，不然后来也不会发生曾衮争袭案。

这四个不合“理”，需要基于上文中礼部对案件事实的甄别判断真实与否而得出，虽然曾益对这些事实是否知晓对处理结果的影响并不重要，但的确左右了处置者对其“纷争冒陈”的道德评价，进一步否定了曾益的诉求。

以我们的“常识”来判断本案的处理，应该是以宗法伦理关系为第一标准，从笔者对整个案件的分析来看，似乎表面上各方也是围绕这个在论证，但对于统治者来说，他们的核心考量不是血统的纯正与否，而是曾宏毅“先朝之封典……久延之世爵”[②]，“五世累膺敕命”的客观事实，本质上是以“理”“法”为“挡箭牌”，对统治秩序的稳定状态的维护，在曾益“假托献赋”“屡经科参”[③]等屡有不法之举的情况下，也不怪乎崇祯帝对曾益的行为“姑不究”，并未按照《大明律》的规定处以刑罚，借案敲打一下地方圣贤世爵，让他们时刻保持对皇权的恐惧，对稳固现有秩序，强化中央集权来说是一件好事。

① 崔明石：《话语与叙事：文化视域下的情理法》，吉林大学博士学位论文，2011 年。
②③（清）陈梦雷编纂：《古今图书集成·明伦汇编·官常典·贤裔部》（清雍正铜活字本）。

第二章
亚圣裔世袭翰林院五经博士权力的场域、角色

历史上的世袭翰林院五经博士之所以不仅仅是一种文化符号，是因为法权赋予其超越象征意义的政治与司法活力，使世袭五经博士可以成为古代法实践和运作的特殊坐标之一。本书绪论部分已经提到，法权的两个指向，一是权力，二是权利，两者在世袭五经博士一职上形成稳固的结构，并于其他主体形成权力、权利与法定权威上的高低差等，形成法权互动沟通的流动性。从本章开始将会触及世袭五经博士法权的核心问题。

研究法权的互动交流机制，首先要明晰集合于世袭五经博士在法权两个指向上的具体内容，本章欲以亚圣孟子后裔为中心，在权力问题范畴上，以为其划定边界的方式确定亚圣裔世袭博士的不同活动场域，以及在不同的活动场域中其所形成的不同权力角色。

第一节　亚圣府衙场域中的权力角色——官僚制中的“大老爷”[①]

家族场域的法（包括规范与运行）是中国法律史研究的重要领域。传统意义上，家族场域中的规范，以异于王朝法律形式的家法形式存在，法的施行依靠社会习惯确定，并不具有国家强制力。对孟府而言，其家族场域的法既具有普遍家族法的一般特点，又具有自己因世袭官职、儒学世家身份而带来的独特之处。

中国传统宗法制度下仰赖血缘上的亲疏远近关系，形成的大宗统帅小宗的家族权力格局，这对于邹县孟府也不例外，孟府世袭五经博士被其族人称为“宗宪大人”“大宗子”，是孟氏家族场域中最高权力的执掌者，他在面对家族场域不同类型的事务时，以不同类型的“脸谱”示人，透视出其权力的多样性。

① “大老爷”称呼来源于孟府档案中“查办屡犯林规盗伐柏枝”的记录，载郑建芳：《孟府档案辑录：孟子世家谱序》，中国社会出版社 2013 年版，第 28 页。

一、亚圣府府务的最高管理者

据清道光本《孟子世家谱》记载，在邹县孟子故里的十五岁以上成年丁男已有五千余人，这还只是在谱的数量，① 另外据《秘书处工作事项呈文》，仅孟府内部，人口就已共计 149 人。② 统摄如此众多的族众，措置繁杂的府务，加上与中央、地方官府往来，非管理机构不能有效管控，这其中亚圣府就起到此种作用，而亚圣裔世袭五经博士（奉祀官）是作为最高的管理者存在的，亚圣府的具体职务设置对其来说是权力的触角。

（一）府务管理的权力机构与职能

孟府的管理机构指的是世袭五经博士（奉祀官）作为最高管理者，在日常管理中设置的辅助其处理府务等的人员、机构。笔者研究孟府现存档案中的府务文件发现，在民国三十二年（1943 年）七月，孟府设有秘书处、总务股、祀田管理处、典礼股、交际股、文牍股、会计股、庶务股几大机构，另外管理一个自办教育机构——三迁书院（民国改为亚圣府小学）。

虽然未曾发现明清时期文献档案中关于孟府管理机构的组成资料，但因为清王朝土崩瓦解对地方宗族生存方式的冲击力并不是很大，所以笔者推测民国相比清代机构设置，最多只是名称的改变，具体职能以及分类应该没有较大变化。

1. 秘书处的组成及职能

据《孟府档案辑录》所载《秘书处日志》：

十五日　阴历七月十五日　星期日

1. 告望礼八时半方始举行，总务、庶务均似未能尽责，差役相互推诿。将来须由典礼股切实整顿。

……

四日　阴历八月初五日　星期六

5. 府内发生纲纪问题，应由家法府规处理。

……

---

① 刘培桂 :《孟子志》，山东人民出版社 2009 年版，第 437 页。

② 郑建芳主编 :《孟府档案辑录》，中国社会出版社 2013 年版，第 112 页。

五日　阴历八月初六日　星期日

1. 拟举行咨询事件，以通上下之情，除内外之隔。

……

十六日　八月十七日　星期四

4. 总务主任孟昭纪偕孟用贤，午后三时公出，赴县办理祀田事务。①

同时据《秘书处日志》，秘书处以“诚以存心，敬以治事，严以律己，洁以及物”②的做事准则，并设有秘书两人。由这些日志记录来看，秘书处与孟府最高管理者的关系最为密切，负责汇总各类信息和下达处理府内一般性事务的指示，并且监督府内各类人员的动向，是孟府的中枢管理与监督机构。在《秘书处工作事项呈文》③中，其将秘书处的工作总结为以下几个方面：一是“保存文献之件”，包括祭器、志书、文集的购置与保存；二是“宣扬圣学之件”，包括研究孟子、孟府文化，编纂学术考证文章、书籍，为亚圣奉祀官准备函稿等；三是“整饬府风之件”，包括人事调动、斥革、惩戒、彻查等一般性府务案件的处理；四是“担当事务之件”，包括朝会、统计、调查、典礼等事项。

2. 总务股的组成与职能

孟府中与秘书处同样具有重要职能的是总务股。从《孟府档案》中的《孟府职员证明书证章底稿簿》④的记载来看，总务股设有主任和股员各一名。总务股的重要性在《亚圣奉祀官任命总务股主任训令》一文中体现得非常明显：

亚圣奉祀官府训令（禄字第二号）

右令总务股主任王东升为令遵事：

查总务股主任一职，总揽府内一切事宜，本奉祀官似应兼任，只此百端待理，诸政刷新，兼筹并顾，殊属为难，故一切股务俱委股员王东升办理。该股员任职以来，宿星（夙兴）夜寐，卓著勤劳，办理总务，深富经验，本奉祀官殊资依畀，着将该员升充总务股主任，以专责成，而励来兹。即日起对于总务股主任一职，本奉祀官不再兼理，合行令仰该员遵照，即日到差任事，努力奋勉，勿负所望，是为至要，切切此令。

①②③ 郑建芳主编：《孟府档案辑录》，中国社会出版社 2013 年版，第 80 ～ 97 页。

④ 郑建芳主编：《孟府档案辑录》，中国社会出版社 2013 年版，第 73 页。

奉祀官孟繁骥

中华民国三十一年五月[①]

亚圣奉祀官称总务股总揽府内一切事宜，并且在缺员的情况下奉祀官是直接兼任总务股主任的，可见总务股职能的重要性。从孟府档案《秘书处日志》的记载来看，总务股应该是秘书处的执行机关，由秘书处拟出意见、通知，之后由总务股责成祀田管理处、典礼股、交际股、文牍股、会计股、庶务股几大下属机构负责执行。

3. 其他机构的组成与职能

孟府中的祀田管理处设置主任一名，祀田庄助理员若干，主要负责对孟府分布在野店、蔡庄两处官庄的祭田地进行管理，其中职责包括负责丈量登记祀田面积，《寿字号蔡庄地亩清册》载：

道光十二年四月

东坡托坯坑一段：西至董，东至董，南至官宅，北至王天吉。

一段：南阔四十九步九尺，北阔四十四步四尺，中长九十八步八尺。积步四千六百五十八步四尺二分，成地十九亩四分一厘〇〇八忽。[②]

其对祀田的形状、边邻、积步、成亩有详细的记载。另外一项职能是负责收缴地租，在祀田收获的季节，祀田管理人员将各地庄稼收获的情况记录在呈送单上，及时反馈给孟府，并最终由孟府验收入库，以防佃户谎报收成。

典礼股主要处置春秋两次“丁祭”祭祀，主持孟府婚庆、丧葬典礼，以及协助奉祀官主持和出席各种礼仪活动。这其中春秋两次“丁祭”最为重要，一般也会由典礼股负责组织演练，参与人员构成有主祭、读祝、鸣赞、引赞、陪祭等。

交际股设有主任一人，交际员若干名，主要负责处理孟府与其他机构的交往事务，《孟府秘书处日志》记载：

七月十六日（阴历六月十五日，星期五）

---

① 郑建芳主编：《孟府档案辑录》，中国社会出版社 2013 年版，第 69 页。

② 郑建芳主编：《孟府档案辑录》，中国社会出版社 2013 年版，第 165 页。

1. 奉祀官于午车公出赴兖州，交际员孟云衢随行。

……

6. 李庚生差片询问托书之件，交际股查无此事。

……

十九日（阴历六月十八日，星期一）

……

2. 通知交际股筹备来宾赠品（字帖）。

……

十一日（阴历七月十一日，星期三）

……

8. 交际主任张子固来见，述参加筹备慰是经过。[①]

可见交际股主要负责与奉祀官一同参与对外公事的处理，代替奉祀官出席外事会议，并负责解决孟府对外交往中出现的问题等。

文牍股是民国三十二年（1943 年）才开始设置的机构，“孙子仪试办文牍股”[②]，秘书处将一部分文字工作移交给了文牍股，文牍股设置文牍主任一名，文牍股员（书记员）若干。文牍股将所需要文字材料拟好后交由秘书处审查，《秘书处日志》就有“文牍股主任商请预先整理大祭文件”，“将文牍主任所录祭文核定后，送办公室候核清缮”[③]的记载，文牍股亦负责会议记录等工作。

会计股是孟府的核算机构，设有会计股主任一名，负责包括收入、支出以及薪饷等在内的孟府日常花销流水统计，会计股将各项流水统计后还需要报告给奉祀官呈核，现存孟府档案载有《孟府收支会计呈核单》：

为签请报告事：今将八月中旬收入支出专呈鉴核。结上旬存洋五百一十八元六毛一分；中旬共入洋一千四百八十元；中旬共付洋一千九百四十六元五毛七分；中旬共存洋五十二元零四分。此呈奉祀官孟。

---

① 郑建芳主编：《孟府档案辑录》，中国社会出版社 2013 年版，第 75 ～ 77 页。

② 郑建芳主编：《孟府档案辑录》，中国社会出版社 2013 年版，第 75 页。

③ 郑建芳主编：《孟府档案辑录》，中国社会出版社 2013 年版，第 90 ～ 91 页。

职韩献廷呈。八（月）廿（二十）一（日）……[①]

此呈中的韩献廷为会计股主任，会计股将日常流水，在一个月中分为上、中、下旬呈请奉祀官核准，如遇特殊财务情况也需要及时报告奉祀官。

庶务股设有庶务主任一名，庶务员若干，主要负责孟府上下日常所需物品采购，以及其他供应、保障、招待等事务，《秘书处日志》载称："庙庭值班者，应为添置茗饮器具（一壶四碗），由在庙勤务负责保管，即知会庶务股办理。"[②]"即时通知交际、总务、庶务三股主任筹备招待。"[③]

从孟府所藏档案来看，除了上述重要机构和职员的设置以外，在这些机构之下添设有传达、差役、勤务、庙役、女仆、奶仆、厨役、更夫等多名仆役，具体操作孟府上层机构的各项指令，设有差役长一名负责管理仆役。另外，如遇有重大活动，孟府还会添设临时管理人员，如孟府春秋丁祭时，就曾增设庙庭督察、府督察正副职各一位，司厨总监一位。[④]

（二）府务管理的权力架构

由上文对孟府府务管理的机构与职能的分析，可以得出世袭五经博士（亚圣奉祀官）对府务统辖时所形成的权力架构，即以其为首，以各个机构为骨架所形成的权力网络（见图 2-1）。

---

① 郑建芳主编：《孟府档案辑录》，中国社会出版社 2013 年版，第 221 页。

② 郑建芳主编：《孟府档案辑录》，中国社会出版社 2013 年版，第 82 页。

③ 郑建芳主编：《孟府档案辑录》，中国社会出版社 2013 年版，第 90 ～ 91 页。

④ 郑建芳主编：《孟府档案辑录》，中国社会出版社 2013 年版，第 118 ～ 119 页。

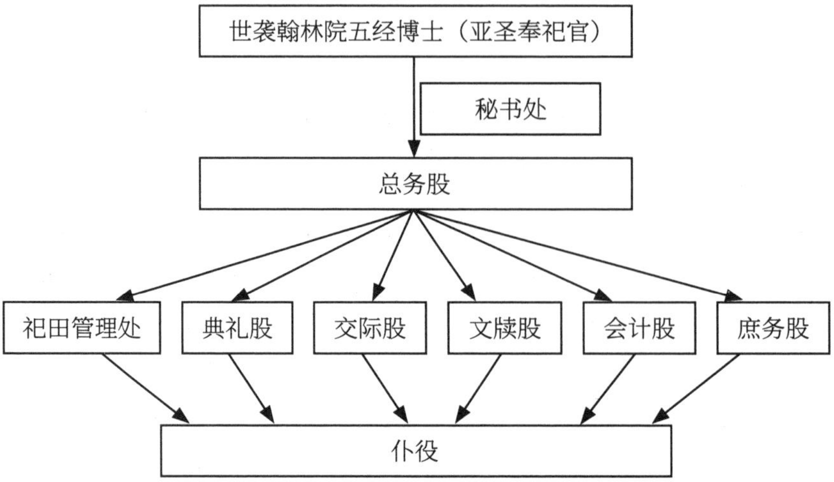

图 2-1　孟府府务管理的权力架构图

孟府庞大的职官队伍无疑是以世袭五经博士（亚圣奉祀官）为首的，下层职官拱卫在世袭五经博士周围组成了孟府的金字塔式的权力架构，决定与执行孟府内部大小事务，虽然孟府事务的处置一般是由上到下逐级下达的，但基层各个功能股也会将其需要处理的重要问题直接报给奉祀官，例如孟府档案中的《蔡庄祀田官庄租户粮食籽粒呈送单》《孟府收支会计呈核单》《庶务主任购物单据入账呈签单》[①]等都反映出孟府最高管理者对基层事务的控制与监督。

二、亚圣府林务、庙务的最高管理者

除了府务管理，亚圣裔世袭五经博士的另一个重要权力内容是对“蘋蘩荐祀已千年”[②]的孟庙、孟林进行管理与修缮，孟府对此重视之程度，《三迁志》称“於穆清庙，栖神之处”[③]，碑记中则有“惟是庙之兴坠，关乎道之晦明”[④]的描述，林庙的安好与否直接与国家的道统相联系，甚至疾呼“道之晦明，兆乎世之隆替”，[⑤]直白地与王朝更姓改物相联系。

---

① 郑建芳主编 :《孟府档案辑录》，中国社会出版社 2013 年版，第 73 页。
② 刘培桂编著 :《孟子林庙历代石刻集》，齐鲁书社 2005 年版，第 23 页。
③ 郭齐、李文泽主编 :《儒藏 · 史部 · 孔孟史志 10 · 三迁志（清）》，四川大学出版社 2005 年版，第 1 页。
④ 刘培桂编著 :《孟子林庙历代石刻集》，齐鲁书社 2005 年版，第 320 页。
⑤ 刘培桂编著 :《孟子林庙历代石刻集》，齐鲁书社 2005 年版，第 262 页。

需要注意的是孟庙、孟林在这里是一个广义的概念，既包括《重纂三迁志》中“邹之东郭”的孟子庙堂，也包括邹县四基山的孟子墓庙，以及邹县马鞍山的孟子父母墓庙，孟母三迁祠等，在邹县境内的孟氏林、庙、祠，这一部分是属于世袭五经博士直接管理的，事实上，世袭五经博士依靠流寓各地的族长、奉祀生等，从而间接管理全国孟氏家族的林庙。

（一）林务、庙务管理的权力机构与职能

孟府为了加强对林庙的管理，特设林庙举事、庙户、礼生等人员和机构参与林庙管理、维护。当然，这些人员和机构无一例外，都被孟府的最高统治者世袭五经博士所掌控。

1. 林庙举事的设置与职能

据明代《三迁志 · 杂志》记载：“按，孟氏博士族长外又有举事一名，佐族长督理林庙，绳愆子孙。”[①]《邹县志稿·世职》亦称：“又于孟氏族长外设举事一员，以德行著者充之。使督理林庙，绳治子孙。”[②] 从这两段描述应该可以确定，世袭五经博士并不直接对林庙进行管理，而孟氏族长与林庙举事则有直接处理林庙事务的责任，显然其中林庙举事又是最为直接、关键的角色。

《三迁志 · 杂志》认为林庙举事“起始之年不可考矣”[③]，应是说林庙举事的职能设置之始已不可考证，“举事”一职的设置应是可考的。孟府文献、石刻中最早所见“举事”是在清咸丰二年（1852 年）所著的《孟子世家谱》中：“徽宗崇宁二年诏设孟庭族长外设举事一员。”[④] 只不过笔者并未从其他文献中搜集到宋代孟府设置林庙举事的记载，孤证不立，笔者对此存疑。明代以后，林庙举事记载屡有出现在孟府碑刻之中，笔者推测“林庙举事”之设置，最早应在明代时，能佐证这一点的是：曲阜孔府也是在明代初期才开始设立“孔庭族举提领林庙事”，简称就是所谓的林庙举事。[⑤]《圣门志考略》考证称“前代未有，至于明代始设立”[⑥]，孟府法权的位阶低于孔府，应该不会比孔府设此职位的时间更早。

---

①③ 郭齐、李文泽主编：《儒藏 · 史部 · 孔孟史志 9 · 三迁志（明）》，四川大学出版社 2005 年版，第 478 页。

② 山东邹县地方史志编纂委员会办公室编：《邹县旧志汇编》，山东省出版总社济宁分社 1986 年版，第 115 ～ 116 页。

④《孟子世家流寓沂州府兰山县相公庄支谱》，藏上海图书馆，第 26 页。

⑤ 袁兆春：《孔氏家族宗族法及其法定特权研究》，华东政法学院博士学位论文，2005 年。

⑥ 郭齐、李文泽主编：《儒藏 · 史部 · 孔孟史志 7 · 圣门志考略》，四川大学出版社 2005 年版，第 78 页。

孟府林庙举事人数并无定制，所见碑刻中在明代只设一人，到了清代有一人或者两人共同执掌林庙管理，相比明代不同的是，清代的林庙举事是由朝廷册封的，碑刻中有“钦设庙林举事孟某某”[①]，将林庙举事的办公场所称为“林庙举事厅”，并且林庙举事也并非是终身制的，石刻中曾出现“前任林庙举事孟传忠”[②]等语。

林庙举事在记文碑刻中，排在世袭翰林院五经博士与家庭族长之后位列第三，地位重要，直接管理与林庙有关的一切事务。上文中的“督理林庙”既包括祭田的维持，也包括对庙户、门子户、礼生的管理，以及林庙的修缮，“嘉靖四十一年，举事孟承义等，于孟子故宅重修孟父母祠堂”[③]。

除了以上职能之外，最能体现林庙举事权力职能的是对毁坏林庙行为的纠举，《孟府档案》记载了“偷擗林树案”：

> 翰林院孟　为差传事：
>
> 案据林庙举事厅送称，于正月三十日，有凫村孟广戍偷擗启圣林树株，干犯林规，例应传究。为此，仰役即将孟广戍立传到院，以凭按宗规究惩。去役务迟。速速。
>
> 光绪二十五年二月初二日
>
> 差：刘继福、田凤翥
>
> 院行，限即日销

① 郑建芳主编：《孟府档案辑录》，中国社会出版社 2013 年版，第 358 页。

② 刘培桂编著：《孟子林庙历代石刻集》，齐鲁书社 2005 年版，第 401 页。

③ 郭齐、李文泽主编：《儒藏 · 史部 · 孔孟史志 10 · 三迁志（清）》，四川大学出版社 2005 年版，第 43 页。

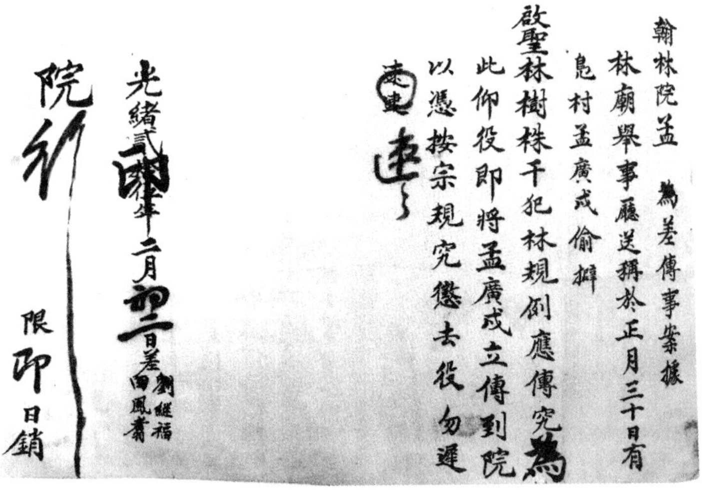
翰林院孟　為差傳事案據
林廟舉事稟送稱於正月三十日有
邑村孟廣戌偷擗
欽聖林樹株干犯林規例應傳究　為
此仰役即將孟廣戌立傳到院
以憑按宗規究懲去役勿遲
速速
光緒貳拾伍年二月初三日差 劉繼福 田鳳書
院行
限即日銷

图 3-3 “传究偷擗圣林树株”事谕单

具禀林庙举事孟广宣，为盗擗林树禀请传究以肃林规事：

窃林中树木时常被窃，突于本月初二日，有本村孟广戌在林内偷擗树株，被林户刘计荣、王发云等撞遇，即将所擗树枝夺获禀明，讵伊不惟不知畏惧，反向林户肆行辱骂，似此干犯林规，逞恶藐法，不得不禀明宗主大人，案下施行。

光绪二十五年二月初三日[①]

此案应是先由林户刘计荣、王发云在正月三十日将孟广戌偷擗林树案上报林庙举事，林庙举事厅又上报世袭五经博士之后，决定逮捕犯人孟广戌的，随后林户又将其“肆行辱骂”的行径上报给林庙举事，希望将案犯从严处置。可见林庙举事作为世袭五经博士安插在孟府林庙管理中的耳目，上传下达，起到保护林庙财产安全，查究破坏林庙建筑设施行为，监视林庙运作动态的作用。

① 郑建芳主编：《孟府档案辑录》，中国社会出版社 2013 年版，第 136 ～ 137 页。

2. 庙役、佃户、礼生的设置与职能

(1)庙户与门子户

庙户的赐予始见于北宋宣和四年(1122年),“诏给孟子庙户二十五户,专供洒扫,免其杂役”[①],随着孟子及其后人的地位不断被统治者抬升,此后八百年间,庙户、洒扫户、门子户、礼生等不断地赐给邹县孟府,数量颇多且频繁,根据《三迁志》(明、清)、《重纂三迁志》以及孟府石刻,所载的历次赐予庙户、洒扫户、礼生等,简列成表(见表2-1)。

表2-1 历代赐庙户、礼生表[②]

朝代	时间	庙户/林户	洒扫户	佃户	门子户	礼生
宋代	宣和四年(1122年)	诏有司拨庙户二十五户	—	—	—	—
元代	至正二十六年(1366年)	给庙子五户	—	—	—	—
明代	景泰六年(1455年)	—	—	佃户十户	门子四名,常行看守	诏设孟庙礼生五十六名,依时陈设掌礼
	成化六年(1470年)十一月	—	拨洒扫户七户以备看守	—	—	—
	成化十八年(1482年)十二月	—	复赐二十五户以充洒扫	—	—	—
	万历二十五年(1597年)	设林户五名以守墓(孟子父母墓)	—	—	—	—
清代	顺治四年(1647年)	—	—	—	—	又恩设八名

① 郭齐、李文泽主编:《儒藏·史部·孔孟史志10·重纂三迁志》,四川大学出版社2005年版,第156页。

② 根据《孟府档案》、《三迁志》(明、清)、《重纂三迁志》整理,不含地方官府赐赠。

虽然《邹县为恳恩照例优免以杜攀扰事公文》一文中将钦拨的二十五户庙户认为是“于宣和四年并景泰六年叠蒙皇恩”[①]，但笔者查阅孟氏所有家志，并未见到有景泰六年（1455年）赐户的记载，反倒是成化十八年（1482年）曾经“复赐二十五户以充洒扫”，所以笔者推测这里的景泰六年应是舛误。而其将庙户与洒扫户不做区分是没有问题的，曲阜孔府亦是将庙户与洒扫户相等同。[②]

这些佃户、庙户（林户）、门子户赐给以后，由于一些原因（孟府宣称是庙户“被里书地方、保甲人等科诈不遂，朦胧妄攀，苦累逃窜”以至于不愿意继续为庙充役），数量也并非只会增加不减少，据石刻《邹县为恳恩照例优免以杜攀扰事公文》[③]记载，到明万历三十七年仲秋“仅存庙户二十户、佃户六户（不含滕县两户）、门役三户，不足愿额”。至康熙二十二年（1683年），衍圣公查明，“亚圣裔祭田共计五十一顷一十五亩，墓田地七顷三十一亩四分，庙宅基一顷三十亩七分五厘，佃户三十二户，庙户二十五户，门子五户”[④]。

到了同治年间，达到“庙户六十五名，林户四十五名，新林外加八名”[⑤]，规模不断庞大起来。这些庙户（林户）不仅需要自己终身为孟府的林庙服役，而且其世世代代都要“永为庙丁，未曾混入民籍”[⑥]，“设门子户四户……四户世为之”[⑦]。

庙户、林户在亚圣林庙管理中的角色是杂役，主要任务是“在庙洒扫，供祀陈设”，包括日常清扫整理林庙环境和器物摆设，“管办四季祭品”[⑧]，“洁扫祠宇，拂拭神案”[⑨]，也要承担各种祭祀活动的役使。《三迁志·杂志》（明）就称庙户：“而庙之生□，伏腊及入贺等仪，一切杂用亦不为轻。”[⑩]

不过，庙户的这些劳役也并非只能亲力亲为，孔府档案一则庙户与孟翰博结讼公文中明确指出：“其该户中有人亲供洒扫者，自有应邻本户工食。其无人亲供者，愿输帮贴，雇人供役。”[⑪] 可知，庙户除了可以派出户中人丁服役，

---

①③ 刘培桂编著：《孟子林庙历代石刻集》，齐鲁书社2005年版，第279页。

② 袁兆春：《孔氏家族宗族法及其法定特权研究》，华东政法学院博士学位论文，2005年。

④《清文献通考》卷十二《田赋考》（清文渊阁四库全书本）。

⑤⑧ 郑建芳主编：《孟府档案辑录·〈重修孟氏祖谱〉序》，中国社会出版社2013年版，第281页。

⑥ 宫晓卫等主编：《孟府档案全编》第1册，齐鲁书社2014年版，第6页。

⑦ 郭齐、李文泽主编：《儒藏·史部·孔孟史志9·三迁志（明）》，四川大学出版社2005年版，第474页。

⑨《清文献通考》卷一〇一《郊社考》（清文渊阁四库全书本）。

⑩ 郭齐、李文泽主编：《儒藏·史部·孔孟史志9·三迁志（明）》，四川大学出版社2005年版，第588页。

⑪ 曲阜师范学院历史系编辑：《曲阜孔府档案史料选编·第3编　清代档案史料·第2册　圣贤后裔》，齐鲁书社1980年版，第153页。

也可以交钱给孟府，请人代为服役。

作为庙户繁重劳役的回报，孟府的庙户、佃户、门子户、礼生等，宋代时候可以“优免差税”，金元时期“奉上丝绵颜色，税石、军役、大小差发，并行蠲免”[①]。到了明清可以免除司差，不需要承担国家徭役，孟府为此特地勒石立碑，以诏后人：“准将庙户、礼生照旧优免杂差，令其专事洒扫。”[②]门子户（门役、门户）数量较少，“专司本庙管铜启闭及洒扫事”[③]，他们专门从事亚圣林庙的启闭、看管护卫工作，并兼管洒扫，其优待与庙户相同。

除了这些主要的户役之外，亚圣府另有专设的“猪羊户”“挑水户”“报雨户”“报雪户”等功能型户役，分别差派各类事项，负责报送雨情、雪情、挑水等事。[④]

（2）佃户与礼生

佃户则关乎孟府的经济来源，在邹县的野店、蔡庄集中居住，形成了佃户村，另外一些还散落在邹、滕、宁阳等诸县境内，数量颇多，孟府向来对这一群体十分重视。据《邹县地理志》记载：“田置佃户，蠲其征而畀之共赡……又择于邹、滕、宁阳之籍，得上户二十，分隶乎两庙，以共佃事，乃命二氏之宗子希惠、希文为之主掌，岁收其入以共祭赡。”[⑤]另“既蠲租赋，以恤其家……修理庙宇销用”[⑥]，可见赐给佃户躬耕祭田，为的是收缴租税满足祭祀所须花销，以及修缮林庙所用，仍有盈余的贴补穷困族众。

礼生又称为赞礼生，他们是孟府祭祀等礼仪的引导者，辅助者，所谓“有庙则有田，有田则有祭，有祭则有礼生”[⑦]。在所有林庙人员中，礼生的任务当属最轻，他们只需要在“每届春秋丁祭与夫朔望之辰……赞礼生以勷祀典”[⑧]并于祀典前两日到府报道，“演戏礼仪，伺候大典”[⑨]即可，还可以享受“免其杂派差徭，俾得专供祀典”[⑩]的待遇。

笔者在《邹县为恳恩照例优免以杜攀扰事公文》一文中发现一个有意思的

---

① （金）孔元措：《孔氏祖庭广记》卷五（清咸丰三年仁和胡氏木活字排印本）。

② 刘培桂编著：《孟子林庙历代石刻集》，齐鲁书社 2005 年版，第 279 页。

③ 郭齐、李文泽主编：《儒藏 · 史部 · 孔孟史志 9 · 三迁志（明）》，四川大学出版社 2005 年版，第 474 页。

④ 中共邹县县委等编著：《罪恶累累“亚圣府”》，山东人民出版社 1976 年版，第 34 页。

⑤ 山东邹县地方史志编纂委员会办公室编：《邹县旧志汇编》，山东省出版总社济宁分社 1986 年版，第 264 页。

⑥ 刘培桂编著：《孟子林庙历代石刻集 · 孟子庙资田记》，齐鲁书社 2005 年版，第 58 页。

⑦ 郭齐、李文泽主编：《儒藏 · 史部 · 孔孟史志 8 · 宗圣志（明）》，四川大学出版社 2005 年版，第 566 页。

⑧⑩ 郑建芳主编：《孟府档案辑录 · 移清颁发赞礼生执照》，中国社会出版社 2013 年版，第 27 页。

⑨ 郑建芳主编：《孟府档案辑录 · 差传礼生到孟府演习礼仪谕单》，中国社会出版社 2013 年版，第 143 页。

现象，按道理孟氏在邹县人口数量并不为少，但石刻记载的庙户、门子户、礼生等九十一户（名），却全无一个孟氏族人，殊为反常。通过查阅孟府档案发现，孟府有禁止族人“甘充贱役”的要求，笔者推测原因应该是庙户、礼生等在林庙管理中的角色是低贱的仆役，所以孟府禁止一切族人成为庙户、门子户之流，这样就顺理成章了。

（3）奉祀生

上文中提到的这些林庙管理的机构和人员主要是在邹县本地活动，那么远在他乡的祠、庙的管理，最不能忽视的是奉祀生一职在其中的作用。

奉祀生一职始设置于明代，由衍圣公遴选，《宗圣志》记载：“奉祀生，司庙中奔走执事及先贤、先儒祠墓之祭。明弘治十二年，衍圣公孔宏泰始捡选圣贤后裔俊秀者充补，移会提学道给以衣巾，注册而已，未定名额也。”[①]这时候的奉祀生未成定制，亦未得到朝廷的批准，不过其职能已经确定，专司先贤在各地方庙、祠、墓的祭祀与管理。

不过，与制度设计者的初衷不同的是，奉祀生的实际权力是比较大的，他们“系属八品顶戴”[②]，除了专理各地圣贤祠庙祭祀以外，其在本地宗族中亦起到领导的作用，他们掌握地方祭田，并时常代表本支派与官府交涉，成为宗主在他乡的代言人。[③]这反映了圣贤后裔群体在权力空白的地方和宗族场域中，祭祀权与其他政治、经济等的特权与利益之间微妙的联结。

雍正四年（1726 年）清政府正式将奉祀生纳入帝国体制，“令衍圣公会同该府学臣，查核其人，实系圣贤嫡裔，地方实有祠宇，咨部换照，于是有定额”[④]。其中孟府的奉祀生定额为六十四人左右，“其分祀林庙及各省祠宇”[⑤]。

据《大清会典事例》刊载，孟府所辖奉祀生设置有“邹县先贤孟孙氏祠墓、孟仲子祠墓、孟子曝书台祠、范县孟子庙、青州雪宫书院、莱芜县止嬴祠，各一名。邹县亚圣庙寝殿、西庑、孟仲子、启圣邾国公殿、孟母端范宣献夫人殿、孟母养蚕祠、庙户营三迁祠、孟子祠墓、南宫子适祠墓、孟子三徙馆祠，宁阳县孟子祠，滕县上宫书院、存心堂、居休馆祠，嘉祥县孟子祠，濮州孟子祠，沂水

① 郭齐、李文泽主编：《儒藏·史部·孔孟史志 8·宗圣志（明）》，四川大学出版社 2005 年版，第 565 页。

②《清会典事例》卷三九二《礼部·学校·承袭奉祀》（清光绪印本）。

③ 参见王春花：《圣贤后裔奉祀生初探》，《清史论丛》2008 年第 1 期，第 99 页。

④ 郭齐、李文泽主编：《儒藏·史部·孔孟史志 8·宗圣志（明）》，四川大学出版社 2005 年版，第 567 页。

⑤《孟子世家流寓沂州府兰山县相公庄支谱》，藏上海图书馆，第 44 页。

县孟母祠，茌平县孟子祠，各二名。邹县孟母断机堂、三迁故址家祠，滕县性善书院，各四名。（山西）永济县孟子祠（一名）、临晋县城孟子庙、杜孟子祠、新孟子祠、孟母三徙祠（各两名），（河南）祥符县孟子游梁祠，（江苏）武进县孟子祠、萧县孟子庙（各一名）”①。

依托这些奉祀生，世袭五经博士将自己的权力“代理人”安插到了山东以及周边省份的诸多地区，实现了对林庙管理在地理场域上、宗族支脉上的边缘治理。

（二）林务、庙务管理的权力架构

林庙管理与府务管理的权力架构不同（见图 2-2），处于中下层的他们分别隶属于不同的权力系统，林庙、府务是两条互不交叉、泾渭分明的权力线索。不过，相同的是最高管理者——世袭五经博士，始终处于两者的顶端，掌控着两者的运作。

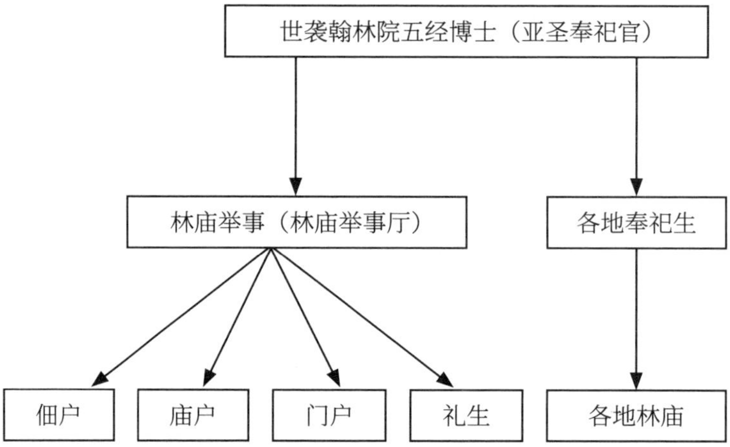

图 2-2　孟府林务、庙务管理的权力架构图

① 《清会典事例》卷三九二《礼部·学校·承袭奉祀》（清光绪印本）。

第二节　宗族场域中的权力角色
——家长制中的“宗宪大人”

宗族场域的法权是中国法律史研究的重要领域，传统意义上，宗族场域中的规范，以异于王朝法律形式的家法形式存在，权力的运行依靠宗族习惯而确定，并不具有国家强制力。对孟府而言，其家族场域的法权仍具有普遍家族法权的一般特点，但又具有自己因世袭官职、儒学世家身份而带来的独特之处，如果说拥有至高儒家身份的曲阜孔府是“天下第一家”的话，那么孟府当之无愧应是“天下第二家”。

中国传统宗法制度下仰赖血缘上的亲疏远近关系，形成的大宗统帅小宗的家族权力格局，这对于邹县孟府也不例外。孟府世袭五经博士被其族人称为“宗宪大人”“大宗子”，“五经博士承袭世职，为一氏之宗子，凡属族姓，例应听其统束，以示尊崇，以昭大宗、小宗之别”①，是孟氏家族场域里中最高权力的执掌者。世袭五经博士在面对不同权力场域不同类型的事务时，以不同类型的“脸谱”示人，透视出其权力的多样性。

一、宗族权力之源：亚圣裔的宗族谱系

权力并不是凭空产生的，权力本质上是一种优势，是人与人之间对稀缺社会资源控制的差异。中国古代社会基于祖先血缘传承上的区别，衍生出了自己独特的宗族权力体系和宗族权力观，两者交织在宗族场域之中形成了历史上的宗族权力现象，毫无疑问血缘也是一种稀缺资源。无论是皇城里的宗室、觉罗，还是村落里的族长、家长都在历史上演绎着这种生态，亚圣裔一族亦复如是。

---

① 曲阜师范学院历史系编辑：《曲阜孔府档案史料选编 · 第 3 编　清代档案史料 · 第 2 册　圣贤后裔》，齐鲁书社 1980 年版，第 263 页。

亚圣裔世袭五经博士作为孟氏宗族的最高权力享有者，谱系上的唯一性为其提供了权力来源的正当性。不过，这种谱系上大宗子的唯一传承或许并非基于真实的血脉联系，而是基于族权与皇权的现实利益相互需要而塑造的谱系，更是一种实用主义所勾勒的图景。

（一）“血统”与“道统”的联结：谱系塑造下的亚圣孟子先世

古籍文献对孟子前代的父祖的记载十分稀少，东汉末年始有赵岐在《孟子题辞》中云：“孟子，鲁公族孟孙之后，故孟子仕于齐，丧母，而归葬于鲁也。三桓子孙即以衰微，分适他国。”[①] 后世始以此将孟子确定为鲁公族孟孙之后。《三迁志》称孟孙来源于鲁国三桓之一庆父，因庄公去世，其欲自立为君，先后杀死应该继承王位的子般与闵公，却被另一个继承人姬申所讨伐，逃亡莒国，最后自缢身亡，庆父后裔厌恶其所作所为，将其“仲孙”改为“孟孙”，成为孟氏一族的源头。不过，这些结论的得出都是以《孟子题辞》为基础的，为何当世并不见有孟子父祖的记载，乃至于《孟子》《史记》两部关键的文献都全无孟子世系的记载，却直到孟子殁后四百多年才有记载孟氏先祖的文字材料，真实性应该受到质疑。

《三迁志》（明）与《孟子世家谱》更是将孟子的先世推到了黄帝时期，其说：“孟子之先出自黄帝，黄帝传至后稷，始教稼穑，以粒烝民，尧封之邰，十六世为周文王……而孟子生焉”[②] 这显然没有什么确凿的根据，后来的《重纂三迁志》便收敛了许多，将世系止推于西周（见图 2-3）。

① 济宁市政协文史资料委员会、邹县政协文史资料委员会编：《孟子家世》，中国文史出版社 1991 年版，第 2 页。
② 郭齐、李文泽主编：《儒藏 · 史部 · 孔孟史志 9 · 三迁志（明）》，四川大学出版社 2005 年版，第 440 页。

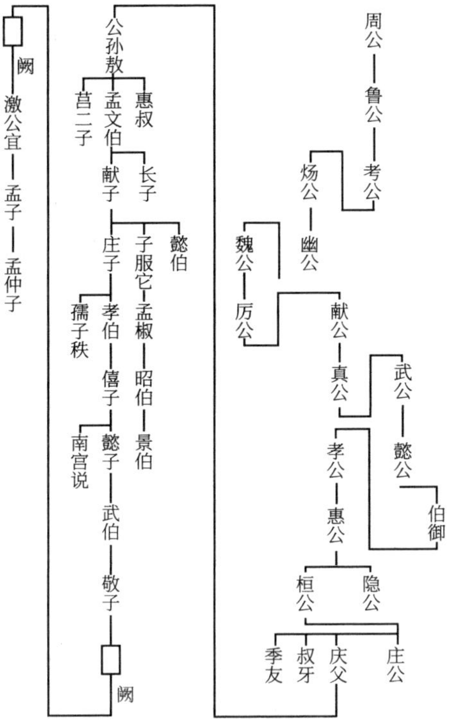

图 2-3　孟子世系图[①]

“孟子，邹人也，其先出自周公……孟子即孟孙之后也……先世名字不可考”[②]，将制礼作乐的元圣周公认为是孟氏的渊源所在。莫要说是孟氏先祖，即便是孟子父母都实难考证。唐代杜宝《元和姓纂》记载：“孟敬子生滕伯，伯生廖，廖生轲。”[③] 但《孟子世家谱》又称：“孟子父名激，字公宜，娶仉氏。”[④] 并且都未详载出自何种典籍，相互矛盾。难怪《重纂三迁志》这样评价前代记载：“今述世系从公济始者，据孟氏世谱，公济以下，乃有世次可稽也。其四十四代以前，旧志所载诸名类皆属附会失实。”[⑤]

不过，即便是光绪朝的《重纂三迁志》批评了前代家族谱牒、志书中“附会失实”的做法，也在其文中强调：“孟子去敬子几世，虽未可征信，要其就源所渐，盖由来者远矣。”[⑥] 种种此类做法的目的，正如《三迁志》（明）所说的那样：

---

①②⑤⑥ 郭齐、李文泽主编：《儒藏 · 史部 · 孔孟史志 10 · 重纂三迁志》，四川大学出版社 2005 年版，第 116 页。

③ （唐）林宝：《元和姓纂》卷九（清文渊阁四库全书本）。

④ 济宁市政协文史资料委员会、邹县政协文史资料委员会编：《孟子家世》，中国文史出版社 1991 年版，第 2 页。

“奕奕族德，长发其详。孟子之生，代周而昌。实匹夫子，远继殷商。於乎明德，宜祀无疆。”[①] 无非是标榜孟氏一族祖德光辉源远，实为三皇五帝名门之后，孟子学说“以承三圣而正人心”，将道统与血统的结合和统一，利用莫须有的冥界故人为今人赢得其在现实世界的利益，并稳固这种世代传承的地位。

除了上述血统与道统的相互联结，孟氏这种“本支百世”“继往圣”的宣扬，也是对自己政治尊贵地位的彰显。《丧服经传》云：“禽兽知母而不知父。野人曰：‘父母何算焉！’都邑之士则知尊祢矣；大夫及学士则知尊祖矣；诸侯及其大祖，天子及其始祖之所自出。尊者尊统上，卑者尊统下，大宗者尊之统也。”[②] 从禽兽到野人，从野人到都邑之士，层层向上乃至于天子，形成知母不知父，到知父母、尊父、尊祖、尊大祖，以至于尊始祖的差异世界，这是中国传统宗法观念中，更是历史事实上，地位越尊贵者对自己祖先的追溯就越久远的景致。

正如钱杭先生在其《宗族建构过程中的血缘与世系》一文中分析的那样：“社会身份代表的是自己在社会上所居的地位，这一地位与思想境界成正比：社会地位越高（尊），对祖先世系的追溯就越远（上）；而对祖先世系追溯得越远，就越能证明自己当下社会地位所具有的历史性。经这样悉心构筑后的悠久世系，不仅成了炫耀政治身份的‘名片’，而且成了标志高雅品位的‘时尚’。”[③] 用来解释这种现象，可以说十分贴切了。

（二）“中兴祖”现象：孟氏血缘谱系与皇权联系的发端

1. 北宋孟子后裔的重光与谱系塑造的完成

孟子殁后，孟氏一族此后四十四代并不显于后世，或者说并未受到皇权的注意与扶持，其血缘谱系处于模糊、晦暗的时期。孟子四十五代孙孟宁在其家谱谱序中写道：“我始祖邹国公世家略见《史记》，自二代仲子以后，或贵显或潜晦，代有人焉。”[④] 但于慎行却评价道：“自孔中丞守究，求得孟氏之后，不闻显者。兹孟氏宗系所列，尽引汉魏以来名人，如孟康、孟宗、浩然、云卿，比其世次，类后人附会为之者。”[⑤] 事实也是如此，虽然其称“代有人焉”，但仍未

---

① 郭齐、李文泽主编：《儒藏·史部·孔孟史志 9·三迁志（明）》，四川大学出版社 2005 年版，第 440 页。

② （东汉）郑玄注、（唐）贾公彦疏：《仪礼注疏·丧服》（清嘉庆二十年南昌府学重刊宋本十三经注疏本）。

③ 钱杭：《宗族建构过程中的血缘与世系》，《历史研究》2009 年第 4 期，第 65 页。

④《孟子世家谱》（同治年版），现藏邹城市文物局。

⑤ 山东邹县地方史志编纂委员会办公室编：《邹县旧志汇编》，山东省出版总社济宁分社 1986 年版，第 115 页。

见有祭祀孟子的行为，其后裔也未因亚圣后裔身份获得过任何封爵，寂寂无闻于芸芸众生。

直到宋仁宗景祐四年（1037 年），“初龙图阁直学士孔道辅守兖州，访得孟子墓，建祠其下。又询其后，得宁及四十六代孙孟存等十数家，优复之，令守洒扫”[①]。“荐孟宁于朝，特授迪功郎、邹县主簿、主奉祀事。”[②] 这是孟氏宗族第一次得到皇权的承认，也是孟子祭祀第一次得到朝廷认可。孟宁也被孟氏一族尊崇为“中兴祖”，《孟子志》序言说：“族人以孟氏初得封爵，推宁为中兴祖，附祀家庙。”[④] 而孔道辅因“有功于孟氏”，被孟氏族人（或者更准确地说是世袭奉祀者）所感激，特将其从祀于孟庙两庑。

不过，被皇权所承认的“中兴祖”孟宁是否真的是孟子的嫡后，仍令人怀疑。查《孟子世家谱》得孟子嫡裔相承表（见图 2-4）。

可见四十五代至孟子为单线世系，且多为单传，直到孟宁被朝廷承认并受封邹县主簿之后，宗支才呈现枝干状的世系，后裔繁衍突然变得丰满起来，成“枝条各茂，汇注分途”之势。为何孟宁之前世系记载如此单薄，而且附会孟氏名人现象严重，孟康、孟宗、孟浩然、孟云卿全都入谱，都为嫡长子，更巧的是从孟子到孟宁期间四十五代不仅仅是多为单传，且其间第二十二、二十三、三十四、三十五、三十七、三十九代，虽然有兄弟二人或者数人，但不知为何原因，几乎每次都是次支失传。[⑤] 显然有种故意创造嫡系相承的意味在里面，不得不让人质疑家谱所载前代是否真实存在。

孟宁也试图解释此种现象，其在《孟子世家谱》序言中说：

> 始祖亚圣邹国公世家略见《史记》，自二代仲子以后或贵显，或潜晦，代有人焉。至四十四代先君子公齐值皇宋景德初，契丹大举入寇，车驾北巡，山东骚动，乃藏家于屋壁，携家避匿东山而终焉。家谱所在而人不知也。迨元丰六年，家人拆毁故屋，得烂简于壁。拾其鼠啮蠹蚀之余，详视细认，历代名字有存有没，事迹有详有略。姑缀缉遗谱，藏于家，以俟将来。元丰七年仲秋望日四十五代孙邹县主簿孟宁敬识。[④]

① 郭齐、李文泽主编：《儒藏 · 史部 · 孔孟史志 9 · 三迁志（明）》，四川大学出版社 2005 年版，第 475 页。
②③ 郑建芳主编：《孟府档案辑录 ·〈孟子志〉序》，中国社会出版社 2013 年版，第 280 页。
④ 济宁市政协文史资料委员会、邹县政协文史资料委员会编：《孟子家世》，中国文史出版社 1991 年版，第 56 页。
⑤ 郑建芳主编：《孟府档案辑录 · 孟子世家谱序》，中国社会出版社 2013 年版，第 274 页。

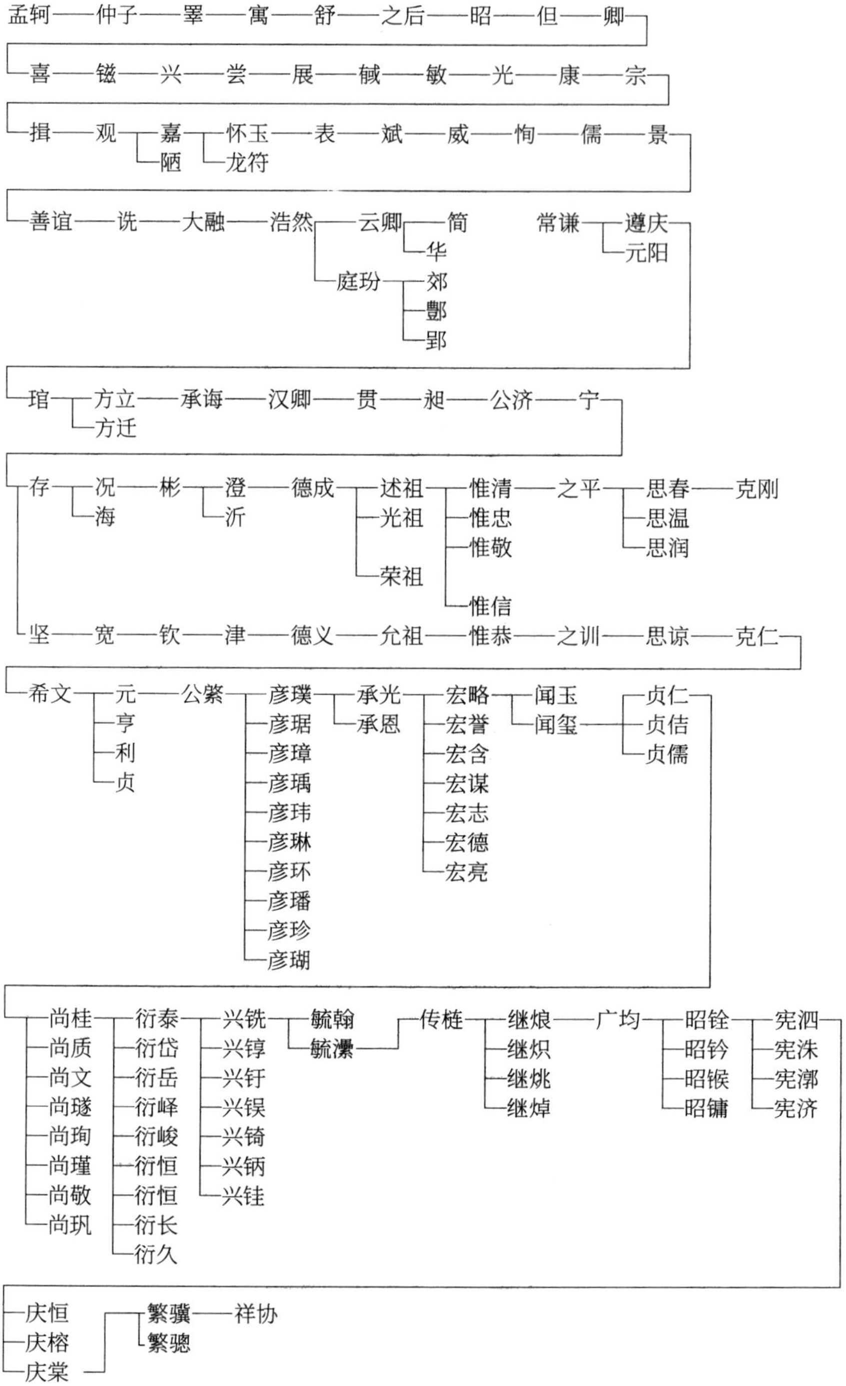

图 2-4 孟子嫡裔相承图[①]

① 济宁市政协文史资料委员会、邹县政协文史资料委员会编 :《孟子家世》，中国文史出版社 1991 年版，第 45 页。

但是细细考究其中语词，参看宋元史料可以发现，这完全是张冠李戴、指鹿为马。宋神宗元丰六年（1083 年）十月，“兖州孟轲牒奉敕……追加爵号，以示褒崇。宜特封邹国公”[①]。这里对孟子的封号止于邹国公，所以如果孟宁在元丰七年（1084 年）年称其先祖为“邹国公”倒也情有可原，但其称呼却是“亚圣邹国公”，而历史上第一次称“邹国公”加“亚圣”封号是在元代至顺二年（1331 年）九月，《皇元圣制》记载：“上天眷命，皇帝圣旨：‘孟子，百世之师也。……可加封邹国亚圣公。’”[②]

更有意思的是，在宋代被尊称为“亚圣”的是颜子而非孟子，《宋史·乐志》云：“兖国公位酌献，《成安》……亚圣宣猷，百世宜祀。”[③]兖国公即是颜子的封爵，可见宋代时“亚圣”早有所属。即便是学者考证得出颜孟合称，并号“亚圣”的情形也是晚在南宋始成为共识[④]，所以，身处元丰年间的孟宁是绝无可能称孟子为“亚圣邹国公”，这应该是后人强加给孟宁的历史叙事。

种种瑕疵无疑让我们对孟宁前代世系正确与否的质问，又确信了几分。之所以会出现这种“祖宗”混乱的现象，笔者认是在宗法制度这一套极为细致、精密的体系之下，宗子的地位理之当然的是由父系嫡派血缘所决定的，这种稀缺的资源给宗子带来的不仅是身份利益，还有以身份为基础的宗族权力、政治利益，而这些好处又回赠给权力拥有者宗子，使其不得不维护所有这一切的起点——嫡派血缘关系，竭尽全力的证明自己的父系传承，由此形成了一个封闭的首尾相接的叙事结构。

同时，对于统治者而言，这些后裔无非是其稳固儒家思想统治地位的工具，是“道统”延绵不绝的象征，是帝制时代国家治理评价体系中修饰统治者“文治”功绩的“花瓶”而已，皇权并不在意圣贤世系是否确系嫡派传承，它只在意其展现出来的或者说塑造出来的世系，要符合信仰这套礼法体制的儒生、士人所期待的样子，所以才有了圣贤后裔与皇权之间心照不宣的相互利用，才有了看上去很完美嫡传的世系图谱。至孟宁中兴，亚圣嫡子孙们世世代代享受的权力、权威、特权，父死子继的合法性外衣已经塑造完成。

---

① 刘培桂编著：《孟子林庙历代石刻集》，齐鲁书社 2005 年版，第 5 页。

② 刘培桂编著：《孟子林庙历代石刻集》，齐鲁书社 2005 年版，第 65 页。

③（元）脱脱等：《宋史》卷一三七《乐志》（清乾隆武英殿刻本）。

④ 赵宇：《儒家“亚圣”名号变迁考——关于宋元政治与理学道统论之互动研究》，《历史研究》2017 年第 4 期，第 9 页。

2. 圣贤后裔“中兴祖”现象

孟子后裔有孟宁中兴，孔子后裔有“孔末乱孔”，“中兴祖”现象也出现在孔府。与中兴祖孔仁玉有密切关系的事件“孔末乱孔”，首见于元文宗天历二年（1329 年）孔思晦所作《孔氏宗支图记》，《阙里文献考》记载最为详尽。《阙里志》记载：后梁乾化三年（913 年），洒扫户孔末见孔氏“子孙单承”，家族败落，为了谋取世代相承的爵位，杀害嫡后孔光嗣，并“杀圣人子孙几尽”，自立为曲阜县令。孔仁玉因张氏救护得以幸存，后鲁人诉之于官府，将孔末诛杀，孔仁玉才得以袭封文宣公，继任曲阜县令。孔氏苗裔“绝而复续”，后氏因而称其为“中兴祖”。①

对这一段故事的真实性，已有学者做出过考证，赵文坦先生认为“孔末乱孔”的故事虽然屡屡出现在后世的文献中，但宋金时期的史料、文集、笔记中不见此事半点墨迹，并且后世文献所描绘的“孔末乱孔”事件的情节、本事以及历史背景与 2008 年发掘出土的《鲁国郡孔府君墓志铭并序》都有许多出入，即便是这些故事本身也颇为自相矛盾，所以“孔末乱孔”之事当属后人编造。②

不过，虽然“孔末乱孔”的事件子虚乌有，但是孔氏族人对孔仁玉“中兴祖”的尊称却恰如其分，有其历史背景上的合理因素，而笔者发现孟氏与孔氏的“中兴祖”，在这些因素方面有相似之处，两家对“中兴”一词，似乎感同身受，兹列表比较如下（见表 2—1）：

表 2-1　孔、孟“中兴祖”对比表③

要素 姓名	朝代	历史背景	宗族背景	子孙繁衍	爵位	官职	优待
孔仁玉	五代—北宋	“遭无季乱”	“孔氏苗裔几绝”	“子孙兴旺”	“复袭封文宣公。失而复得”	曲阜令	北宋时起始有祭田
孟宁	北宋	“兵革浩荡”	“携家避匿东山”	“其姓始显，族始大”	“授迪功郎”	邹县主簿	北宋时起始有祭田

① （明）陈镐：《阙里志》卷二《世家》（明嘉靖刻本）。

② 赵文坦：《文宣公孔仁玉中兴本事考》，《孔子研究》2015 年第 3 期，第 9 页。

③ 根据赵文坦先生的《文宣公孔仁玉中兴本事考》与《孟子家世》分析得出，引号内为转引两文献所载史料原文。

从上表我们可以看出孔氏与孟氏在历史背景、宗族背景等诸多“中兴”要素上都非常相近。此外，除了孔孟两氏，曾子后裔亦有“中兴祖”[①]现象。笔者认为这并非历史的巧合，这其中隐含了一系列值得深思的内容。

首先，“中兴”一词出现最多的情况是在国家政治场域中，如“光武中兴”、《大唐中兴颂》、“同治中兴”、“弘治中兴”等，这些评价性的政治话语，表达着对帝王本身能力和故去昌明时代的赞许，同时也利用这些话语针对时局进行抨击，传达出对国力昌盛、政治清明的渴望。政治、权力对于传统中国社会而言是根器性的存在，对其他场域内的制度、文明、话语有着强有力的侵袭作用。孔氏与孟氏的“中兴”现象即是一例，除了政治话语对宗族谱系建构的影响，传统家国同构的政治安排也为这种表达找到了制度来源。

其次，对于衍圣公、世袭五经博士及其族裔而言其对王朝政治的模仿也是迥异于普通家族的地方。抛开朝廷对圣贤后裔群体的管制来看，衍圣公与他的族裔以及圣贤后裔群体俨然组成了一个地方“朝廷”：衍圣公有自己的属官体系，模仿王朝中央六部制度建立自己的政务机构，动用政治、司法权力处理家族内部的纠纷，而其权力又是世袭传承，不可不谓之尊贵，不可不谓之权重，不可不谓之“帝制”。难怪《阙里广志》序言宣称：“帝王之姓有时而易，定鼎之区有时而改，独孔子之阙里则与天地而长存。”[②]这种模仿比照帝制的传统，自然，在世系传承上效法王朝治乱兴衰的政治话语模式，也符合圣贤后裔的群体特征。

除了上述原因之外，这种“中兴”“中兴祖”话语宣示的作用有两点，一点是向历代统治者喊话、示弱，并利用王朝根本道统绝续的压力，博得统治者的关注和同情，“朝廷怜之，并复其家”[③]，以世代延续本族裔所受优待，当然这其中最为重要的就是政治利益——爵位、官职的世袭罔替，孟氏与孔氏一样“中兴”之后，不约而同地政治身份抬升，使他们长期稳定在社会上层“与国咸休，安富尊荣”。[④]

另外一方面，“中兴”形象的谱系塑造，也在一定程度上构筑起宗族壁垒，促使族裔以史为鉴，防止乱宗、篡宗，起到敬宗收族、延续宗族谱系的作用。《孟

---

① 曾氏还曾特地为中兴祖曾质粹修筑“中兴祠”，见《宗圣志》。

② 郭齐、李文泽主编：《儒藏·史部·孔孟史志2·阙里广志》，四川大学出版社2005年版，第12页。

③ 刘培桂编著：《孟子林庙历代石刻集·先师亚圣邹国公续世系图记》，齐鲁书社2005年版，第45页。

④ 孔府大门楹联。

子世家谱》旧序就评价“中兴祖”孟宁功绩道：“宗族相传迄今二百余载，未尝坠失，皆迪功续志述事之力也。”[①]一方面，“中兴”是为了不再“坠失”，要在宗族血脉上延续权力、利益等传承；另一方面，“中兴”谱系塑造出的大宗形象，建构了宗族壁垒，让权力、利益等只能在固定范围内流转，警惕着其他势力的侵夺。《三迁志》（明）就曾记载，明代“孟氏初立博士时，气势甚赫。东昌有富室李姓者艳其利，倾赀以求，遂得窜名谱牒中，悉其室迁于邹。一时列庠序者数人，名田广宅，布列郡邑”[②]。不仅是“富室”眼红于亚圣裔世袭博士家族的特殊利益，“先年奸诡之徒或有贿投入庙者”[③]，普通百姓也有试图混入孟府体制之内的情况，可见这种宗族壁垒的建构对于孟氏而言，既合乎逻辑，也十分必要。

此外，“中兴”话语的宣示与爵位、法权世袭罔替开始的暗合也隐喻着圣贤后裔与皇权青睐的密不可分，警示着圣贤后裔要依靠皇权，向皇权周围靠拢，成为国家制度中的一部分。

二、亚圣后裔的宗族组织与管理机构

宋代以及此后历代皇权对孟子后裔的格外关照，使得亚圣后裔得以重获新生，枝繁叶茂。《孟子世家谱》康熙年间的旧序中就自豪地写道，家族“周末迄今几两千年，子孙繁衍将七十世”；“自天启三年迄今九十余载，我族得一千三百余人”[④]，成为不可忽视的名门望族，实可谓之“儒裔绵绵，远而益著”[⑤]，“亚圣之道万世不息，则亚圣之裔万世益昌”[⑥]。

随着亚圣后裔子姓繁衍，支远益分，族人数量急剧增多，支派变得愈加复杂，亚圣府为了便于管理，也为了分清与大宗之间的亲疏关系，对孟氏一族进行了派、户、院（家）的三级组织系统划分。

---

① 郑建芳主编：《孟府档案辑录 · 孟子世家谱序 · 旧序》，中国社会出版社 2013 年版，第 273 页。
② 郭齐、李文泽主编：《儒藏 · 史部 · 孔孟史志 9 · 三迁志（明）》，四川大学出版社 2005 年版，第 589 页。
③ 郭齐、李文泽主编：《儒藏 · 史部 · 孔孟史志 9 · 三迁志（明）》，四川大学出版社 2005 年版，第 588 页。
④ 郑建芳主编：《孟府档案辑录 · 孟子世家谱序 · 旧序》，中国社会出版社 2013 年版，第 274 页。
⑤ 郭齐、李文泽主编：《儒藏 · 史部 · 孔孟史志 9 · 三迁志（明）》，四川大学出版社 2005 年版，第 483 页。
⑥ 郑建芳主编：《孟府档案辑录 · 孟子世家谱序》，中国社会出版社 2013 年版，第 275 页。

（一）亚圣族裔派、户、院的三级划分

虽然“中兴祖”孟宁前代世系单薄，但其后世系摆脱了多代单传的现象。孟宁生有两子孟存与孟坚是为孟子第四十六代孙，到了孟子第五十五代后裔“克”字一辈，大宗人数已达到四十二人，但其中有三十一人由于其本身失传或是在三、四代失传，并未能继续，其余十一人克仁、克诚、克昭、克威、克珏、克宽、克伊、克继、克缙、克纶被划分为“十一派”，以赐赠世袭翰林院五经博士孟克仁为第一派，剩下的“克”字辈依次为第二派至第十一派（见图2—5）。

孟子族裔始自第五十六代“希”字辈有“二十户”的划分，“希”字辈共有三十三人，其中二十二人得以流传（见图2—5）。此二十二户或单独成户或几户合为一户，这些“户”除了大宗户以宗法制度表明自己的名称以外，其他各户分别以所居住的区域地理特征来命名，分别以世袭翰林院五经博士孟彦璞为第一大宗户，以次弟彦琚等三人为第十六关南户；孟克诚的二子希渊、希源，划为第二城西户；孟希升之长子孟譲为第三故里户，次子孟俊为第四故宅户；孟希暎之长子孟註（注）为第五凫绎户，孟希暎次子孟敏为第六西阁户，孟希暎三子孟善为第七影堂户；孟希本长子孟详为第八元庵户，次子孟训为第九山头户，三子孟聪为第十林东户；孟希胜为第十一龙渊户；孟希幐为第十二古彭户；孟希钺为第十三泗源户；孟希政为第十四大源户；孟希然、孟希浩为第十五临鞍户；孟希鼎、孟希和、孟希松为第十七基阳户；第九派孟克绪三子孟希昪、孟希铨、孟希钟为第十八家庙户；孟希通、孟希达为第十九潦源户；孟希宽、孟希旻为第二十林前户。

这其中大宗户、关南户共同组成第一派；城西户为第二派；故里户、故宅户、凫绎户、西阁户、影堂户组成第三派；元庵户、山头户、林东户、龙渊户、古彭户共同组成第四派；泗源户为第五派；大源户为第六派；临鞍户为第七派；基阳户为第八派；家庙户为第九派；潦源户为第十派；林前户为第十一派（见图2—5）。

除了对宗族层面的结构划分以外，在亚圣府衙的大宗亲族内部也按照居住区域的不同划分为几个部分，以方便管理，这部分有孟府内上方院、赐书楼院、世仁堂院、延绿楼前院、延绿楼院、世义堂院。

亚圣府衙内所居住的都是与世袭五经博士未出五服的嫡系宗亲，这其中以内上方院地位最为尊贵，内上方院也被称为“世恩堂”，是亚圣裔世袭五经博士一家居所所在，内上方院内设专人管家一人。赐书楼又称为“世德堂”，其住户

地位仅次于“世恩堂”户，为次位尊贵，再其次是世仁堂院也称为“后学院”，地位再次于赐书楼。以亚圣裔七十三代嫡孙孟繁骥为例，内上方院就住着孟繁骥一家，以及其亲弟弟孟繁骢一家，而赐书楼则居住孟宪洙的后人，后学院居住孟宪泖的后人，而这三个院落居住的都是世袭翰博孟昭铨的嫡系后代，他们之间的伦理关系紧密。[①]

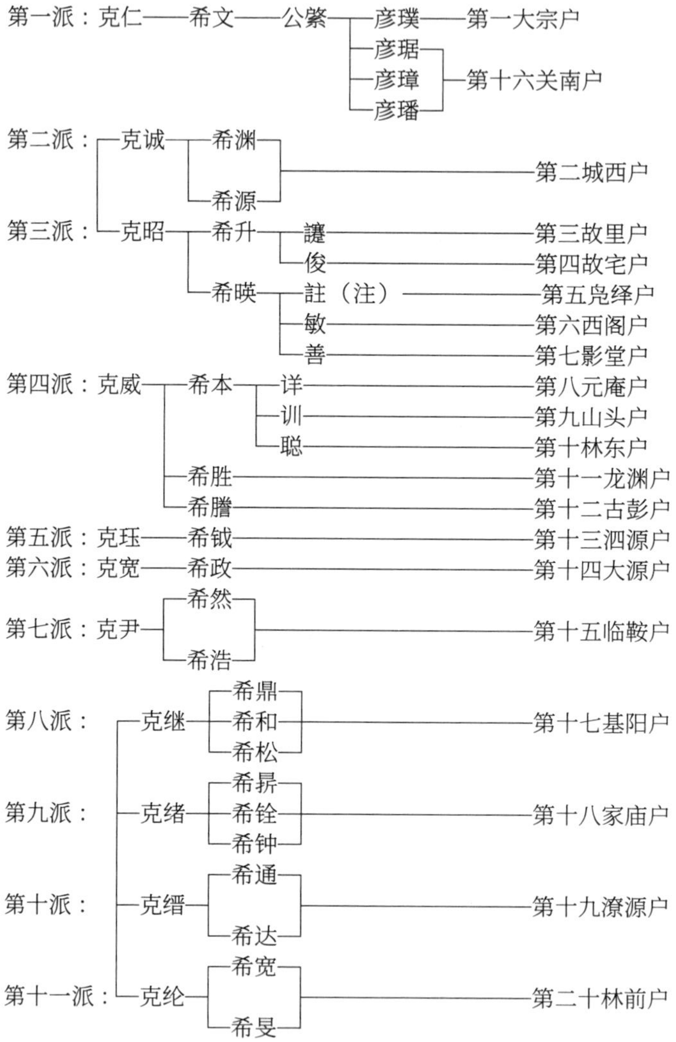

图 2-5　亚圣裔孟氏家族“派”“户”图[②]

① 孟宪新：《孟府记忆》，中国文史出版社 2019 年版，第 44 ～ 47 页。

② 朱松美、王志民：《孟府文化研究》，中华书局 2013 年版，第 357 ～ 358 页。

至于延绿楼前院也被称为“五进院”，与延绿楼院一起居住的是世袭翰博孟昭铨的亲弟弟，孟昭镛的后人，分别是孟宪湖和孟宪润，所以相比上文提到的三个院落，此院落与世袭博士的关系便疏远了一些，地位次于上文中的三院落。世义堂院也被称为“前学”，居住的是孟昭铨的三弟孟昭鏮的后人，地位与延绿楼前后院相同。[①]

由此，亚圣裔孟氏宗族构筑了一个“亚圣裔世袭五经博士←‘十一派’←‘二十户’←‘六院’与各家”的宗族结构，形成了各家系于各户，各户归于各派，各派统于亚圣裔世袭五经博士的宗族治理框架，起到了“不紊不遗”，“统子孙之繁昌”[②]，敬宗收族的重要作用。

（二）宗族管理机构与职能

孟氏庞大的族众进行了组织上的划分，形成了严密的宗族结构，但结构上的严密并不能确保世袭五经博士权力的逐级传导，保证大宗子命令的有效实施，其必须在宗族组织内部添设权力的“中继”机构，一方面放大世袭五经博士的权力在宗族基层的渗透力，另一方面这些机构亦可以辅助亚圣裔世袭博士牵束族人，处理宗族事务。这些机构主要有族长、支长、户头与户举等。

1. 族长、支长

孟氏族长又称为“家长”，其府衙名叫“亚圣孟庭族长府”[③]，置于四基山孟子林所在的西山头村[④]，是亚圣府的派出机构，可以称得上是“小孟府”[⑤]。孟氏族长的设置始于北宋徽宗崇宁二年（1103 年），这时的族长是朝廷以诏令设立的，《三迁志》云：“宋徽宗崇宁二年，诏文宣王家选亲族一名判司簿尉事，谓之曰孔庭族长。颜孟二氏亦如之。”[⑥]

族长的人选需要满足年龄要求，“每族长缺，选族中最长者充之”[⑦]，以及族众联保推举，即“（族长）非经二十户全族族众通过，再联名具保，不能委任”[⑧]两个条件，除了这种年龄和程序上的要求之外，孟氏族长还必须德高望重，勤

---

① 孟宪新：《孟府记忆》，中国文史出版社 2019 年版，第 44 ～ 47 页。
② 郑建芳主编：《孟府档案辑录》，中国社会出版社 2013 年版，第 276 ～ 277 页。
③⑤ 孟宪新：《孟府记忆》，中国文史出版社 2019 年版，第 111 页。
④ 金萍：《家风文化形塑与地方性文化治理——孟子后裔古村落空间治理文化考察》，《甘肃社会科学》2017 年第 4 期，第 211 页。
⑥⑦ 郭齐、李文泽主编：《儒藏 · 史部 · 孔孟史志 9 · 三迁志（明）》，四川大学出版社 2005 年版，第 475 页。
⑧ 郑建芳主编：《孟府档案辑录 · 孟氏族长就职议程及内容》，中国社会出版社 2013 年版，第 105 页。

恳公正，这也是帝制中国时期所要求的，几乎族长所普遍必需的素养。

族长的重要性在宋元时期不亚于宗子，《三迁志》中按语说:“按，族长始此，然宋元间族长主祀事。”[①]个中原因，无非是祭祀权的归属，谁掌握祭祀权，谁就拥有现世利益;谁掌握与先祖神交的渠道，谁就握有号令族众的权力。到了明清，因为世袭翰林院五经博士的授予，特殊地位的形成，政治权力的跃升使得“宗子主祀事，族长备而已”[②]，族长的地位开始居于世袭翰林院五经博士之下，在孟氏宗族中居第二位。

虽然孟氏族长地位不比世袭五经博士，但从孟府所存档案中的发文、收文记录来看大宗子与孟氏族长之间的权力往来，仍然可以见得族长在孟氏宗族治理中发挥的作用：

> 二十七年十月一日。居字第一号：收族长孟毓辰呈一件。为呈请亚圣林墓在非常时期准予整理事由。十一月十七日。居字第二号：收族长孟毓辰呈一件，附人名表一份，会议记录一份。为呈报族家会议录及看守处职员人名单由。
>
> 二十七年十一月七日。指字第52号：发孟毓宸指令一件。将林墓看守处规则修改抄件发下，仰再呈报由。
>
> 二十八年二月十四日。居字第四号：收族长孟毓辰呈一件。为开山起石断绝圣脉并解送主谋架讼由。三月二十六日。居字第六号：收族长孟毓辰呈一件，附调解书一件。为呈请撤销孟宪斌等侵犯四基山案由。
>
> 二十八年二月二十五日。批字第31号：发族长孟毓宸批令一件。呈控孟宪斌等辟山起石案，派员查勘后再行核夺由。七月十八日。指字第54号：发族长孟毓宸指令一件。孟宪斌等侵山案族长孟毓宸呈请撤销，照准并令俟工竣后具报被查由。七月十八日。指字第55号：发族长孟毓宸指令一件。为准予撤销亚圣林墓看守处由。
>
> 二十九年五月十七日。发族长孟毓宸委任一件。为委任孟广安委山头户户头由。五月十七日。发族长孟毓宸指令一件。为呈报祖林内坠落枯柯变价修补，林工请为备案；具呈已悉，应予照准备案由。[③]

---

①② 郭齐、李文泽主编：《儒藏·史部·孔孟史志9·三迁志（明）》，四川大学出版社2005年版，第475页。
③ 郑建芳主编：《孟府档案辑录·孟氏族长就职议程及内容》，中国社会出版社2013年版，第60～65页。

从这些公文往来来看，族长呈请与宗子下达指令的事件主要分布在宗族内部，并无其他领域事务的来往，这也契合本书对不同场域内人物、事件的区别划分，以及亚圣裔世袭博士在这些不同场域权力角色的差别定位。从这些宗族场域发生的事件来看，族长主要职能分布在孟府林、庙、墓的监管，参与家法族规的制定、修改，族内司法诉讼案件的上报与处置以及宗族内组织职务的安排等事务上。此外，宗族内族谱的续修、查验等事务也离不开族长。

从上述公文往来的频繁程度以及公文内容的重要与否来看，显然孟氏族长在整个宗族权力结构中并不能拥有很大的权力，大小事务几乎都需由宗子决断，族长俨然已经成为上传下达的结构，其类似于在亚圣府衙场域中秘书处的职能，并且这些族长辈分要高出宗子三、四辈，① 年龄也要大出宗子不少，② 以这种状态示人确实有异于我们以往对族长这一职位的固有观念。

普遍而言，中国帝制时代后期的宗族世家，宗子的身份地位已经相当淡化，而族长则在家族中负责统领族众，管束族人，他们甚至拥有皇帝所认可的司法权力。康熙、乾隆、光绪三朝实录载上谕谓有“此皆由该管之人，不能约束，及伊等族长，平时不先训诫所致也”③，“其不率教者，实时置之于法并令伊父兄族长，严加管束，去其跃冶之习”④，“所有栽种罂粟者，责成族长甲长，押令拔除，改种五谷。如花户人等不遵，禀官究治”⑤。足见族长在乡村基层治理中的重要地位。

这种权力配置上的差异，是孟氏宗族与其他普通宗族的本质不同的一种表现形式，这说明在孟氏宗族内部，帝制后期因辈分、年老、德行所带来的权威也难抵亚圣嫡传血缘世系上的权力延展，皇权与亚圣裔世袭博士权力的互动更加深了这种特殊性。不过，从另外一方面来讲，虽然宗子是所有事务的最终决定者，但族长毕竟是宗族内上传下达的枢要，族长试图呈现何种信息给宗子，仍然是由族长所决定，依然不能忽视族长在孟氏宗族事务中左右结果的影响力。

此外，针对非孟子故里“十一派”“二十户”，流寓全国各地的支派进行监督管理，孟府特地在各个支派设立支长。亚圣裔世袭博士在给流寓河南睢州的孟氏宗族支长谕单中写道：

---

① 济宁市政协文史资料委员会、邹县政协文史资料委员会编：《孟子家世》，中国文史出版社 1991 年版，第 61 页。

② 郑建芳主编：《孟府档案辑录 · 亚圣奉祀官委任代理族长指令》，中国社会出版社 2013 年版，第 70 ～ 71 页。

③《清实录 · 圣祖仁皇帝实录》卷二四一，康熙四十九年正月二十四日，中华书局 2008 年版。

④《清实录 · 高宗纯皇帝实录》卷一七一，乾隆七年七月二十八日，中华书局 2008 年版。

⑤《清实录 · 德宗景皇帝实录》卷六十七，光绪四年二月四月，中华书局 2008 年版。

河南睢州长岗集族绅支长孟兴镇、孟毓灿、孟继钰知悉，照得本院主鬯大宗有管束族人之责，第居处绵远，鞭长莫及，族中若有力行孝悌者自应表扬，倘有不知自爱者立即随时劝惩，合行谕饬。为此谕仰该支长等公同约束，重则具禀到院，以凭提究不贷，各宜禀遵。勿违。特谕。四月。①

由上述材料，可知各支长在各地主要充当亚圣裔世袭博士（宗子）在各地族务中的耳目与触手，将各地族务实况上呈孟府并代表大宗子惩恶扬善，协助居处绵远、鞭长莫及的亚圣裔世袭博士管束各地方族人，实现对全国范围内亚圣后裔的掌控。

2. 户头、户举

二十户是孟府宗族治理中的基层单位，也是宗族问题频发和治理的最前沿，为了加强对这一组织的监管，孟府在每户中设立户头与户举两个职位。户头设一人，是每户的长官，总揽本户事宜，对下代表大宗子行使族务管理权，对上代表本户杂治宗族内事务。设户举一人或多人，辅助户头具体处理本户事务。

孟氏宗族先前本无户头、户举之职务，虽然“大宗主鬯有钤束族人之责”，但由于“族众支派繁衍品类不齐，虽分立户名皆不能聚族而居，仍各散处城乡”，为了解决“本院耳目难周，鞭长莫及”的问题，“是以向俱仿照孔氏、颜氏，亦设有户头、户举”，为后来效法孔府与颜府宗族制度而设户头、户举之职。②

二十户之户头、户举的就事除了必须为孟氏族裔以外，还需满足“廉明公正，谨饬老诚”③ 的道德条件，并且要求由本族内举事、族绅、贡生等保举才可被选任。户头、户举的任命权则完全掌握在亚圣裔世袭博士手中，先是保举人向孟府呈送保状，亚圣裔世袭博士酌情委任后，将人选发至族长处备案，并向该户头、户举下达谕单，予以授权。

从孟府档案中《秋丁大祭户头户举报到簿》④ 所载各个户头、户举的年龄情况来看，户头平均年龄在五十九岁左右，其中最大年龄者达九十岁，而户举平均年龄在五十七岁，最大不过七十，最小者仅为二十三岁，这反映出户头作为每户长官在年龄上要求严格，以年老来标榜资历与经验，从而获得族众的信服，

① 郑建芳主编：《孟府档案辑录·孟氏各族长共同约束谕单》，中国社会出版社 2013 年版，第 114 页。
②③ 郑建芳主编：《孟府档案辑录·世袭翰林院五经博士谕单》，中国社会出版社 2013 年版，第 59 页。
④ 郑建芳主编：《孟府档案辑录·秋丁大祭户头户举报到簿》，中国社会出版社 2013 年版，第 137 页。

孟氏宗族“老人政治”的特点突出，而户举作为户头的辅助者，需要具体处理宗族事务，故年轻者更能胜任此项工作。

户头、户举的职责是“于各该户中，随时留心察查，如有义夫节妇、孝子顺孙、端人硕士，自应澄叙表扬；如有罔知自爱、甘充贱役、流入二氏作奸犯科、越理犯分者，自应按宗规严惩”，并“如有前项优劣情事，随时据实具禀，以凭复核办理”。[①]户头、户举本身并没有奖惩权限，只需将上述信息传递给孟府，由孟府来办理。同时，孟府对户头、户举的行为作出禁止性规范“切勿徇私隐纵，更不得始勤终怠，借端滋扰，不洽族情”[②]，否则，则自有条例惩治。

各户户头、户举亦参与本族内重大案件的纠察与杂治。孟府档案记载了民国二十八年（1939 年）的一桩四基山开辟山石案：

> 兹有孟宪斌、孟宪福、孟昭恕等藐法灭祖，于二月二日，在四基山前近圣墓咫尺，胆敢开辟山石，绝断圣脉。经家庙户户头孟继敏、户举孟毓露，林东户户头孟广喆、户举孟昭怡，林前户户头孟传桐、户举孟传金，山头户户头孟广安，潦源户户头孟广云等，于本月十二日同至该处，亲履勘验。具报查，起出运走者大小计六块，起出未运走者计二块，察其大者一块，周围痕迹约一丈二尺有奇，高约有五尺，小者周围印象等等不一。[③]

由上述档案记载所见，虽然四基山开辟山石并不在家庙户、潦源户等几位户头、户举的管辖范围之内，但确实“案关重大”，“族众公忿”，所以案件由族内多位户头、户举共同勘验侦查，以确保案件事实得以浮出水面。

除此之外，户头、户举还负责定期收缴户例规定需要缴纳的物资和丁银。每到春秋两大丁祭时，户头需将各户准备的祭祀品送至孟府，孟府档案中有专门发给户头差催祭品的信票，该档如下：

> 亚圣裔应袭翰林院五经博士孟　为票催羊猪事：
> 照得八月八日初秋上丁，各该户例应作速按照定规，羊以三十斤为准、

---

① 郑建芳主编：《孟府档案辑录·世袭翰林院五经博士谕单》，中国社会出版社 2013 年版，第 59 页。
② 郑建芳主编：《孟府档案辑录·第一次府务会议记录》，中国社会出版社 2013 年版，第 60 页。
③ 郑建芳主编：《孟府档案辑录·亚圣奉祀官调查四基山前开山辟石训令及附件》，中国社会出版社 2013 年版，第 142 页。

猪以八十斤为额赶办，定于先一日早行到院以凭验看，恪供祀事。合行票催，为此仰役即催各该户户头，务要博硕肥腯，不许瘦小搪塞。如敢故违，除按旧定章程赔补斤称外，仍即究责不贷。去役毋得借端滋事，速速。须至票者。（速速）

计催：张户猪二口，刘户猪一口、羊一支（只）；邵户猪一口，党户猪一（只），马户羊一支（只）

光绪十九年八月初一日

差：席殿华、党照寅

院行，限　日缴销[①]

信票中对祭品的质量作出明确的规定，还强调如果不能按照标准办理除了承担赔偿损失的责任之外，还要追究户头的责任。另外，每一家每年需要向孟府按人口数多少缴纳“丁银”，由户头、户举负责收缴，孟府现存档案《西阁户粮银册》记有：

户头孟昭举、户举孟广鉴

民国三十一年夏历九月二十五日立

元兴社

孟昭举：四钱六分八厘。孟昭吉：六钱四分一厘。孟广梅：三钱三分八厘……[②]

不难看出，孟府所辖户头、户举是一个综合性的宗族事务管理机构，在基层宗族群体中既有纠察奖惩的职责，又要执行税收、司法的功能。从宏观层面而言，其作为大宗子控制宗族基层的工具性特征是不言自明的，决策类的信息总是自上而下宣泄而出，宗法与专制的结合毫无意外地在大宗子与基层宗族群体的互动中展现出来。

---

① 郑建芳主编：《孟府档案辑录 · 差催祭祀用羊猪事信票》，中国社会出版社 2013 年版，第 134 ～ 135 页。

② 郑建芳主编：《孟府档案辑录 · 西阁户粮银册》，中国社会出版社 2013 年版，第 184 页。

第三章 亚圣裔世袭翰林院五经博士的权力内容——家产官僚制的重叠表达

上文中我们着重对世袭五经博士在不同场域，以不同角色身份，面对不同的僚属，处置不同类型的事务作出了归纳与分析，亚圣府通过自身的制度建设以及吸收孔、颜两家的制度经验而构筑起来的权力运行机制，成功地在帝制社会背景及其坍塌后的近代中国仍然保持一段时间内有序平稳的运作而不至崩溃。

那么，在这种权力运作中，亚圣裔世袭博士的权力轨道承载着何种信息的释放，这些信息应作何种分类，又如何通过这些信息的传递，将权力稳固在其手中？亚圣裔世袭博士的权力内容是本节需要进一步阐释的关键问题。从宏观层面而言，亚圣裔世袭博士权力内容的性质可以划分为行政权与司法权两类，权力的内容并未因为场域内亚圣裔世袭博士角色的差别而发生较大变化。

第一节 亚圣裔世袭翰林院五经博士的行政权：私人行政与公共行政的重叠

一、行政权的概念和性质：私人行政与公共行政之辨析

论及世袭五经博士的行政权力，对其性质是私人行政权还是公共行政权的分析判断，是不能忽略的问题，因为如果亚圣裔世袭博士的行政权止于私人行政范围，那其与同时代其他宗族相比，所具有特别之处就不那么明显，自然无甚研究之必要，如果其行政权能够有公共行政之面向，抑或说成为国家行政权的一部分，这自然是中国古代行政制度、官僚制度、宗族制度中的特殊现象，就值得我们耗费笔墨。

博登海默在其《法理学：法律哲学与法律方法》一书中将行政定义为："行政乃是为实现某个私人目的或公共目的而在具体情形中对权力的行使。行政通常所涉及的是对某种财产、公司、政府机构或其他形式的私人企业和政府企业的管理；这一事实使它与广义的权力区别开来。"① 其将公司向雇员发布命令，解

① ［美］E. 博登海默：《法理学：法律哲学与法律方法》，邓正来译，中国政法大学出版社 2004 年版，第 379 页。

雇或聘用等为促进公司效益而做出的行动，土地拥有者对土地使用下达自己的命令，这些情形都归于私人行政，而政府官员为了公共利益而采取的行政措施则归于公共行政领域，笔者从其定义。

诚然，以现代西方的概念来分析现代社会中的现象是可以的，但当我们用现代概念去分析古代（尤其是中国古代）社会现象时却不可避免地产生了一些疑惑与隔阂。就世袭翰林院五经博士而言，其在具体情境中到底是为了私人目的还是公共目的，实难区分，毕竟，其所作出的决定一方面是为了自身和府衙的利益，但另一方面亦要涉及孟氏宗族以及族外的利益，所以什么权力的行使是世袭五经博士的私人行政？什么权力的行使又是世袭五经博士的公共行政？

不过，这个问题也并非无法解决，我们需要做的是将世袭五经博士沉浸在中国帝制时代的历史背景之中进行考察。马克斯·韦伯的支配社会学理论认为，秦始皇统一之后直至晚清的中国是一个“家产官僚制”型国家，具有“家产制”的特征，这种家产制衍生的起点是传统型支配中的家长制。[①] 无疑，家长制在中国帝制时代社会中的存在是众所周知的，韦伯说：“当传统型支配开始发展出特别的行政机构及武装力量，而这两者都成为支配者的工具时，家产制即可能发生。”[②]

如果将亚圣裔世袭博士及其宗族纳入“家产官僚制”的历史背景之下，并通过本章前两节的分析，我们会敏锐地发现其不仅自身属于家产制官僚队伍中的一员，而且其本身也是孟氏宗族家产官僚制中的家长，孟府、孟氏宗族本身就是一个家产官僚制的结构体系。

韦伯对家产官僚制的特征分析重要的一点，即是家产制中的行政，“私人”与“公务”界限不清，“家产制官职不存在‘私’务与‘公’务的官僚分离”[③]。“属于政治事务的行政工作完全被当成纯属于个人的私事”，政治权力被统治者运用为榨取臣工、子民贡赋和金钱的私人财产。[④]

以此理论模型来分析世袭五经博士的行政权，便能够把握其行政权的特点之一就是“公”与“私”的界限并不清晰，而且这种公私不分的现象并不是其

---

① ［德］马克斯·韦伯：《儒教与道教》，洪天富译，江苏人民出版社 1995 年版，第 100 页。
② ［德］马克斯·韦伯：《韦伯作品集 2·经济与历史支配的类型》，康乐等译，广西师范大学出版社 2004 年版，第 333 页。
③ ［德］马克斯·韦伯：《经济与社会》第 2 卷，阎克文译，上海人民出版社 2010 年版，第 1170 页。
④ 姬金铎：《韦伯传》，河北人民出版社 1998 年版，第 118 页。

一家一族之现象，而是在整个帝制时代宏观的家产制背景下的存在，如此看来，对世袭五经博士行政权哪些是私人行政权，哪些是公共行政权，以“私人目的”与“公共目的”为标准是行不通的。

虽然无法以权力行使的目的来确定亚圣裔世袭博士行政权的性质，但笔者在孟府现存档案中发现了一些与国家权力密切往来的行政事务，或是需由孟府与各地方政府以公文形式处置的行政事务，无疑，双方作为国家权力体系和官僚队伍中的一分子，这部分仍可以认为是亚圣裔世袭博士在行使公共行政权，是属于国家行政权力的组成部分。

这样一来，我们就可以明确地对世袭五经博士的行政权力进行性质上的概括：世袭五经博士的行政权是私人行政权与公共行政权重叠，界限模糊的行政权，另外，有一些明确属于国家行政权力组成部分的行政权。

二、亚圣裔世袭翰林院五经博士行政权的内容

现代理论中的行政权按照不同的分类标准划分，可以有不同的具体内容，如果依其行政职能来划分的话，一般认为可分为行政确认权、行政许可权、行政征收征用权、行政收费权等不同的行政权内容。笔者发现对于中国古代存在的世袭五经博士权力现象，利用现代行政法理论框架去承接，依然能够高度契合，这就说明将历史上存在的亚圣裔世袭博士权力现象，冠之以“行政权”之名并非虚空，而是有实质内容作为支撑。

（一）人事之权

亚圣裔世袭博士的人事之权指的是其对府衙、宗族内，行政人员的挑选录用、调配、任免等的行政权力。

在亚圣府府衙、宗族场域内，亚圣裔世袭博士掌握着所有官僚的任免权力，任命使用训令或谕单的形式下达，除了上文中已经提到的对总务处主任的任命训令之外，笔者在孟府所存档案中亦发现有因故裁撤，请求再次录用的职员呈文：

> 秘书钧鉴，窃田德元世受府恩，幼承差遣，理宜自爱，勤慎奉公。乃一时昏愚，竟而违法，有干上怒，致遭革除。数月以来，贫困交加，愧悔

无地，拟求妥保，痛改前非，上乞大恩，再赐录用。惟情难上达，无计自陈，用敢仰恳鸿慈俯赐怜悯。转请奉祀官恩施格外，曲予成全。德元具有天良，自当力图报效。如蒙恩准，则感戴宏施，永无涯涘。伏乞垂鉴上叩。

田德元谨呈

中华民国三十一年九月[①]

孟府职员田德元因违法而遭到斥革，请求秘书处主任予以具保，试图重新获得奉祀官的任用，显然，孟府大小职员的任命之权的确掌握在亚圣裔世袭博士（奉祀官）之手，但基层官僚并不能直接与其就任命事宜直接沟通，仍需通过官僚层级逐层上报，而其中人事行政中所需的具保制度在孟府也并非孤例，甚至连任命厨夫都需有具保书的出具，可见孟府用人谨慎之程度。[②]其言称“世受府恩，幼承差遣”，虽时至民国三十一年（1942 年），但府内人员的人身依附性依旧相当强。

宗族场域内的人事之权亦由亚圣裔世袭博士控制，除了上文中提到的对户头、户举以谕单的形式任命以外，[③]对流寓他乡的孟氏族务管理人员——奉祀生的选定，也由亚圣裔世袭博士加以准结、批复：

恭报：孟相公大喜。名继祖，蒙亚圣裔世袭翰林院五经博士加四级孟，准结保选充管理本户事宜，以奉祀事。喜报高升。[④]

另外，有一些人事任命需要通过当地官府的批准，如礼生和各地林庙执事，这时亚圣裔世袭博士的人事之权则转变为国家行政权的一部分。虽然《三迁志》（清）载称：“孟庙礼生，博士于县民内自行选择，给札知会本县。”但并非仅孟府知会邹县那么简单，两则档案记录了礼生人事任命的行政过程：

移文

---

① 郑建芳主编：《孟府档案辑录 · 孟府职员请求再次录用呈文》，中国社会出版社 2013 年版，第 71 页。
② 郑建芳主编：《孟府档案辑录 · 孟府为厨夫出具的保证书》，中国社会出版社 2013 年版，第 72 页。
③ 可详见郑建芳主编：《孟府档案辑录 · 世袭翰林院五经博士谕单》，中国社会出版社 2013 年版，第 59 页。
④ 郑建芳主编：《孟府档案辑录 · 选充管理奉祀事喜报》，中国社会出版社 2013 年版，第 156 页。

亚圣裔世袭翰林院五经博士孟　为援案移请给发执照事：

恭照亚圣庙每届春秋丁祭与夫朔望之辰，向设有赞礼生以勷祀典，历由敝院秉公选充。今当乏人，兹选得本境土旺社黄家洼村王景魁，青年俊秀，礼仪娴熟，堪以充膺，拟合援案移请。

为此合移贵县，请烦查照文内事理，即希迅赐给发该赞礼生执照一张，准免其杂派差徭，俾得专供祀典。仍祈备文移送过院，以凭转发。幸勿迟滞，速望施行。须至移者。

右移

邹县正堂

光绪十九年十一月十四日移①

先是由世袭五经博士将春秋丁祭与朔望祭祀所需的礼生从邹县境内秉公选出，这已成为孟府的“行政惯例”，挑选完成后，由孟府移会邹县府衙发给执照。

移文

抚院营务处同知衔特用直隶州署理邹县为移送事：

准贵院移开，恭照亚圣庙每届春秋丁祭与夫朔望之辰，设有赞礼生以勷祀典，兹选得本境土旺社黄家洼村王景魁，落陵社姜村张福祥，均礼仪娴熟，堪膺赞礼之选，移会给照，等因准此。拟合将该生王景魁、张福祥执照备文移送，为此合移贵院，烦为查收，转发施行。

计移送执照二张

右移

应袭翰林院五经博士孟

光绪十九年十二月十九日移②

① 郑建芳主编：《孟府档案辑录·移请邹县正堂颁发赞礼生执照》，中国社会出版社2013年版，第26～27页。

② 郑建芳主编：《孟府档案辑录·移请颁发赞礼生执照移文》，中国社会出版社2013年版，第27～28页。

一个多月以后，邹县府衙准给执照并回文世袭五经博士备案，这才完成礼生任命的整个行政程序。所以礼生的任命权是掌握在邹县地方官吏手中的，亚圣裔世袭博士只有举荐的人事权力，这里的制度设计者，将“选人”与“任人”相分离，起到互相监督，防止选人不端、用人不察现象的发生。

不在邹县本地境内的林庙执事充选，除了需要亚圣裔世袭博士提请当地政府批准以外，还需具结保证：

移文

署曹州府单县为移复事：

案准贵博士孟　移取贵族孟继庠充派林庙执事，以便春秋丁祭襄理祀典，移取清白，各结到县，准此。敝县遵即差传饬取，去后旋处贵族人孟继庠等呈明邻族，各结处此，敝县复查无异，并加具印结，拟合备文移复，为此合移贵院。请烦查照施行。

计移送印甘结一连

右移

亚圣府孟

咸丰十年六月初六日

署曹州府单县今于与印结事：

依奉结据，邻族孔继汉等结称得孟继庠，现充派林庙执事，襄理祀典，寔系身清白，亦无抗粮违碍等敝，甘结是寔等情，据此敝县复查无异，合加印结是寔。

咸丰十年六月　日

知县多瑞

具甘结邻佑孔继汉、户族孟传臻今于与甘结事，依奉结得孟继庠，现充派林庙执事，襄理祀典。寔系身家清白，无抗粮违碍等敝，甘结是寔。

咸丰十年六月　日具

具亲供孟继序令于与亲供事，依奉供得身，现年三十岁，系本县城东南方永振保民籍，并非寄籍，身充林庙执事，襄理祀典，身寔系身家清白，并无违碍等敝，亲供是寔。

咸丰十年六月[①]

保证分为两部分，一部分是邻人和族人的甘结，另一部分是林庙执事的亲供，都需要证明其“身家清白”“无违碍等敝”，符合这些条件，当地官府复查通过，才会准许充当林庙执事从而协助孟府世袭博士管控当地族务。

（二）征收征用之权

亚圣裔世袭五经博士的征收征用之权指的是亚圣裔世袭博士对其管辖范围内的特定事务，有强制取得相对人或组织财产所有权或劳务的行政权力。

世袭五经博士征收征用的行政权力主要集中在亚圣府衙场域中，征收征用的主要相对人是庙户、佃户等户役，以及乐工、礼生等。上文中在笔者已经利用孟府档案中的“差催祭祀用羊猪事信票”一文，简单介绍了户头、户举所负为祭祀准备猪羊的责任，这即是亚圣裔世袭博士无偿取得相对人财产所有权的一个例子，其文称“如敢故违，除按旧定章程赔补斤称外，仍即究责不贷”[②]的措辞，显然是不容商量的强制性征收。

除了这些为满足祭祀所需而行使的征收权以外，最为重要的征收项目乃是收取佃户的租赋，亚圣裔世袭博士会在每年秋后将新收获的籽粒依照孟府定例征收，《三迁志》中记载：“额设亚圣府例：中地每亩征银一分三厘七毫五丝七忽，米一合六勺一抄九撮八圭二粟八颗。下地每亩征银五厘四毫六忽，米八勺一抄九撮八圭二粟九颗；孟氏例：中地每亩征银二分二厘一毫五丝六忽五微，米一合六勺三抄九撮八圭五粟八颗；下地每亩征银一分一厘五丝六忽五微，米八勺一抄九撮八圭二粟九颗。”[③]

① 郑建芳主编：《孟府档案辑录·单县准请充派林庙执事移文、单县正堂充派林庙执事》，中国社会出版社 2013 年版，第 20～22 页。

② 郑建芳主编：《孟府档案辑录·亚圣奉祀官调查四基山前开山辟石训令及附件》，中国社会出版社 2013 年版，第 134 页。

③（清）《三迁志》卷五，转载自朱松美、王志民著：《孟府文化研究》，中华书局 2013 年版，第 253 页。

虽然《三迁志》并未载"上地"收租多少，但笔者在孟府档案中确实发现有光绪八年八月上地征收租赋的记录册，名为《征收野店祀田官庄上地籽粒谷花名总册》[①]，可知孟府将土地按照优劣程度划分为上中下三个等级，不同等级的土地交租不同。每逢收租季节，亚圣裔世袭博士即会发出信票催收：

亚圣裔应袭翰林院五经博士孟　为差催事：

照得野店官庄祀田籽粒乃亚圣庙粢盛正供，兹值秋禾登场，例应征收，除出示晓谕开征日期外，合行差催。为此，仰役立即按照后开各户谷石，严催各该花户，将应完本年好粒谷石速备，干洁好谷依限完纳。倘敢延挨观望，即带该原差户头到案听比。去役毋迟，更不得借端滋扰，致干查究不贷。勿违，速速。须至票者。

计催：张户五石六斗、党户五石六斗；刘户五石六斗、田户五石六；邵户五石六斗、马户五石六斗

光绪二十二年八月初十日

差刘继福

院行，限　日缴销[②]

从票催的内容来看，对征收的相对人，征收的依据、内容、程序，违反的法律后果等都有严格的规定，相比现代行政法律关系中应当具有的主体、客体和内容都得到了体现，这说明亚圣裔世袭博士征收之权具有完整性。

亚圣裔世袭博士征收征用之权的行政法律客体既可以是上文中的实物，也可以是行为。这里的行为主要表现为应提供劳务活动，如差传礼生、执事生、乐工等参与祭祀演习与参与正式的祭祀活动，如图 3-1。

① 郑建芳主编：《孟府档案辑录·征收野店祀田官庄上地籽粒谷花名总册》，中国社会出版社 2013 年版，第 176 页。
② 郑建芳主编：《孟府档案辑录·差催野店祀田籽粒信票》，中国社会出版社 2013 年版，第 179 页。

图 3-1　孟府礼仰孟毓英为饬充执事生以勷亚圣庙祀曲事①

亚圣裔世袭翰林院五经博士加一级孟　为礼仪事：

恭照亚圣庙每届春秋丁祭，向□□执事生，以勷祀典，历由本院□公选充，久经遵办在案。查现当□事乏人，兹选得乐陵县族绅孟毓英，青年俊秀，礼仪娴熟，堪以充膺。合行札饬。为此札饬，为此札仰该执事生前赴庙庭演习礼仪，恭勷祭祀，勿□□误，致干未便。须至札者。

右札　　执事生孟毓英　准此

同治十年八月初一日

院行　　限　日缴销

这即是一差传执事生为孟府祭祀活动提供劳役的例子，除此之外，祭祀还需要乐工供役，据孟府档案记载，每年仲秋上丁孟府对孟子会进行“丁祭”，孟府即

① 此档案由个人收藏。

派遣差役催传所有乐工“务须各带笙、管、笛等各项细乐器……敬谨伺候”，并且“倘能不误乐章，尚拟酌予奖励。若有迟误草率之处，定加惩罚”①。

由是所见，世袭翰林博士的行政权征收征用之权的法律关系客体可以是实物亦可以是劳役等行为，行政征收征用权的法律关系客体具备多样性特征。

（三）许可之权

世袭翰林院五经博士的许可之权指的是亚圣裔世袭博士对相对人以颁发许可证、执照等形式，赋予其从事相应活动法律资格或实施某种行为法律权利的行政权力。

亚圣裔世袭博士作为国家官僚体系中的一员，在其管辖范围内具备对某些特定的活动的许可权，例如差派公务许可、续修谱牒许可等，以护票、札饬的形式加以颁发确认，如图 3-2。其文曰：

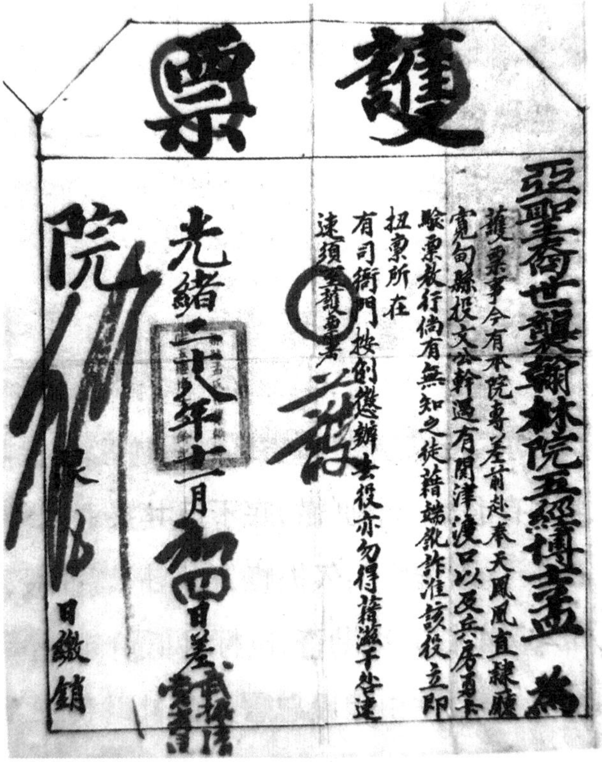

图 3-2　孟府差人赴天津、直隶投文公干护票

① 郑建芳主编：《孟府档案辑录·差传乐工带乐器到孟庙谕单》，中国社会出版社 2013 年版，第 144 页。

亚圣裔世袭翰林院五经博士孟　为护票事：

今有本院专差前赴奉天凤凰直隶厅宽甸县投文公干，遇有关津渡口以及兵房勇卡，验票放行。倘有无知之徒，借端讹诈，准该役立即扭禀所在有司衙门，按例承办。去役亦勿得借滋干咎。速速。须至护票者。

光绪二十八年十一月初四日

差：武振清、党光臣

院行，限　日缴销 ①

这份孟府护票，一是为了证明去役身份之用，许可通过关防的权利，二是许可去役在“无知之徒，借端讹诈”的情形下，可以拥有“立即扭禀所在有司衙门”的司法逮捕权力，这显然是世袭五经博士行使许可之权所具有官方强制力的表征。

此外，在清代未经许可而擅自以世袭五经博士的名义进行公务活动会受到相应追究。孔府档案中有因捏造孟府公文，敲诈钱财而被衍圣公追究的案例，居于法权位阶上层的衍圣公批文曰：“如果属实，殊属藐法已极，姑候札饬孟博士查明禀复，再行核夺。”②

在宗族场域内，亚圣裔世袭博士亦享有宗族事务的许可权，兹举孔府档案所载关涉“孟府饬阜宁人为准许准予纂绪谱牒事”札饬一例：

钦加三品顶戴世袭翰林院五经博士加二级纪录三次孟札为札饬晓谕事。阜宁族人知悉，兹据该族呈验支谱，恳请修绪前来，详查与本院共祖亚圣十三代嫡孙嘉公，既属一本，自应准与纂绪谱牒，以申敦睦之义，为查叙外，合行札知。为此札仰该族等，即便遵照，仰遵祖训，毋负国恩，是所厚望也夫凛之。此札。

大关庄善夫

瓦房庄琴高

对河滩尧农

北沙镇受亭

① 郑建芳主编：《孟府档案辑录·差人赴天津、直隶投文公干护票》，中国社会出版社 2013 年版，第 29 页。

② 曲阜师范学院历史系编辑：《曲阜孔府档案史料选编·第 3 编　清代档案史料·第 2 册　圣贤后裔》，齐鲁书社 1980 年版，第 111 页。

光绪十二年十月初八日

院[①]

在宗族场域中以朝廷官僚的身份行使行政权力，从一个侧面反映了孟氏宗族事务的经营与其他家族的不同性质。阜宁孟氏一族上呈亚圣裔世袭博士希望续修家谱，经过亚圣裔世袭博士的家谱勘验，认为与亚圣一族同属一脉，准与纂绪谱牒。亚圣裔世袭博士札饬许可续修家谱。毫无疑问，如果未能得到亚圣裔世袭博士准许，而擅自攀附亚圣后裔，这种乱宗、篡宗的行为，在中国古代宗法家族社会是绝对不容存在，并予以严厉打击的。

（四）确认之权

世袭翰林院五经博士的确认之权指的是对相对人的有关事实、权利义务关系等内容进行甄别确定、认可、证明的行政权力。

亚圣裔世袭博士的确认权主要在宗族场域中运用，主要用于确认是否为亚圣后裔，以享受朝廷确定的特殊优待。这种确认权有时配合地方官府而行使，成为国家行政权的一部分，孟府档案中即有这种公文：

代理河南开封府新郑县为备文牒查事：

案据敝县师固保屯孙庄孟府执事生孟继安、孟广富呈称，绿生等具系山东孟府一业近支，蒙历代鸿恩准免一切差徭，各有谕单札饬为凭，不意该地保王得印竟违札，妄派支办差徭，于本月初十日伊率同差役邵有等四人执票传唤，生等情甘赴案；乃伊等又指公索诈勒要发却礼钱二串，正生等一时无钱，伊等又生奸栽赃，竟将钩票掷地，怒辱而去。生即将钩票十起，于十一日赴案送票，伊等在街将生臭辱不堪，并敢押班中，不容动移，被学署门斗将生保出。为此公恳，鉴夺以送钩票而遵定章，均感不已，上叩等情到县处，此查敝县并无奉到。

贵府优免定章，无从悬揣，况敝县十省通衢，差使浩繁，甲于豫省民间，照例支差，均无抗违。今孟继安等即使贵府后裔，不过照例免支杂差，

① 曲阜师范学院历史系编辑：《曲阜孔府档案史料选编·第3编　清代档案史料·第2册　圣贤后裔》，齐鲁书社1980年版，第116页。

而车马系照丁地钱粮摊派。有地即有粮，有粮即有差，通省皆然，非敝县一处也。现在孟继安等渐将置买房产，抗不税契，竟以此为利薮，特符硬抗，致阖邑差使相率效尤。拟合备文牒查，为此合牒贵府，请烦查照，希即查明孟继安等是否本支？应否优免？差徭如何定章？详细赐示，以便饬遵而免观望，望速施行。须至牒者。

右牒

亚圣裔世袭翰林院五经博士加二级孟

光绪十一年十二月二十日牒[①]

从牒文来看，远在河南的新郑县府衙因为讼案需要，请求孟府查明孟继安、孟广富两人是否是亚圣嫡裔，并询问孟府是否可以优免，应当如何免除他们的徭役等问题。这里的孟府拥有了行政确认的权力，而且从整个牒文行文及言辞来分析，"贵府""赐示""饬遵"等词汇的使用，明显展现出当地官府对亚圣裔世袭博士行政确认权的承认与尊重。

除了上述地方政府与亚圣裔世袭博士之间关于确认权行使的往来之外，对孟府有着不小影响的孔府也在确认权行使中起到一定作用：

世袭翰林院五经博士孟　为遵饬详核申覆事。案蒙钧札内开，以寄居直隶开州之职族流寓族人孟广川呈恳咨会转饬免差一案，饬即查明孟广川是否贤裔，果否修有谱牒，有无弊混，据实详覆，以凭核办。等因。蒙此，遵查孟广川于道光三年来邹呈恳优免差徭，经职查明，实系职族流寓宗支，当经移会开州，援例优免。继因该本籍牌民以躲差指扳控，经委审拟以果无冒滥，减免杂泛差徭之半，详奉批饬移查，嗣准开州抄粘原详，看语移查，有无冒滥前来，复经职以孟广川实系流寓宗支，并无冒滥情弊，切实移覆在案。此历办之原委也。

兹奉前因，查孟广川实系职族流寓宗支，是以前经据呈移会该原籍援例优免。惟是直省为畿辅重地，差繁甲于天下，流寓族人虽世次井然，究与东省世列儒籍者有间。既经上控委审有司拟定详明减差一半，足征直省有司于以差代赋之区曲加体恤贤裔，洵足以示区别而昭公允。若泥于东省

① 郑建芳主编：《孟府档案辑录·新郑县查明孟府支派免差徭牒文》，中国社会出版社2013年版，第26页。

成案，遽议全免，窃恐与直省原审详案不符，有司得以借口窒碍难行，牌民扳控不休，转非所以仰休邻省上宪体恤贤裔之初心也。所有遵饬详查拟议按照该原籍有司详定减差一半之处，理合据实申覆。再孟广川之本支流寓支谱，前已按系纂修，尚未具领回籍，合并声明。为此，备由具申。伏乞大宗主鉴核示遵。须至申者。

右申

袭封衍圣公府

道光五年四月十三日申[①]

文中说“饬即查明”，可见衍圣公有权直接要求世袭五经博士，行使确认权查明孟广川是否属于亚圣后裔，有无族谱为证，是否有假冒混杂的弊病，经过亚圣裔世袭博士查明认为其确属宗支，应该按例享受优免，但与地方官府再三公文来往，最终世袭博士认为直隶与山东情况不同，应该因地制宜适用当地政策，所以世袭博士将最终确定的优免政策上呈衍圣公知晓。

孟氏族裔未经亚圣裔世袭博士确认是否是亚圣后裔，却假冒圣裔享受优免的，会受到惩处，孔府档案就对属于圣贤后裔但却试图违规优免的当事人进行了训斥：

袭封衍圣公府批

查复州抽收粮谷斗税，系属办理练饷之用，早经盛京军督部堂奏明有案，今该后裔妄生觊觎，希图优免，本属不安本分……姑候札饬孟博士查明禀复，再行核夺。[②]

显然，比这更加严重的冒充圣裔，骗取优免将会受到更加严厉的惩罚。

除了上述在宗族场域内对是否属圣裔进行确认以外，因清廷有规定需要对圣裔所属庙户进行定期编审，以防止庙户窜入民籍，祀典有缺，以及“力清户

---

① 曲阜师范学院历史系编辑：《曲阜孔府档案史料选编·第3编　清代档案史料·第2册　圣贤后裔》，齐鲁书社1980年版，第88～89页。

② 曲阜师范学院历史系编辑：《曲阜孔府档案史料选编·第3编　清代档案史料·第2册　圣贤后裔》，齐鲁书社1980年版，第110～111页。

籍免致宦霸事”[1]，避免官宦违规霸占丁户，威胁朝廷统治秩序。孟府档案中即有一则衍圣公致亚圣裔世袭博士关于庙户编审的札付：

> 袭封衍圣公府为编审在即，公恳移咨厘清庙户以全祀典事：
>
> ……经筵讲官户部侍郎署理山东巡抚印务加一级塞　咨前事，咨开据布政司……五经博士颜士埙、曾尚溶、孟衍泰、仲蕴锦、东野兴辉等呈前事，呈称切……大清会典昭然可据，历来庙户永为庙丁，从未混入民籍，每逢编审，各州县……皇上莫不遵例查除，兹又值编审之期，诚恐庙户见丁归地亩，希图窜入民……皇上崇儒重道之盛意矣。伏乞大宗主移咨抚宪、藩宪檄行滋阳、曲阜、宁阳……则恩例得绵，祀典获全矣。等情到府，据此拟合移咨贵院，烦请查照，即赐……理即便查照毋违，等因到司，蒙此随行兖州府、济宁州转饬确查，详报去……从亲诣庄村，逐户查审，凡属庙户概不入册至于里书，亦无枝杜蒙混情……据此，拟合申报，各等情到司。据此，该布政司张　查得，编审在即，兖州府申据滋阳、曲阜、宁阳、邹县、泗水县、滕县、鱼台汶上，各申称几属庙户概不入册至里……又申据嘉祥、郓城二县，各申称并无庙户混入民户里书，亦无枝杜蒙混情弊，各等情。前请查照施行，等因到府，准此，合用札付知会该翰博，遵照存案。须至札付。
>
> 雍正五年三月十五日
>
> 札付[2]

从这篇札付所载信息来看，编审制度的启用有其历史背景上的原因，雍正元年（1723年）将丁银并入田赋征收的“摊丁入亩”国策开始推行，农民的税务负担相比之前有所下降，但对于衍圣公、世袭五经博士所属的庙户而言，这种利好国策于他们并没有太大关系，庙户们本身就不需要承担朝廷赋役，但却需要承担庙役。正如上文所说，这种庙役在后期逐渐演变成为一种“愿输帮贴，雇人供役”的模式，实质上还是在收取庙户们的“人头费”“丁银”，

---

① 曲阜师范学院历史系编辑：《曲阜孔府档案史料选编·第3编　清代档案史料·第2册　圣贤后裔》，齐鲁书社1980年版，第129页。

② 宫晓卫等主编：《孟府档案全编》第1册，齐鲁书社2014年版，第6页。

没有民籍的庙户们负担相比普通民众反而要更重一些，此时的庙户身份价值显著降低，圣裔们明显担心庙户逃脱，进入民籍，影响自身利益，所以全力配合编审。

庙户编审的确认权表面上掌握在县一级官府手中，实际上世袭五经博士起请衍圣公将编审施用到山东多个县，目的就是将自己认为是归入民籍的庙户，重新编入庙户籍贯，孔府档案中记录的庙户求脱孟庙户籍与孟翰博结讼案有这样的话:“于昨编审时，各将于弟具呈入册。业蒙准发，不意孟翰博屡次移文天台，定欲霸返。”[①] 这既是因为亚圣裔世袭博士权力在此方面具有话语权，又是因为各个庙户户籍的历史资料完全由亚圣裔世袭博士所掌握，地方政府只能根据亚圣裔世袭博士所提供的历史资料进行确认，所以在现实操作中，亚圣裔世袭博士始终掌握着关于庙户户籍认定的实际权力。

（五）收费之权

世袭五经博士的收费之权指的是世袭五经博士为了满足特定的支出，向相对人收取相关费用的行政权力。

亚圣裔世袭博士收费权的行使多种多样，名目繁多，笔者在上文中已经提到了庙户可以选择不出徭役，通过向孟府缴纳“帮贴”的形式，请人代为差徭，这种收取“帮贴”钱就是孟府收费权的一种行使。除此之外，在宗族场域之中也有许多繁杂的收费项目，包括丁银、祭费、谱费，以甚至于包括修谱的材料费等，上文中笔者也提及了户头、户举所负有丁银收缴的义务，孟府档案中有关于各种宗族费用收缴的谕单、谕文：

> 翰林院孟　谕：
>
> 濮州族绅孟继闵等知悉，照得本宗府祭费，前经该族情愿具限缴清，亲出限状，禀恳在案。今专差催缴，仰该族绅如数清缴，专差带回销案，倘再行推故延挨，准专差赴州投文官追，决不宽贷。切切。此谕。
>
> 官项：
>
> 邹平足色银三十八两

① 曲阜师范学院历史系编辑：《曲阜孔府档案史料选编·第3编　清代档案史料·第2册　圣贤后裔》，齐鲁书社1980年版，第129页。

帮差四两
川费十千
专差：张广才、张兴湖
限十日内销票
光绪十九年十一月廿六日
院行[①]

在此谕文后，开列“官项”，包含祭费、帮差钱、川费等多项费用。“官项”在清代指的是官府钱款，《红楼梦》一〇八回中有“那二舅太爷也是个小气的，又是官项不清，也是打饥荒”[②]的对话。这里的“官项不清”即为“公款账目不清”的意思，《双节堂庸训》中亦有“官项不宜借”的家训，学者将“官项”注解为“官府的钱款”[③]。所以，孟府谕单中的祭费、川费等的性质便彰明较著了，应属官方费用无疑，这也更加凸显出亚圣裔世袭博士收费权的国家行政属性。

在重修、刊印家谱时，亚圣裔世袭博士还会收取谱费等费用，孟府档案所收两则记录：

为催提事：

案据流寓安邱县族人孟传真、孟继祖、孟继百、孟继贵禀称，孟毓祥等经未缴法拿该县，此合行善催。为此仰役，即将后开孟毓祥等所欠谱费即行缴清。如敢抗违，即行传案，迅办不贷。去役勿得借兹干咎。速速。须至票者。

计开：孟毓祥[④]

直隶天津县南仓支族绅举人孟毓淇、孟毓泰、孟继坤、孟继壛等知悉：

照得谱馆禀称，南仓支迄今并未呈册，而馆中各工匠碍难株守。且向来旧规，凡请修流寓谱牒之族，必须承办族绅亲行来邹面呈人丁清册，核

① 郑建芳主编：《孟府档案辑录 · 差催族绅缴清祭费谕单》，中国社会出版社 2013 年版，第 135 页。
② （清）曹雪芹撰、高鹗续：《红楼梦》第一〇八回，清乾隆五十六年萃文书屋活字印本。
③ （清）汪辉祖著、王宗志等注释：《双节堂庸训》，天津古籍出版社 1995 年版，第 98 页。
④ 郑建芳主编：《孟府档案辑录 · 催交欠谱费谕文》，中国社会出版社 2013 年版，第 114 页。

计工料，出具异姓亲邻保结；修竣，当堂领谱，以昭核实而防假冒等情。到院，据此合行谕饬。为此谕，仰孟毓淇等迅速开齐合族人丁清册并纸版、工料、经费，限于九月日务行亲赍到邹，来院面呈。切不可在外受人蒙混，致干查究不贷。勿违，速速。特谕。八月。[①]

从亚圣裔世袭博士派遣差役去往邹县以外的山东其他地区（安邱县）甚至于天津地区催缴所欠谱费等费用来看，亚圣裔世袭博士的收费之权并不只限于本地区，通过宗族血缘关系的构建，可以延伸至全国各地。同时，“即行传案，迅办不贷”，“致干查究不贷”的文辞也意味着，如果行政相对人不能按期缴费，就会追究其相应的法律责任，包含的权力意味深长，这与现代意义上收费权的行政权力属性颇为相似。

第二节　亚圣裔世袭翰林院五经博士的司法权

一、司法权的概念

何为司法权？本节所采用的司法权概念是什么？现代社会所使用的相当多社会科学词汇是基于现代语境下的实况所构造出来的概念，有其适用的历史背景条件，不能随意套用，这也是近些年来法律史学研究所总结出来的重要经验。不过，基于历史文化的延续性，人类的不同历史发展阶段并非相互隔离、断绝而存在，具体到司法权、司法现象而言，或许未来的人类社会诸如此类将不复存在，但可以肯定的是，当下的司法现象与明清或者更加久远年代的司法现象并非泾渭分明，两不相合，正如瞿同祖先生所指出的那样：“用现代的眼光来看，他（清代州县官）的职责包括法官、检察官、警长、验尸官的职责。这包括了

---

① 郑建芳主编：《孟府档案辑录·来邹面呈工料、经费谕单》，中国社会出版社 2013 年版，第 114 页。

最广义上的与司法相关的一切事务。”①这正暗合现代美国法人类学家霍贝尔的那句话：“不论各种法律制度的内容和其独特的原动力如何，它必定有某些相同的因素。”②一般意义上的现代司法权概念所指的现象，不仅当下存在过，而且中国古代也确实曾经存在过。

不同理论成果对司法权的认识并不一致，法学界有的将刑事司法过程中对侦查、起诉、审判、执行的理解定义为司法权。将司法权不仅仅限定在审判权上，从而形成了“大司法权理论”③。随着中国市场经济的发展，社会急遽转型，“大司法权理论”遭遇到了质问，越来越多的非国家机构如社会组织等，开始承担司法职能，参与司法案件的处理，如此一来他们所享有的权力能否为司法权，就应该取决于“大司法权理论”是以机构本身还是机构的职能来定义司法权。果然后来转型的“大司法权理论”仅包括了侦讯权、检察权和审判权，将“社会司法组织”乃至于执行监狱管理职权的司法组织也排除出在司法权之外。

同样的问题也出现在法律史研究之中，不过，与法理学、宪法学所面临的这种经济社会转型发展而带来的概念上的不相适应不同，这种变化来自法律史学科研究范围的扩大和研究对象的日渐丰富。学者研究的视野不再局限于国家法制之内，诸如刑名幕友、家族宗族、村社组织等也成为研究对象，那么对于这些机构和个体而言，围绕他们所产生的司法程序中所使用的权力是否应该纳入司法权的概念范畴呢？这是值得思考的问题。

虽然现代中国的国家政法文件以宪法对国家权力划分为标准，将司法权定义为“审判权”“检察权”两权，但随着西方法学理论在中国的风行一时，现代司法权理论更多的试图以美国式的司法制度为彼岸世界，将司法权概念的外延不断缩小，极力推崇将“裁判权”等同于“司法权”。正如学者指出的那样，现实世界的司法机构的建构不一定以各家学理上抽象的“司法权”定义为标准，世界上不存在一个“在那里”的客观存在、超历史的本质主义的“司法权”，“司法权”一词在分权制衡语境与案件诉讼语境中的含义之差距是不言自明的，虽然不能说它们之间毫无关联，但当我们在不同语境提及时，明显知晓这是在谈论两件事。

如此一来，立足于特定的历史条件，避免“以今非古”，又要不至于使得界

---

① 瞿同祖：《清代地方政府》，范忠信等译，法律出版社 2003 年版，第 193 页。

② ［美］霍贝尔：《原始人的法》，法律出版社 2005 年版，第 8 页。

③ 张千帆主编：《宪法学　第 2 版》，法律出版社 2008 年版，第 374 页。

定的概念超越当下学者们所认可的范围，防止与之对话而产生隔阂，笔者将本书所采用的司法权界定为：司法权是人类社会用之于解决矛盾纠纷，维护社会秩序的裁决权，以及与之相关的各种权力。[①]

之所以将裁判权置于司法权的中心地位，是因为：其一，现代社会科学中“司法权”概念的历史起点就是裁判权，没有纠纷案件裁判现象的发生，没有在纠纷案件中裁判权力的行使，也就不会有“司法”和“司法权”概念的产生；其二，司法权所指向的权力现象，都是围绕裁判权而发生的，例如侦查缉捕之权、监督审判之权、处罚实施之权等，无一例外是裁判权的衍生之权，无一例外是以裁判权作为其权力运作的起点或终点。但司法权又不仅仅等同于裁判权，司法权与裁判权的混为一谈本身就不符合“司法权”在历史上运用的事实，与裁判权相联系的各种权力都应归属于司法权，这样既不会将司法权与裁判权简单混淆，又能兼顾对裁判权所衍生出来的其他权力现象的概括和总结。如依此定义，法律史学者所分析的刑名幕友、家族宗族、村社组织等主体所作出的裁判或者围绕裁判所发生的各种权力现象便名副其实，本书分析亚圣裔世袭五经博士的司法权力现象，从此定义。

二、亚圣裔世袭翰林院五经博士司法权的内容

上文中笔者已经分析了司法权的概念，居于司法权中心位置的裁判权自然应属于亚圣裔世袭博士司法权重要的内容，除此之外，裁判权所衍生出来的侦查缉捕之权、处罚实施之权等都属于司法权的内容。通过孟府档案中的官府公文来往可以看出，虽然置身于朝廷、地方政府、衍圣公纷繁复杂的权力网络之中，这些司法权的相关内容同样也出现在亚圣裔世袭博士身上，亚圣裔世袭博士的司法权力具有自身的特点并带有明显地受到多种权力制约的痕迹。

（一）缉捕权

亚圣裔世袭博士的缉捕权指的是世袭博士为了顺利调查司法案件或者使犯

① 参考吴春雷：《中国司法权的建构》，兰州大学出版社 2004 年版，第 5 页。

法者伏法等情况而采取的强制限制人身自由的权力。

亚圣裔世袭博士的缉捕权可以是因自己调查案件或惩处案犯而使用也可以是为了配合基层官府而行使，基层官府多以移文的形式请求亚圣裔世袭博士协助缉捕，如：

> 兖州府滕县为恶户藐法抗不供役事：
>
> 准世袭翰林院五经博士加二级孟　移文前事，移开饬令知见原……连以法惩治该户役田国顺，交付去役，关发过院以况佥……贵役勒限缉拿去后，续据相山同贵役仝供：小的同……的实难缉拿，只求回文，那里拿他就是恩典了，等□据……贵院请烦查照移文内事理，希将田国顺就近差拿……
>
> 右移
>
> 世袭翰林院五经博士加二级孟
>
> 乾隆四年九月十九
>
> 前事　　移押[①]

这是一则残缺不全的公文档案，虽然案件情况不能完全知晓，但从信息完整的部分可以看出，滕县所要纠察的违法户役，应该属于滕县官府不便缉拿的，所以请求亚圣裔世袭博士将其就近差拿。

所谓“州县应办事宜，听断、缉捕催科三者实居其大”[②]，为何作为地方司法机构的滕县官府无法缉拿藐法户役，笔者分析，可能的原因有二：一是户役可能为邹县户籍，滕县无权差拿，“无论隔属、隔省，均不准擅自拘拿也”[③]；但如果是这样，滕县就应该移文邹县请求缉拿，却移文亚圣裔世袭博士，这就说明成立的原因只有第二点，即该户役属于亚圣裔世袭博士的管辖权限范围，即便是邹县官府也无权插手，滕县既不能自己缉捕，也不能移文邹县请求缉捕，只能向亚圣裔世袭博士移文请求其行使缉捕权，以配合滕县调查案件。如此看来，亚圣裔世袭博士不仅有缉拿之司法权，而且这种缉拿之权也与其管辖范围息息相关，与各地方官府形成权力配合。

---

① 郑建芳主编：《孟府档案辑录 · 滕县移请孟府差拿户役移文》，中国社会出版社 2013 年版，第 18 页。

②（清）丁宝桢：《丁文诚公奏稿》卷七（清光绪十九年刻本）。

③（清）薛允升：《读例存疑》卷十（清光绪北京琉璃厂翰茂斋刻本）。

亚圣裔世袭博士的缉捕权与地方官府的缉捕之权一个明显的区别在于，地方官府的缉捕权在其辖区内是普遍适用的，而亚圣裔世袭博士的缉捕权因其官职具有宗法血缘关系的特殊性质，所管辖的范围是与亚圣裔世袭博士有较强人身依附关系的群体，例如族裔、府役、佃户等，其中所要治理的最为重要的群体即是亚圣裔孟氏宗族，也是其司法权惯常施用的领域，孟府档案中有关缉捕族裔的案件颇多。

笔者通过研究孟府档案发现，亚圣裔世袭博士追究当事人责任，行使其缉捕之权，并不是恣意妄为，随意缉拿，而是具有固定的程序和司法文书。就本案而言，孟府发出的司法文书将送案机构、传究孟广成的案由、所犯何种规定详细说明，并称“例应传究”，还将当事人所应当承担的法律责任告知清楚，且为了避免差役借机讹诈、勒索，而限制即日缴销，从形式到内容与州县衙门的拘票并无不同，展现出来的完全是一副依程序办事的司法运作形态，亚圣裔世袭博士司法权力运行的制度化与规范性可见一斑。

（二）诉权

亚圣裔世袭博士的诉权指的是其以世袭五经博士的名义向地方司法机构提起诉讼追究违法行为的权力。亚圣裔世袭博士作为国家官僚队伍中的一员，以本府官僚的名义向地方州县衙门提起诉讼，类似于今天的公诉制度。当然，亚圣裔世袭博士也并非是专门的诉讼机构，而且亚圣裔世袭博士的起诉所要代表的利益，并不是现代意义上的公共利益或者普遍的私人利益，其所代表的是世袭五经博士管辖范围内的利益，这种与现代公诉制度的相似只是形式上的，并非实质上的。

在孟府档案中有涉及亚圣裔世袭博士的诉权的案件：

亚圣裔世袭翰林院五经博士加一级孟　为据情移会事：

案据流寓贵治城东几十里大李家庄之敝院族人、亚圣庙执事孟传龄禀称，窃生向在家中耕读为业，本村素有恶棍陈有文、阚相桂、李兴业等不安本分，突于去年十月间暗为引线，指引光棍抢劫生家钱财、衣物，复行勒诈。伊又明地说合，勒生大钱四十千方为赎回；又于今年正月二十日夜间，忽来光棍多人，撞门入室，又系陈有文明执火把，为贼引导，生复受伤数处，抢去衣服并执照一张，当于夜间报明。本讯司厅蒙将陈有文立时拿获，转呈本县县主。现蒙当讯，严押在案。伏思生叠次被抢，复将执照抢去，不得不禀明宗宪，据情移会江苏铜山县县主照例严惩，追回执照、衣物，以儆效尤，而安善良，上叩等情到院，据情移会，为此合移贵县，请烦查照施行。须至移者。

右移

江苏徐州府铜山县正堂

光绪元年二月　日[①]

先由案件当事人也就是公文中的孟传龄，将案件案情的前因后果详述清楚，禀明“宗宪”，再由亚圣裔世袭博士将案情转呈告当地官府，正如笔者上文所分析的那样，其提请诉讼所代表的是管辖范围内的权益，在本案中即是“敝院族人、亚圣庙执事”的权益，而亚圣裔世袭博士移文的对象是远在江苏徐州铜山县正堂，可见其诉权并不仅限于邹县、兖州府或者山东省，而是可以隔省移文追究相关案件当事人的法律责任。如果说因为公文中所载“现蒙当讯，严押在案”等辞说明案件已经接近听断阶段，亚圣裔世袭博士的诉权意味并不明显的话，孟府档案中所载另一则公文则更具诉权特征：

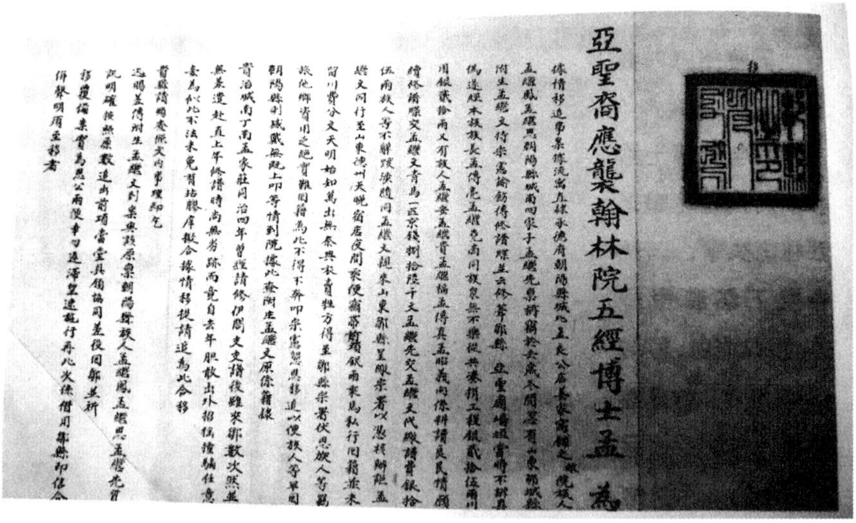
亞聖裔應襲翰林院五經博士孟　為

图 3-4　亚圣裔应袭翰林院五经博士致郓城县正堂移文

① 郑建芳主编：《孟府档案辑录 · 孟府移请铜山县正堂惩处恶棍》，中国社会出版社 2013 年版，第 23 ～ 24 页。

亚圣裔应袭翰林院五经博士孟　为据情移追事：

案据流寓直隶承德府朝阳县城北，孟良公店、姜家窝铺之敝院族人孟继凤、孟继思，朝阳县城南四家子孟继先禀称，窃于去岁冬间，忽有山东郓城县附生孟继文，持宗宪谕饬传修谱牒，并云修葺邹县亚圣庙墙垣。当时不辨真伪，遂经本族族长孟传亮、孟继尧商同族众，无不乐从，共凑捐工程银二十五两，川用银二十两。又有族人孟继安、孟继贵、孟继福、孟传真、孟昭义，向系耕读良民，情愿续修谱牒，交孟继文青马一匹，京钱八十六千文，孟继先代缴谱牒费银十五两。族人等不辞跋涉，随同孟继文亲来山东邹县，呈缴宗属，以凭核办。讵孟继文同行至山东德州，天晚宿店，夜间乘便窃带前项银两，乘马私行回籍，并未留川费分文，天明始知。万出无奈，典衣卖牲，方得至邹县宗署。伏恩族人等羁旅他乡，资用乏绝，实难回籍，为此，不得不奔扣宗宪，肯恩移追，以便族人等早回朝阳县，则感戴无既。

上叩等情到院。据此查附生孟继文，原系籍隶贵治城南丁南孟家庄，同治四年曾经请修伊阁支支谱，后虽来邹数次，然并无差遣赴直。上年修谱时，尚无劣迹，而竟自去年胆敢外出招摇撞骗，任意妄为。似此不法，未免有玷胶庠，拟合据移提请追，为此合移贵县请烦查照文内事理，即乞迅赐差传附生孟继文到案，与该原禀朝阳县族人孟继凤、孟继思、孟继先，质讯明确，按照原数追出前项，当堂具领，协同差役回邹，并祈移复备案，实为恩公两便。幸勿迟滞，望速施行。再此次系借用邹县印信，合并声明。须至移者。

右移

曹州府郓城县正堂

同治十年四月初七日

借印[①]

从该则公文的内容可以看出案件中的朝阳县孟氏族人孟继凤等人，因被郓城县附生孟继文欺诈，误以为孟府要重修谱牒、宗庙，继而号召本支派族人凑

---

① 宫晓卫等主编：《孟府档案全编》第1册，齐鲁书社2014年版，第12页。

捐工程用银二十五两，川用银二十两以及谱牒费等各项费用不等，但朝阳县族人在随孟继文前往邹县的路途中，孟继文却盗窃上述银两偷偷返回郓城县，无奈之下向孟府状告孟继文的不法行为，请求追回钱款。随后，孟府即移文郓城县正堂，要求郓城县“差传”“质询”，追回款项与差役一同回邹县，并移文回复孟府备案。

就这则公文展现出来的形式而言，与其他公文往来相比有几点不同，一是惯常孟府与地方官府来往公文题头都会写“亚圣裔世袭翰林院五经博士孟”，而本文则称自己是“亚圣裔应袭翰林院五经博士”，这并不是写错或者可以混用的情况，笔者在孟府其他档案文书中也曾发现有“应袭”之称，需要指出的是，这里的“应袭五经博士”指的是现任世袭五经博士的嫡长子，而非亚圣裔世袭博士本人。此外，“借用邹县印信，合并声明”的情况也比较少见，应该是为了增加案件分量而增添的策略性做法。

亚圣裔世袭博士在这里所用的诉权，被其称之为“移提请追”，与上则讼案相同，亚圣裔世袭博士所要保护的是本族人的权益，程序上也是先经过族人报告案情，再由其将案情移交给当地官府，特殊之处在于本案双方当事人都是孟氏族裔，不仅亚圣裔世袭博士提请要在当地官府受到追究，还要“协同差役回邹”，似要接受家法族规的惩处。

（三）侦讯权

亚圣裔世袭博士的侦讯权指的是亚圣裔世袭博士对司法案件侦缉查讯的权力。笔者在上文中提到了户头、户举履行案件调查的职能，这是族内侦缉查讯的一般情况与其他宗族司法现象并无本质区别。除此之外，最能突出亚圣裔世袭博士司法权力影响力的，显著区别于普通家族的，是其可以通过公文的形式要求地方官府代为侦查，如《孟府档案辑录》所载：

曹州府郓城县为移复事：

案准贵院移开，以敝族孟继圣具禀李宗武等扣留祭羊等情，嘱即传案讯究等因，准此。随即差传去后。兹据文童孟继圣呈称，切有大礼生李龙威所喂祭羊四只，因受黄水无处喂养，光绪二年十二月间，李龙威系童契友，将羊交童代为喂养，因脱绳跑出，被小丁官屯李二大肚等将羊赶去剥食。前天瑞大老爷案下经童呈禀在案，蒙票差拘，未经堂讯。及仁天荣、任业经、邻亲文生王体伦、王晓山等调处归结，将羊归还，具息了案。今已相隔二年，不意适有邹县之童，宗主五经博士之弟孟昭钤现已来郓，闻知此事，偷使童名借端移文行县，混禀李宗武等剥蚀羊只在案，讵蒙票传，似此事已了结，今复借端混控。童系一字不知，童系懦弱，不忍坐视讹诈良民，均受拖累。

为此据实陈明，乞恩鉴察批示，以免拖累，上叩等情呈明前来到县，据此敝县查讯无异，拟合备文移复，为此合移贵院，烦为查照，办理施行。须至移者。

右移

世袭翰林院五经博士孟

光绪五年十月廿三日移[①]

由此公文可知，亚圣裔世袭博士移文郓城县试图查明“李宗武等扣留祭羊”的案情，郓城县官府按照其“嘱即传案讯究”的要求，将讯问的结果，案件的前后因果详细移复。可见亚圣裔世袭博士侦讯权在施用广度上不仅局限在邹县地方官府，还延伸到山东乃至全国其他省份，同时在权力高度上，不仅自身有综合的司法权能，还能够介入地方司法程序要求其他司法主体按照自己的意愿进行司法活动，不得不说是古代中国宗族、官僚、司法制度中的独特现象。

（四）裁判权

在中国古代传统宗族世界中，宗族机构在相当长一段时间内具有处置司法案件的权力，《四川罗氏族谱》就有规定：“族内忤逆乱伦，凶横无忌之人，需鸣告族长，祠堂审理。”[②] 作为圣裔代表的孔氏家族在修订族谱之时，乾隆帝曾这样对其评说道：“族长举事，管理众人，不得恃强凌弱，若有不守家法者，必当严惩，司法惩处。”[③]

处置司法案件的核心就是裁判，司法权的核心就是裁判权。对于世袭五经博士而言，裁判权就是对诉讼案件作出具有拘束力的判决、裁定之权力。孟府档案中虽不见司法案件处置结果的记录，但从所存状纸数量来看，亚圣裔世袭

---

① 郑建芳主编：《孟府档案辑录·郓城县移请孟府查办扣留祭羊》，中国社会出版社 2013 年版，第 24 ～ 25 页。

②《四川罗氏族谱》，转载自原美林：《中国传统家族司法研究》，湘潭大学博士学位论文，2012 年，第 70 页。

③ 原美林：《中国传统家族司法研究》，湘潭大学博士学位论文，2012 年，第 68 页。

博士所处置的司法案件不在少数，这就说明亚圣裔世袭博士的裁判权确实存在，兹举两例：

挈役张景成年七十岁，叩禀大老爷存案事：

切有山头村孟继彬不遵宗规，前数年来屡次犯林，皆被家长老爷究责矣，不料至今仍然不改。昨日又使伊侄孟留，上树盗伐柏枝一捆，被身遇见，拦挡不住，即将柏枝拾起。伊惧禀，下树硬将身催倒，强夺栢枝不得，遂将身手面咬破，现骨流血，心神不安。幸得吴法兴赶到救护，放身同去禀明家长老爷，立即严惩矣。虽然如此，身伤不好，饭不能用，为此叩禀大老爷存案，嗣后做主，身合家均感德于无既矣。

上叩大老爷案下，恩准施行。

光绪二十二年二月①

当事人挈役张景成与山头村的孟继彬，因盗伐柏枝产生冲突，孟继彬遂对张景成实施人身伤害行为，造成张景成“手面咬破，现骨流血”的危害后果，张景成将案情“叩禀”亚圣裔世袭博士，请求其严惩孟继彬。显然，张景成与孟继彬是同属于亚圣裔世袭博士管辖范围之内的人，作为“大老爷”的亚圣裔世袭博士可以为其做主，起到居中裁决的作用，行使裁判权。

更有意思的是有相当一部分案件已经进入了当地官府的司法程序，可当事人仍试图将案件提交到孟府请求“恩准施行”，如孟府档案载“邻人霸持公坑使土案”的两则禀文其一：

具禀族人孟毓祥，住新泰县城北，距城二十里南士保褚马庄，为被串谋欺殴辱圣裔事：

窃邻人曹志诚、石敬合、田松龄、商文礼、王仟国以霸持公岁使土一案，查究坑原系各家公使土，曹志诚等因族绅推土六百车，伊等竟自派出京钱十八千文以备官差使用，当禀明县天。甚蒙优待，批交约正理处，而不料约正刘盛云胆敢贪图曹志诚等京钱十千。理处不公，族绅与其理论。刘盛

① 郑建芳主编：《孟府档案辑录·查办屡犯林规盗伐枝柏》，中国社会出版社2013年版，第28页。

云率众将身殴辱不堪，赴县喊冤，竟被书役陈介等拦阻。身被深冤，无处申理，合行禀明。上叩宗宪大人案下施行。

咸丰五年十月廿五日[①]

其二：

具禀族人孟毓祥，住泰安府新泰县城北二十里南士保褚马庄，为差役诈贼欺辱圣裔事：

窃因族绅之邻人曹志诚、石景合、田松龄、商文礼、王仟国以霸持公坑使土一案，查此坑原系各家公相使土，曹志诚等言族绅推土六百车，伊等竟自硬派出京钱十八千，以备公差使用，当禀明县天，甚蒙优待，批交约正理处。而不料约正刘盛云胆敢贪图曹志诚等京钱十千，理处不公，族绅与其理论，刘盛云率众将族绅殴辱不堪，即赴县喊冤，竟被书役陈介等拦阻，绅被深冤，无处申理，当即禀明。宗宪大人案下移送，县主讯断在案，不料于本年十月二十九日，同族之后族经皂役徐淑朋、刘文魁硬将拉扯到新泰城内用木笼困入班房，不与饮食，向族绅要索诈京钱一百千。当时未敢允从，后竟至吊打数次，且饥饿难忍，实迫于无奈，只好赎命。诧亲友李化普与皂役徐淑朋、刘文魁立迫变产，讹诈去京钱九十千，始得回家。族绅天冤屈无处申理。

匍匐宗府，恳求备文移交泰安府宪案下，提案讯究，庶民得安，实出天恩无既，上叩宗宪大人案下恩准施行。

咸丰五年十月廿五日[②]

上面两则档案是围绕同一个案件发生的，当事人孟毓祥已经将案件上告给了当地官府，进入了司法程序，但其认为其“身被深冤，无处申理”，所以请求邹县的“宗宪大人”，也即是世袭五经博士为其做主。那么亚圣裔世袭博士是如何“案下施行”的，从下文来看其并没有将案件与当事人羁押至亚圣府进行审讯、裁判，而是“宗宪大人案下移送，县主讯断在案”，将案件移送当地基层官府或者提请

① 郑建芳主编：《孟府档案辑录·邻人霸持公坑使土案禀文》，中国社会出版社2013年版，第19页。

② 郑建芳主编：《孟府档案辑录·霸持公坑使土诈贼欺辱圣裔呈文》，中国社会出版社2013年版，第20页。

到府一级纠治，这点与曲阜的衍圣公有所不同，一般认为衍圣公传唤与拘提的权力不受行政区域的限制。[①]

从孟府档案所载的司法案件分析来看，亚圣裔世袭博士并没有审理外地讼案的例子，笔者推测可能是其并没有这方面的管辖权，只能够移送当地官府裁断。本案中亚圣裔世袭博士虽然第一次已经将案件移送给当地基层官府，但当事人仍觉得"族绅天冤屈无处申理"，希望世袭博士能将案件继续将案件移送给新泰县的上一级官府，"泰安府宪案下，提案讯究"。这显然是一种通过借由世袭博士的政治影响力，加之上一级官府的司法话语权，来对县一级官府施压，提高官司获胜概率的诉讼策略。

时间到了民国初年，清政府崩溃，没有了帝制时代中央政府支持的亚圣裔世袭博士仍然在基层司法场域中发挥着作用，孟府档案有载：

> 叩禀宗主大人万福金安以及栖霞县族人：
>
> 蒙恩上叩，叩启者栖霞城西孟家沟族人等，自中华民国专权，未见新例，不知各府州县官长遵旧例否？于去冬十月新政验契，族人亦未敢实抗，应承在区民之中呈验。讵料寺口区闫悦亭以社长而兼区长，与区官马成孚独力承办，贪得无厌，逼族人之契克期不待，而且小契鼓作大契。十月二十四日申时追契，本社尚有四村全未呈验，外三社全未呈验。二十五日夜中，地方领差役，将户中牌头带至口区押店，马成孚合闫悦亭在区下销票。销票大钱二十吊，鞋掌大钱六吊，饭账大钱十吊零四百八十文，昭蘗亲见鼓契四张，走后不知多少。族人清夜自思，化钱甚屈。与伊争论，伊不服理，仇深似海。彼时区官大议事会，势利通天，万苦难申。忽有蓬莱县曹清天到栖邑放告，族人具禀。曹老爷接禀五百余张，升文至省，省文下县，将区官议事会全裁去解散故换新。旧区议事会与乡民气恨不舍，曹公去后，在本县俞公案下，告各处乡民。俞公出票，带兵四十，捉各区各村村长牌头，不知吉凶，恳恩宗主大人作主，则族人等共颂无疆之德矣。……本县俞公于客岁季冬，与大议事会同心办事，上裁而下不散，出票拿乡民牌头，拷打锁押，定就新正初五日，教乡民领契出钱，至二月初五日不领，小契鼓

① 肖淑辉：《清代衍圣公司法权研究》，山东大学硕士学位论文，2017年，第44页。

大契，大契鼓双契……圣庙大殿屯兵，东西两庑拴马，秽恶难言。[①]

民国建立之初，为了增加收入，缓解政府的财政压力，北洋政府于 1914 年 2 月颁布了《验契条例》，其中规定“凡旧契除已经呈验交费外，均须一律呈验”[②]，正是在这种历史背景之下，各地因为验契发生了不少司法案件，甚至是命案，最为著名的就是距离栖霞县不远的乐安县发生的“乐北戕官案”。

本案中也是因为栖霞县地方政府在验契的过程中，对百姓肆意进行盘剥，民众苦难难申，最后诉至蓬莱县，县官将区官、议事会全部裁去，因此与地方百姓结仇怨，以至后来出票捉拿村长牌头，案情进一步发展，孟氏族人不得不将案情上报亚圣裔世袭博士，请求为他们做主。可见，在清末民初这种转型、动荡的年代中，亚圣裔世袭博士仍然享有提点地方司法的权力，不得不承认其地位的特殊和身上所聚合的社会影响力的广泛和深远。

（五）家法惩治的权力

亚圣裔世袭博士的家法惩治之权力指的是其运用家法所确定的惩罚手段，对被裁定为违背家法的人进行惩处的权力。

《孟子世家谱》中对家法惩处作出了明确规定：

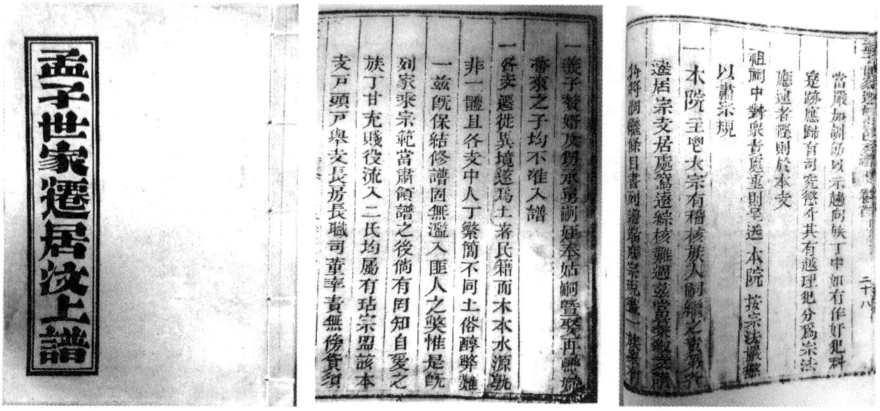
孟子世家遷居汶上譜

一養子贅婿及甥承舅嗣姪奉姑嗣暨娶再醮婦
帶來之子均不准入譜
一各支遷徙異境遂爲土著民籍而木本水源孰
非一體且各支中人丁繁簡不同土俗醇雜
一茲既保結修譜因無濫入匪人之弊惟是既
刻家乘宗範當肅領譜之後倘有罔知自愛之
族丁甘充賤役流入二氏均屬有玷宗盟該本
支戶頭戶舉支長房長職司董率責無傍貸須

二十八
當嚴加訓飭以示趨向族丁中如有作奸犯科
違跡應歸有司究懲外其有越理犯分爲宗法
應遣者懲則於本支
祖祠中對衆責處重則呈送本院按宗法嚴懲
以肅宗規
一本院主鬯大宗有稽核族人嗣繼之責務在
遠居宗支居處窎遠綜核難週茲[illegible]
將嗣繼條目書列譜端庶宗規畫一族衆有

图 3-5　《孟子世家迁居汶上谱》中的族规

① 郑建芳主编：《孟府档案辑录 · 栖霞县孟氏族人新政验契禀文》，中国社会出版社 2013 年版，第 49 ～ 50 页。
② 杜正贞：《从“契照”到土地所有权状——以龙泉司法档案为中心的研究》，《中国经济史研究》2017 年第 3 期，第 36 ～ 47 页。

各支迁徙异境，遂为土著民藉（籍），而木本水源孰非一体，且各支中人丁繁简，不同土俗美弊难一，惟是既列家乘宗范，当肃领谱之后，倘有罔知自爱之族丁流入歧途，即属有玷宗盟，该本支户头、户举、支长、房长、职司，董率责无旁贷，须当严加训饬以示趋向，族丁中如有作奸犯科实迹，应归有司究惩外，其有越理犯分为宗法应逮者，轻则于本支祖祠中对众责处，重则呈送本宗府定按宗法严惩，以肃宗规。[①]

孟氏家规将流寓在外地孟氏族人轻犯宗规惩处的权力交予本支户头、户举、支长、房长、职司等人代为行使，重者仍应该呈送亚圣府追究。据孟子第七十六代嫡次系后裔孟祥居先生回忆道：

“家长府”过去是有封的，族长的穿戴有专门的帽子、衣裳，还有大印，能上堂。林里它败坏柏树，就过堂，过堂的意思是，你要破坏林里的树木，有违反家规的，“家长府”负责给你处理，就跟现在的法院一样，要判，“家长府”里有黑红棍，跟审案子是一样的，你不听话，它就用黑红棍揍你。

…… ……

以前不孝敬的都要上家长府告去，审讯。他老的遭罪，他儿不孝顺，告到家长府，家长府派林户，“叫他去”，就把他儿叫过来，“跪下”，你要是不听话，揍你，用鸭嘴棍揍啊；俺这一户的这个儿媳妇待在婆婆跟前，上床头得给老婆婆请安问好，端尿屎瓶子。不孝顺的家长府得揍啊。不孝顺的叫她爹娘来，你怎么教育孩子的呢？其实那个时候在家当闺女的她爹娘都交代了，一般不犯错。这样的案子断过好几回了。[②]

“家长府”即是亚圣裔世袭五经博士下属族长的办公场所，将司法权力的符号性表达（帽子、衣裳、大印）赋予族长，以增加族长权力威慑力。在邹县的族人违反家法族规，较轻的直接由族长主持审理，施加刑罚。值得注意的是，孟祥居先生在其回忆中提到“就跟现在的法院一样，要判”，“跟审案子是一样

① 《孟子世家族谱》，转载自金萍：《家风文化形塑与地方性文化治理——孟子后裔古村落空间治理文化考察》，《甘肃社会科学》2017 年第 4 期，第 213 ～ 214 页。

② 金萍：《家风文化形塑与地方性文化治理——孟子后裔古村落空间治理文化考察》，《甘肃社会科学》2017 年第 4 期，第 212 页。

的”，这是作为历史亲历者的切身感受，可见，孟氏宗族这种家法惩处活动的司法性质是不言而喻的。我们现今研究一些古代法现象，总是试图以当下人们的内心感受或者是用一些时髦的理论作推演状，来归纳分析中国古代是否有民法，礼是否具备法的性质等理论问题，恰恰忽略了最为关键的历史亲历者之观念或者看法，笔者认为应该以“他们”怎么看、怎么想、怎么做作为对法史问题研究的理论原点所在，有助于还原历史现实，是厘清史学争议的题眼所在。

第四章
亚圣裔世袭翰林院
五经博士及其宗族的特权

法权体系构成上有权力和权利两大内容，上文中笔者已经详细阐述了亚圣裔世袭博士权力在场域、角色以及内容上的历史形象。在权利问题范畴上，笔者以政治、经济两大视角切入，探索亚圣裔世袭五经博士及其家族特权的来源、历史以及其特权之“特”，通过对其特权的分析阐述，构筑起完整的法权框架结构。

政治、司法特权是经济来源合法性的彰显，是亚圣裔五经博士“贵”的来源；经济特权是整个府衙、宗族运行和体面的重要支撑，是亚圣裔五经博士“富”的来源。“贵”与“富”此二者汇集在亚圣裔世袭博士身上，交相辉映，成就了其漫长的特权历史。

第一节　亚圣裔世袭翰林院五经博士及其宗族的政治、司法特权

政治、司法特权是世袭博士及其宗族最为基础的权利，关乎其能否进一步享有经济和文化上的优待，这一点在清王朝覆灭，民国肇始的历史时期尤其明显。作为帝国政治体制的一部分，以自由、平等为旗帜的民主共和思潮开始对这种政治遗产进行反思和否定，使得整个特权体系的根基岌岌可危。所以，可以说政治司法特权关系到孟家整个特权体系存在与否，是不可不察的死生之地，存亡之道。

现世中的人所享受到的政治特权的大小与宗族文化偶像孟子的政治封赠高低具有统一性，儒学史与家族史的结合，这是亚圣裔世袭博士及其宗族政治特权的显著特点。

一、亚圣后裔嫡长子的政治册封

虽然孟宁修订族谱时在序言中这样写道：“自二代仲子以后，或显贵，或潜

晦，代有人焉。”[①] 但实际上“其四十四代以前，旧志所载诸名类皆属附会失实”[②]。孟子死后孟氏族裔不显于世间长达一千三百余年，直到宋仁宗景祐四年（1073年）孔子第四十五代孙孔道辅，在邹县四基山寻访查到孟子四十五代孙孟宁，“用荐于朝，授迪功郎，主邹县簿，奉祀祖庙”[③]，孟氏一族才始受到国家政权的青睐，并有政治上的特殊封赠。

其子孟坚，即亚圣裔第四十六代孙，因为“德学俱优”[④] 而被特别授予徐州知州，但其后亚圣裔四十七代至五十三代之间，除了一人因科举登进士第，被授鱼台县尹，辞而不仕，一人少有学识，官至莒州儒学正之外，其余五代人没有获得任何政治上的优待和册封，足可见，这一时期孟氏嫡长子在政治上的特权仍然是不成体系，没有上下传承关系的，这反映出帝国对孟子后裔参与政治的制度设计与帝制时代皇权深化程度上的正相关关系。

元亡明兴，朱元璋为了加强自身统治，笼络圣贤后裔，早在开国之初的洪武元年就“诏授予邹县主簿”[⑤] 与孟子第六十四代孙孟思。随着明帝国政治与文化专制体制的进一步发展完善，孟氏宗族迎来了家族史上无以复加的繁耀时期。明景泰三年（1452年）授予孟子第五十六代孙孟希文世袭翰林院五经博士一职，正八品，主奉祀事，“夫以孟子后，历两千年而始应世职”[⑥]，为此孟氏家族特地树碑《亚圣五十六代孙世袭翰林院五经博士荣归记》，碑文写道：

> 钦惟圣天子登极之明年，为中兴之令祖，行帝王之制作，举崇儒之盛典。以颜、孟有功于世道，询其嫡长子孙，召赴阙廷，赐遇甚厚。升授颜、孟宗子世袭为翰林院五经博士之职，令吏部给符，还守祀事。邹孟氏五十六代孙名希文者，授职荣归。邹县县丞广昌侯瓒等因谂予曰：“瓒等忝列章逢，目睹盛事，食禄亚圣之乡，心师亚圣之道，子司邑教，曷不为之记，刻之于石，用著昭代崇儒之盛典乎？”
>
> …… ……
>
> 迨今圣天子举行盛典，断自宸衷，超越前代。以颜、孟有功于世道，

① 郑建芳主编：《孟府档案辑录·孟子世家谱序》，中国社会出版社2013年版，第274页。
②④ 郭齐、李文泽主编：《儒藏·史部·孔孟史志10·重纂三迁志》，四川大学出版社2005年版，第116页。
③ 刘培桂编著：《孟子林庙历代石刻集·孟氏宗传祖图》，齐鲁书社2005年版，第100页。
⑤ 郭齐、李文泽主编：《儒藏·史部·孔孟史志9·三迁志（明）》，四川大学出版社2005年版，第495页。
⑥ 郭齐、李文泽主编：《儒藏·史部·孔孟史志10·三迁志（清）》，四川大学出版社2005年版，第57页。

不任以有司之烦职，特授以翰宛之清官。宠命初颁，朝野交庆。岂但增辉颜、孟之门，实则耸动士风之振。是知吾道之脉，必荷圣天子有崇儒重道之心，始能光显先圣先贤之后，以致太平之治也。①

这通碑刻特地邀请邹县儒学训导撰文，邹县县丞书丹，由其碑文的溢美之词可以看出孟氏宗族对这一次册封的重视和欢庆。“迨今圣天子举行盛典，断自宸衷，超越前代”，明代皇帝对亚圣嫡孙的宠幸达到了历朝之最，这不仅对孟氏一族而言是无上的荣光，开启了长达四百八十多年的世袭特权历史，而且对于整个圣贤后裔群体而言同样也是标志性的事件——自此开始，无论中原王朝如何更替，世袭罔替的政治特权就不仅仅止于衍圣公一人享有，圣贤后裔所获封的世袭博士越来越多，圣贤后裔政治特权群体也渐成规模，他们与地方官府公文相见，与州县长官唱和交游，与官宦家族累世通婚，形成了一种独特的历史文化现象。

明宪宗、明孝宗对首任亚圣裔世袭博士的优待并未止步于赐官世袭，据《亚圣五十六代孙世袭翰林院五经博士士焕孟公墓志铭》记载称：“遇宪宗、孝宗两朝临雍大典，俱钦取陪祀，赐宴、颁衣、加级，俱邀盛典。”②臣子获宠于君，亦可谓盛矣。

如果说获封世袭博士之前的历史是晦暗不明的，特权赐赠不成定制，无例可循，那么世袭罔替之后的政治、经济、文化特权便接踵而至，《三迁志》说：“自后（景泰二年）每遇幸学，即赐观礼、赐宴、赐衣，永为定例。”③陪祀、赐宴、赠官、加级等优待特权逐渐形成了规律，各个嫡孙后裔的事迹也成了斑斑可考的历史：

① 刘培桂编著：《孟子林庙历代石刻集·亚圣五十六代孙世袭翰林院五经博士荣归记》，齐鲁书社 2005 年版，第 143 页。
② 郭齐、李文泽主编：《儒藏·史部·孔孟史志 10·三迁志（清）》，四川大学出版社 2005 年版，第 57 页。
③ 郭齐、李文泽主编：《儒藏·史部·孔孟史志 9·三迁志（清）》，四川大学出版社 2005 年版，第 658 页。

表 4-1　亚圣嫡裔历代政治封、袭、赠表[①]

代次	朝代	名字	字	号	封爵	承袭年代	生卒	备注
44	五代	公济	—	—	—	—	—	自此之后，表章历历，无容置喙矣
45	宋	宁	—	—	迪功郎、邹县主簿	景祐四年（1037 年）	—	其族谓之中兴祖
46	宋	坚	—	—	授徐州知州	—	—	—
47	宋	宽	—	—	—	—	—	—
48	宋	钦	—	—	—	—	—	宽之次子
49	宋	津	—	—	—	—	—	—
50	宋	—	德义	—	登进士第，授鱼台县尹，辞不仕	—	—	—
51	宋	允祖	—	—	—	—	—	—
52	元	惟恭	彦通	—	—	—	至元二十一年（1284 年）—至正九年（1349 年），享年 66 岁[②]	重葺祠庙，修理林墓
53	元	之训	鲁甫	—	官至莒州学正	—	享年 53 岁	适值兵兴，弃职归家，乱作避地蔚州而卒
54	明	思谅	友道	—	邹县主簿	洪武元年（1368 年）	—	有吏才，创正祀典，修祠理墓，多所干济
55	明	克仁	信夫	—	赠修职郎、翰林院五经博士	天顺三年（1459 年）	—	因其子希文承祧大宗，承袭世职赠如其官
56	明	希文	士焕	—	世袭翰林院五经博士	景泰三年（1452 年）	享年 57 岁	始有世袭官职
57	明	元	长伯	—	承袭世职	弘治三年（1490 年）	成化十三年（1477 年）—嘉靖十二年（1533 年），享年 57 岁	—

---

① 根据原载《孟子家世》，笔者根据《孟子世家谱》（道光本、同治本）、《三迁志》（明、清）、《重纂三迁志》（光绪本）重新整理并修改部分错误。

②《三迁志》（明）所载《孟惟恭墓志》一文中“春秋七十有六”应为讹误。

续表

代次	朝代	名字	字	号	封爵	承袭年代	生卒	备注
58	明	公肇	先文	—	代袭世职	嘉靖二年（1523年）	—	亨之子公綮之兄，及弟长谢职致仕
		公綮	橐文	—	承袭世职并加一级	嘉靖十二年（1533年）	享年63岁	—
59	明	彦璞	朝玺	—	承袭世职、修职郎	隆庆元年（1567年）	享年55岁	—
60	明	承光	永观	—	承袭世职、封修职郎、赠太仆寺少卿	万历二十九年（1601年）	万历五年（1577年）—天启二年（1622年），享年46岁	死于明末白莲教起义，赠太仆寺少卿
61	明	弘略	以韬	—	应袭世职赠太常寺丞	—	卒于天启二年（1622年）	—
		弘誉	振扬	—	代袭世职、修职郎、世袭锦衣卫千户	天启三年（1622年）	享年67岁	崇祯二年（1629年），让职侄闻玉，改授世袭锦衣卫千户
62	明	闻玉	龙甫	—	承袭世职	崇祯二年（1629年）	享年46岁	弘略之后，无子
	清	闻玺	龙华	—	承袭世职、修职郎	顺治元年（1644年）	—	世袭锦衣卫千户弘誉之子，因闻玉无子而承袭
63	清	贞仁	静若	—	承袭世职，后改内翰林国史院世袭五经博士加四级，修职郎、承德郎	顺治元年（1644年），改于顺治三年（1646年）	崇祯十二年（1639年）—康熙五十四年(1715年)，享年77岁	—
64	清	尚桂	播馨	松皋	承袭世职、修职郎	康熙五十五年（1716年）	—	鉴定《三迁志》
65	清	衍泰	懋东	普瞻	承袭世职	康熙五十九年（1720年）	—	重修族谱，重校《三迁志》
66	清	兴铣	起辉	—	应袭世职	—	康熙五十七年（1718年）—乾隆七年（1742年），享年25岁	因早卒未承袭

续表

代次	朝代	名字	字	号	封爵	承袭年代	生卒	备注
67	清	毓瀚	钟北	—	承袭世职	乾隆十六年（1751 年）	乾隆元年（1736 年）—乾隆二十七年（1762 年），享年 27 岁	无子，以堂弟毓长子传为嗣
68	清	传	国模	—	承袭世职	乾隆四十五年（1780 年）	乾隆二十九年（1764 年）—嘉庆十七年（1812 年），享年 49 岁	承祧大宗
69	清	继烺	体耀，又照亭	星恒	承袭世职并加四级、文林郎、征仕郎	嘉庆二十年（1815 年）	乾隆四十九年（1784 年）—道光十年（1830 年），享年 49 岁	道光四年（1824 年），主持续修族谱
70	清	广均	京华，又胥沾	雨山	承袭世职、文林郎、钦加主事衔、晋加员外郎衔、赏戴蓝翎	道光十三年（1833 年）	嘉庆五年（1800 年）—同治八年（1869 年），享年 70 岁	主持编纂《重纂三迁志》
71	清	昭铨	伯衡，又显衡	稚华	承袭世职、文林郎	同治十三年（1874 年）	道光十三年（1833 年）—光绪十九年（1893 年），享年 61 岁	—
72	清	宪泗	法鲁	—	承袭世职、奉直大夫	—	享年 81 岁	—
73	清	庆桓	颂武	—	承袭世职、奉直大夫	—	同治十三年（1874 年）—光绪二十年（1894 年），享年 21 岁	—
	清民国	庆棠	泽南	雅荪	承袭世职并加五级 民国二十四年（1935 年）改亚圣奉祀官	光绪二十年（1894 年）代袭，光绪三十一年（1905 年）承袭	光绪三年（1877 年）—民国三十三年（1944 年），享年 68 岁	—
74	民国	繁骥	—	雪生	亚圣奉祀官	民国三十二年（1943 年）	享年 83 岁（1907 年—1990 年）	1948 年迁居台湾

由上表可见整个帝制时代对亚圣嫡裔的政治封赠的丰厚，孟氏家谱中提到孟氏宗族在孟宁之后“中兴”，历史逐渐清晰明朗，此言不虚。但真正使得孟氏家族尤其是孟氏嫡系，光显于后世的显然是发生在明景泰三年（1452 年）的世袭博士册封。这种政治优待并不止于名誉上的光鲜亮丽，而且给孟氏嫡系族裔带来实实在在的政治利益，《三迁志》写道：

> 嘉靖以前博士势颇赫奕，又前朝多为本县知县主簿等官，与县尹为僚，出入乘明肩舆，大列仪从，辟除行人，拜县尹帖不用治字，肩舆直入县仪门，相沿久矣。万历庚辰，县尹许守思非之，始改治生帖，选迎于县大门外，而明舆仪从犹故也。（按，圣贤之后，与乡绅不同。旧例博士之于县令，犹圣公之与抚按，俱不用治字，而许守思欲一旦易之，何见之陋也。）几博士族人称之曰大宗，庙户事之与庶民同，以文学起家者亦称之曰父师。[①]

按照诸多前辈学者的观点，世袭博士不过是象征性的称号，无甚权势、利害，但历史事实却给了我们相反的答案，世袭博士出入仪仗随从，可以乘明肩舆，径直进入县衙，拜县帖也不必称“治”，“势颇赫奕”，几乎有和邹县知县分庭抗礼的资格，难怪明万历时县尹许守思不得不进行改革，以维系一县之长的颜面。

不只是亚圣裔世袭五经博士，与之距离不远，世居曲阜的复圣裔世袭五经博士亦是如此，明人沈德符在《万历野获编》中记载了这样一次偶遇：

> 予过兖州，路遇复圣世官五经博士者，旗帜前导，有斧戟之属，继以令旗二面，轿后家丁十数人，腰弓跨马以从，见之令人骇恨欲泣，不止可笑而已。[②]

复圣裔五经博士亦是出行竟然有家丁十数人前呼后拥，仪仗齐全，威风凛凛，地方豪强的气势十足，笔者认为沈德符感到“骇恨欲泣，不止可笑而已”的原因，则是孔子称赞颜回：“贤哉，回也！一箪食，一瓢饮，在陋巷，人不堪其忧，回

① 郭齐、李文泽主编：《儒藏·史部·孔孟史志 9·三迁志（清）》，四川大学出版社 2005 年版，第 691 ～ 692 页。
② （明）沈德符：《万历野获编》下，文化艺术出版社 1998 年版，第 722 页。

也不改其乐。贤哉，回也！”[①]颜回是艰苦朴素、苦中作乐的典范，但其后世子孙却享受着朝廷赐予的特权，并热衷于富贵，所以才令作者感到五味杂陈。

以上这些志书、杂记的内容，足可以见得世袭博士的政治影响力之大，加之笔者在上文中提到的亚圣裔世袭博士的权力内容的丰富程度着实令人惊叹，所以说如果没有这种政治上的册封，以上成规模的政治利益根本就不可能产生。

二、对亚圣裔世袭翰林院五经博士亲属的政治封赠

明清统治者为了稳固其统治地位，强化对国家政治局面的把控，收拢朝臣忠心，特地强化政治符号在官僚队伍中的影响面，施行封赠制度。自从对亚圣后裔的嫡长子首次册封为世袭博士之后，对其亲属的政治封赠也成为常态，又因为世袭博士世袭罔替的职官性质，所以孟氏家族迥异于一般官宦家族，他们几乎长期受到封赠而不曾断绝。

作为世袭博士的亲属，最早获得封赠的是孟克仁。天顺年间对孟氏第一任世袭博士的优待及于其父母，《明英宗睿皇帝实录》记载，天顺三年（1459 年）“希文以例不得封父母陈情乞恩”，但“上以其孟子之后，特命予之，不为例”，于十一月二十九日“赐翰林院五经博士孟希文敕命，封其父克仁如其官”，特别封赠其父亲亚圣第五十五代孙孟克仁为修职郎、翰林院五经博士，“母孔氏为孺人”。[②]敕命文书这样写道：

> 敕曰：朕惟老吾老以及人之老，此先贤论治天下之道然也。肆朕举隆盛典与庭臣，亲之老者，命必及焉。矧在先贤之后，顾可以常制拘哉。尔孟克仁乃孟子五十五代孙，今翰林院五经博士希文之父。克世其家，训成令子，降年有永，惟德之征，宜锡异恩，以示褒宠。兹特封尔为修职郎，翰林院五经博士。尔其只承嘉命，用迓康寿。[③]

---

① 《论语 · 雍也》。

② 《明英宗睿皇帝实录》卷二九七，天顺二年十一月二十九日，线装书局 2005 年版。

③ 郭齐、李文泽主编：《儒藏 · 史部 · 孔孟史志 9 · 三迁志（清）》，四川大学出版社 2005 年版，第 665 页。

敕命文书中已经将封赠的理由阐明，一是儒教治国的思想原则的指引，二是推恩典于父母，同时鉴于其能够“克世其家，训成令子”，对宗法社会有教化示范作用，所以“兹特封尔为修职郎，翰林院五经博士”。

对亚圣裔世袭博士亲属的封赠，不仅仅局限于父母，包括世袭博士的妻、兄弟等都可以敕授不同的封号，笔者对历次亚圣裔世袭博士亲属受封情况进行统计形成下表：

表 4-2　历代亚圣裔世袭博士亲属受封情况表[①]

亚圣裔世袭博士	受封者名字	与亚圣裔世袭博士的关系	受封称号	年代
孟希文	孟克仁	父	修职郎、翰林院五经博士	明天顺三年（1459 年）
孟希文	孔氏	母	孺人	明天顺三年（1459 年）
孟元	孟希文	父	修职郎、翰林院五经博士	明弘治八年（1495 年）
孟元	孔氏	嫡母	太孺人	明弘治八年（1495 年）
孟承光	孟彦璞	父	修职郎	明天启元年（1621 年）
孟承光	孔氏	母	孺人	明天启元年（1621 年）
孟弘誉	张氏	母	恭人	明天启五年（1625 年）
孟贞仁	孟闻玺	父	文林郎	清康熙十四年（1675 年）
孟贞仁	颜氏	母	孺人	清康熙十四年（1675 年）
孟贞仁	刘氏	继母	孺人	清康熙十四年（1675 年）
孟贞仁	董氏	妻	孺人	清康熙十四年（1675 年）
孟贞仁	孔氏	继妻	孺人	清康熙十四年（1675 年）
孟贞仁	孟闻玺	父	承德郎	清康熙五十二年（1713 年）
孟贞仁	颜氏	母	安人	清康熙五十二年（1713 年）
孟贞仁	刘氏	继母	安人	清康熙五十二年（1713 年）
孟贞仁	董氏	妻	安人	清康熙五十二年（1713 年）
孟贞仁	孔氏	继妻	安人	清康熙五十二年（1713 年）

① 根据《三迁志》（明、清）、相关孟府档案资料整理得出。

续表

亚圣裔世袭博士	受封者名字	与亚圣裔世袭博士的关系	受封称号	年代
孟继烺	杨氏	妻	孺人	清道光八年（1828 年）
孟广均	孟继烺	父	征仕郎	清道光十五年（1835 年）
孟广均	杨氏	母	太孺人	清道光八年（1828 年）
孟广均	王氏	妻	孺人	清道光十五年（1835 年）
孟广均	王氏	妻	孺人	清道光三十年（1850 年）
孟广均	孟继烺	父	文林郎	清道光三十年（1850 年）
孟广均	杨氏	母	太孺人	清道光三十年（1850 年）
孟广均	孟继烺	父	承德郎	清咸丰五年（1855 年）
孟广均	杨氏	母	安人	清咸丰五年（1855 年）
孟广均	王氏	妻	安人	清咸丰五年（1855 年）
孟昭铨	孟广均	父	征仕郎	清同治十二年（1873 年）
孟昭铨	王氏	母	孺人	清同治十二年（1873 年）
孟昭铨	张氏	生母	孺人	清同治十二年（1873 年）
孟昭铨	王氏	妻	孺人	清同治十二年（1873 年）
孟昭铨	孟广均	父	文林郎	清光绪元年（1875 年）
孟昭铨	王氏	母	孺人	清光绪元年（1875 年）
孟昭铨	张氏	生母	孺人	清光绪元年（1875 年）
孟昭铨	王氏	妻	孺人	清光绪元年（1875 年）
孟昭铨	孟广均	父	文林郎	清光绪十五年（1889 年）
孟昭铨	王氏	母	孺人	清光绪十五年（1889 年）
孟昭铨	张氏	生母	孺人	清光绪十五年（1889 年）
孟昭铨	王氏	妻	孺人	清光绪十五年（1889 年）
孟庆棠	孟宪泗	父	奉直大夫	清光绪三十一年（1905 年）
孟庆棠	鲁氏	母	宜人	清光绪三十一年（1905 年）
孟庆棠	孟庆桓	兄	奉直大夫	清光绪三十一年（1905 年）
孟庆棠	周氏	嫂	宜人	清光绪三十一年（1905 年）

由上表可见，对亚圣裔世袭博士亲属的封赠及于父亲、母亲、生母、妻子、兄弟、嫂子，封赠亲属的范围较大，而且有时候连续封赠多达三次以上，显示出对亚圣裔世袭博士至亲的政治厚爱。

三、亚圣后裔的司法特权

亚圣后裔在政治上所享有的特权，在中国古代政治与司法界限不清或者说相互涵纳的历史背景之下，也浸润到司法领域，成就了亚圣后裔的司法特权。只不过相比政治特权的正面性评价，司法特权是逾越礼法规则者获得国家司法权力负面评价之后的优待，或者是对危害圣贤后裔利益行为的着重关心和处罚，基于司法特权的这种触动中央集权利益的性质，司法特权在深度上、规模上、稳定性上都差于政治特权。

亚圣后裔的司法特权始于元代，盛于明代，绝于清代。元代亚圣后裔的司法特权仅见于《孟志》:“《祖庭始末》有元禁治榜文，今不复存。”[①] 至于禁治榜文的具体内容，已经无法考证。到了明洪武四年（1371 年），朝廷再次出具禁治榜文：

> 是年，御史台牒下按察分司，令出榜禁谕，军民人等，毋得非礼入庙宿歇，斫伐树株。如有违犯之人，令宗子陈告到官，以律究治。[②]

从这一则牒文中的内容来看，虽然看不出“非礼入庙宿歇，斫伐树株”与其他相同情形的违法行为处罚更重的特点，反而同样是“以律究治”，并无特别之处，但从此牒文是由御史台发出，代表了中央朝廷对亚圣庙宇、林墓的重视，对侵犯亚圣庙宇、林墓的一种严厉态度，这本身对于世袭博士及其宗族而言就是一种特权。

同样是明洪武年间，明太祖的另一则诏令则更具代表性，据《阙里文献考》记载：

---

①② 刘培桂编著：《孟子林庙历代石刻集 · 御史台牒》，齐鲁书社 2005 年版，第 91 页。

十七年，孟氏子孙有以罪输作京师者二人，帝曰："大贤之后，虽有罪亦当屈法宥之。"即命遣还。又谕工部曰："孟子传道，有功名教，历年既久，子孙甚微。近有以罪输作者，朕闻，即命释之。假令朕不知及，或致死亡，则贤者之后，寖以衰灭，岂礼先贤之意哉。尔等宜加询问，凡有圣贤之后在输作者，依例释之。"①

《阙里文献考》将这一事件界定为洪武十七年（1384年）发生的，但查阅《明实录》《皇明大政纪》却记载说：

洪武十八年十月五日〇癸巳翰林待诏（翰林待诏：嘉本中本林下有院字）。孔希善言孟氏子孙有以罪输作京师者二人，上曰："大贤之后，虽有罪亦当屈法以宥之。"即命遣还。②

乙丑洪武十八年……十月……癸巳诏工部释孟子世孙有罪输作者，仍询圣贤之后在输作者依例释之。③

可见明太祖的这一则诏令颁布时间应该是洪武十八年（1385年）而非洪武十七年（1384年）。这则诏令明确地将两名孟子后裔犯罪者，"屈法以宥之"，并引申为例，诏谕工部，凡是圣贤之后人有输作者，即是因为犯罪而罚作劳役的人，依照此例释放。这就在历史上首次明确了孟氏子孙的司法特权待遇，并作为明太祖钦定的祖制，贯穿在有明一代施行。

但这种司法特权在清代就烟消云散了。清代世袭五经博士东野崇鐈因为私捐奉祀生被查办，山东巡抚在奏文中这样说道：

曲阜县五经博士东野崇鐈私捐奉祀生，得受银两，滥捐执照一案，除滇省祝天贶等私捐银两讯无确数，应俟滇省审明查追外，查东野崇鐈得受安省管廷耀等捐银四百零四两，虽俱系祭庙给庙使用，并无浮冒侵蚀。而收受东省潘廷士等捐银六百二十五两及山绸四匹，均系入己，自应计赃科断。

① （清）孔继汾：《阙里文献考》卷十四（清乾隆刻本）。
② 《明太祖高皇帝实录》卷一七六，洪武十八年十月五日，线装书局2005年版。
③ （明）雷礼：《皇明大政纪》卷三（明万历刻本）。

东野崇鐈应照内外衙门官有额定员数而多添设者，当该官吏受赃计赃、以枉法从重论，枉法赃八十两，绞监候，律应拟绞监候。[①]

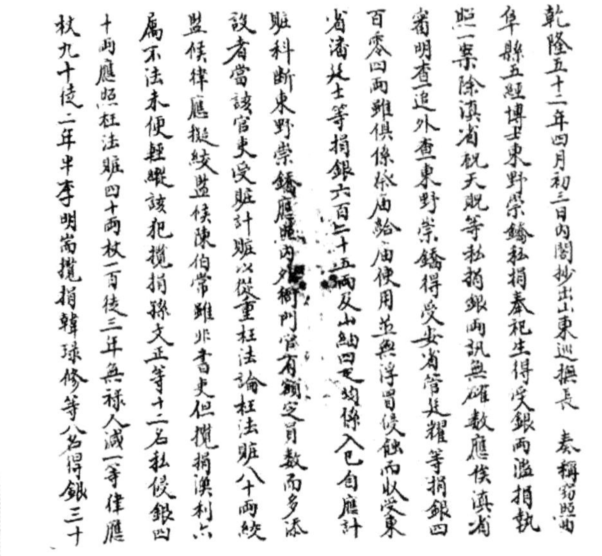
乾隆五十二年四月初三日內閣抄出山東巡撫長　奏稱竊照曲
阜縣五經博士東野崇鐈私捐奉祀生得受銀兩濫捐執
照一案除滇省稅天覛等私捐銀兩訊無確數應俟滇省
省明查追外查東野崇鐈得受安省管廷耀等捐銀四
百零四兩雖俱係伊廟給廟使用並無浮冒侵蝕而收受東
省潘廷士等捐銀六百二十五兩及山西四足均係入己自應計
贓科斷東野崇鐈應照內外衙門官有額定員數而多添
設者當該官吏受贓計贓以從重枉法論枉法贓八十兩絞
監候律應擬絞監候陳伯常雖非書吏但攬捐漁利亦
屬不法未便輕縱該犯攬捐孫文正等十二名私侵銀四
十兩應照枉法贓四十兩杖一百徒三年無祿人減一等律應
杖九十徒二年半李明崗攬捐韓球修等八名得銀三十

图 4-1　台北“中央研究院”史语所藏“五经博士东野崇鐈私捐奉祀生案”档案[②]

世袭五经博士东野崇鐈私捐奉祀生，中饱私囊高达六百多两，按照大清律例的相关规定，“内外衙门官有额定员数而多添设”其本属于枉法，又贪赃八十两以上，即应当处以绞监候的刑罚，实际上东野崇鐈也严格按照律例的规定被处以这一刑罚。这就表明即便是世袭博士本人，在清代受到刑事处罚，也没有特权可供享受，更遑论圣贤宗族的后裔了。

清代不再给予世袭博士及其宗族司法特权，这与清代中央集权进一步加强有密切关系，高度集中的皇权已经容纳不下圣贤后裔群体再享有司法特权，来削弱刑罚的威慑效应。同时，基于王朝稳定发展要素的变迁，世袭博士作为收拢人心的工具，其工具性价值与前朝相比，已经不能等量齐观。圣贤后裔群体的数量膨胀也是中央朝廷不得不考虑的问题，尤其是世袭博士作为分散在地方

① 内阁大库档案，乾隆五十二年四月十七日，登录号:097016-001，台北“中央研究院”历史语言研究所明清档案工作室藏。

② 吏部（乾隆五十三年四月十七日），内容提要：移会稽查房山东巡抚长麟奏曲章县五经博士东野崇鐈私捐奉祀生得银两滥捐执照审实拟级监候，台湾“数字典藏与数字学习联合目录”。

的势力，中央朝廷更难以做到监管控制，一旦圣贤后裔利用司法特权，影响地方秩序，这对于中央朝廷而言是将会“一石激起千层浪”。通过《清实录》内阁大库档案可以明显看到，在清代中后期，世袭博士即便在刑罚威慑之下，仍旧有许多以身试法例子。吏科给事中李培祜在奏折中忧虑地写道：“似此倚势营私之绅董，多与良民为仇，易滋激变，如交地方官先事约束，庶于公务不至掣肘，而圣贤后裔亦得保其世禄无忝宗祧矣。”[①]他所指出的就是世袭博士在地方上不受制度约束的情状和危害。朝廷逐渐认识到这个问题后，圣贤后裔群体在清代便被收回了不少他们曾经的司法特权。

第二节　亚圣裔世袭翰林院五经博士及其宗族的经济特权

如果说政治上的特殊权利抬升了孟氏家族的政治地位，使得孟氏五经博士及其宗族人前显贵，那么促使孟氏家族进一步崛起，促使世袭博士能够有延续和发展的实质性资本的是经济上的特殊权利。自从“孟子升格运动”[②]开始起，历代王朝的统治者对孟子后裔们的经济生活多有关心，他们主要从田地的赐予、税收拨作祭费、优免赋役等几方面给予特权，使得圣裔过活体面，先贤享供不缺，以向士人阶层展现出对先贤的敬重，对道统的维护。

一、赐田地

土壤是古代农业生产之母体，田地是中国古代农民赖以生存的根本，《白虎通德论·社稷》云：“人非土不立，非谷不食。”[③]何休在《春秋公羊传解诂》中

①《奏为山东翰林院五经博士孟广均倚势营私请饬地方官管束事》，咸丰九年，档案号：03-4148-132，中国第一历史档案馆藏。
② 徐洪兴：《唐宋间的孟子升格运动》，《中国社会科学》1993 年第 5 期，第 101 ～ 116 页。
③（东汉）班固：《白虎通德论》卷二（四部丛刊景元大德覆宋监本）。

则直接将土地的意义与民、国家这些政治指向相互联结宣称："土地者，民之主，霸者之象也。"[①]农耕社会对土地的渴求和依赖，甚至演变为土地的崇拜与信仰。从朝堂的"天子祭天地，诸侯祭社稷，大夫祭五祀，上得以兼下，下不得以僭上，古之制也"[②]到民间"凡有社里,必有土地神"[③],此类为人们所熟知的"土地"神信仰亦是一例。

亚圣裔世袭五经博士府邸所在的邹县，虽有其志书地亩志称："阖县地有三十三社、二十五屯厂，赋有中下二等占田，户有百姓，有官庄，有孔孟圣府及孔孟氏族人，永别为则"[④]，田地、赋税是府民有别，贵贱有分，但总归是"国计民生，皆资地利"[⑤]，在土地上谋求财富，获取经济利益的前提并无区别。

与普通士绅依靠兼并获得土地所有权的方式不同，世袭博士享受着朝廷赐予田产的经济特权，这些土地依据功能的不同，被赐给的田产可以划分为例地、祭田、墓田、庙宅基、守林地等类型，这其中又以例地和祭田两种田地的数目为多。

（一）例地

"例地"是清代山东省在田亩及赋税制度中的独特称呼，常被称为"大粮一例地"。"例地"与"原额成熟地""额外民粮地""额外荒田""额外首报荒田""原额学田"等[⑥]一样是根据土地质量优劣、产出多少、土地性质的不同，对土地作出的划分。各种类型的土地均有固定的亩数，并征收不同的税负，据《沂州府志》记载："国朝（清代）定鼎，悉沿明制而深仁厚泽意有加焉。沂郡七属，多山少田，山涧之内，土多沙碛，而濒水之地，又易于冲决，故各州县地，地亩则例不同，有一例地者，有分上、中、下三则者，有分上中、下及下下四则者，有分中下及下下三则者，而人丁自一□二分至三钱四分，轻重亦属悬殊。"[⑦]由是可知，不仅各种类型的土地有不同的税负，一"例地"内同样有上、中、下的区别，田赋各不相同。

对于圣贤后裔的土地制度而言，按照《续修优复恩例》一书的说法，例地是"惟

① （东汉）何休：《春秋公羊经传解诂·僖公第五》（四部丛刊景宋建安余氏刊本）。
② （南宋、元）吴自牧：《梦粱录》卷十四《祠祭》（清学津讨原本）。
③ 《左传通俗篇》，转载自樊淑敏：《审美视阈中的土地崇拜文化研究》，上海师范大学博士学位论文，2009年。
④⑤ （清）娄一均修、（清）周翼纂：《邹县志·地亩志》（清康熙五十四年刊本）。
⑥ （清）潘莱峰修、（清）王寅山纂：《续修广饶县志》卷八（民国二十四年铅印本）。
⑦ （清）李希贤修、（清）潘遇莘纂：《沂州府志》卷八（清乾隆二十五年刻本）。

出自邹县，而他县则无之，惟孔孟有例地，而颜曾又无之”[①]，但实际上，除了邹县以外，滕县亦有例地，《滕县续志稿》中记载：“圣府并颜孟二庙原额成熟地一百一顷五十三亩五分九厘。”[②]这也与孔府档案中“滕县有孔、颜、孟三氏地一项，载在滕志，亦系不增不减，例免差徭……滕县孔、颜、孟三氏地一百一顷五十三亩五分九厘”[③]的说法相互印证。

“例地”之制度始于万历年间的孟氏，《孟庙孟府历代赐捐祭田佃庙户世产例地道光间孟府兴造记事碑》记载“明万历三年（1575 年）钦赐孟府中、下例地九十顷，坐落庄朱社”，“明拨给滕县例地六顷，坐落薄家奋斗城二十里铺”[④]，孔氏并不掺杂其中。后来因为孔氏有后裔世代居于邹县，“咸得有例地焉，遂称为孔孟例地”，且“邹邑特设例地与孔孟地皆系钦赐，出自前朝（明代），为累代相沿之盛典”[⑤]。

“例地”可以细分为“孔孟府例”与“孔孟氏例”，“府地瞻仰孔孟，大宗氏地瞻仰孔孟族人，所以有府氏之别，其实皆为例地”[⑥]。“府例”与“氏例”分别又划分为中、下两等，以便区别征银，“五经博士宗族、庙丁、礼生惟正赋照依地亩均摊”[⑦]，《邹县志》与《续修优复恩例》同样开载了每亩征银数目，并无区别，“孔孟圣府，成熟中地……每亩照旧例征银一分三厘七毫五丝七忽，共征银二百一十四两七钱四分六厘七毫七丝，每亩征米一合六勺三抄九撮八圭五粟八颗，共征米二十五石五斗九升八合一勺八抄三撮。成熟下地……每亩照旧例征银五厘四毫五丝六忽，共征银一十九两九分六厘，每亩征米八勺一抄九撮九圭二粟九颗，共征米二石八斗六升九合七勺五抄”[⑧]。滕县例地征收正赋：“每亩征银九厘三毫，共征银九十四两四钱二分八厘。每亩征米六勺八抄九撮一圭

---

① （清）孔继善等辑：《续修优复恩例》（清同治六年刊本）。

② （清）生克中：《滕县续志稿》卷二（清宣统三年铅印本）。

③⑥ 曲阜师范学院历史系编辑：《曲阜孔府档案史料选编·第 3 编　清代档案史料·第 2 册　圣贤后裔》，齐鲁书社 1980 年版，第 23 页。

④ 曲阜师范学院历史系编辑：《曲阜孔府档案史料选编·第 3 编　清代档案史料·第 2 册　圣贤后裔》，齐鲁书社 1980 年版，第 117 页。

⑤ 曲阜师范学院历史系编辑：《曲阜孔府档案史料选编·第 3 编　清代档案史料·第 2 册　圣贤后裔》，齐鲁书社 1980 年版，第 22 页。

⑦ 曲阜师范学院历史系编辑：《曲阜孔府档案史料选编·第 3 编　清代档案史料·第 2 册　圣贤后裔》，齐鲁书社 1980 年版，第 2 页。

⑧ （清）娄一均修、（清）周翼纂：《邹县志·地亩志》（清康熙五十四年刊本）。

一粟一颗，共征米六石九斗九升八合。”[1] 每亩相比民地少征收近一半的正赋。

但在杂项差徭与地亩数目之事上，孔、孟府与邹县以及其他地方官府产生较大分歧，双方围绕着这一优待多次移文请示，纠缠不休。这些争执，源于清朝定鼎之初的成例。清军入关之后，为了“崇重先圣，延及苗裔”，顺治元年即行“恩诏，凡圣门典例俱应相沿期于优渥。钦此，钦遵”[2]。顺治十三年，世袭博士们联名上书户部：

> 据内翰林国史院世袭五经博士颜绍绪、曾闻达、孟贞仁、仲于陛呈前事，内称，切职等世叨皇恩，一切杂项差徭概行蠲免，其例已久。自我朝定鼎，纶恩倍渥，具呈大部已经咨行督抚，准照旧例，优免在案。讵料该州县书役违宪，捺案不行。将职等族户人等并庙内礼生一概派扰。伏乞准给明文，再加申饬。庶皇恩得沐，不惟生者衔结，而先祖在天亦冥感于默默矣。[3]

随后户部查得：“先贤四氏后裔一切杂项差徭概行蠲免，业经移咨督抚转行在案。”“相应移咨东抚，严行申饬可也。”最后以“帖仰本县官吏，照依咨案札帖内事理，查照严饬施行”[4] 告一段落。

但对于邹县地方县衙而言，事情远没有那么简单，在立于康熙二十三年（1684年）二月二十五日的邹县大堂石碑上，邹县知县张国瑜这样写道：“本县孔孟绅衿、相礼、庙户，十分有七分，百姓仅有其三，凡遇军需、河道、飞差，诸色冒免以三分代包七分，百姓偏累倾产，鬻儿逃亡殆尽。”[5] 所以其力图“除例地外，续置民田俱照民例应差，绅衿、相礼、庙户亦不得滥免，百姓均徭，以培邹邑之元气”[6]，将应差之地限制在“孔孟圣府，成熟中地一百五十六顷一十亩……成熟下地三十五顷”，“孔孟氏，原额中地三百八十九顷二十九亩四分……原额下地四百三顷五十一亩九分”的亩数范围之内。如果再购置田产，一律不得将差徭蠲免，还将此“例地”条款更改“具告到司，详蒙抚院批准”，并期望“勒石以传永久”[7]。

---

①（清）生克中：《滕县续志稿》卷二（清宣统三年铅印本）。

②（清）孔继善等辑：《续修优复恩例》（清同治六年刊本）。

③④ 曲阜师范学院历史系编辑：《曲阜孔府档案史料选编·第3编　清代档案史料·第2册　圣贤后裔》，齐鲁书社1980年版，第2页。

⑤⑥⑦（清）孔继善等辑：《续修优复恩例》（清同治六年刊本）。

结果不出所料，前者刚刚立石以图永久，后者世袭五经博士这一群体就再次抱成一团：

兖州府为恳恩再给明文严行申饬等事。本年四月二十九日蒙布政司札付，本年四月十六日蒙巡抚都察院徐案验，康熙二十三年四月十三日准户部咨山东清吏司案呈，奉本部送据五经博士孔毓埏、颜懋衡、曾贞豫、孟贞仁等呈称，职等仰承祖业，荷蒙历朝优崇，凡宗族、庙丁、礼生一切杂项差徭概行蠲免，其例已久。后因相沿日久，州县违宪不行。于顺治十三年具呈大部，照例咨行督抚申饬。讵料日久弊生，捺案不行，将宗族、庙丁、礼生一概扳扰苦累。伏乞部台准照旧例再给明文，严行申饬。庶皇恩永沐，祀典永全矣。等因前来，查顺治十三年四月内据五经博士颜绍绪等呈称，职等世叨皇恩，一切杂项差徭概行蠲免。该州县书役违宪捺案不行，将职等宗族户人等并庙内礼生一概派扰。伏乞行文再加申饬。等因。本部移咨该督抚申饬在案。相应移咨东抚，此例若有更改，将更改之处报部，如无更改，仍照顺治十三年再加严行申饬可也。为此，合咨前去查照施行。等因到院。准此，拟合就行。为此，案仰该司官吏，即查五经博士宗族、庙丁、礼生一切杂差蠲免定例，若有更改之处，查明呈报咨部，如无更改仍照顺治十三年再加严行详报毋违，等因到司。蒙此，拟合就行。为此，札付该府官吏，照依咨案札内事理，即查五经博士宗族、庙丁、礼生一切杂差蠲免定例，若有更改，即将更改之处查明呈报。如无更改，仍照顺治十三年再加严行申饬，妥详报司，以凭核转咨部。毋得迟违，取咎未便，等因到府，蒙此，拟合就行。为此，帖仰该县官吏，照依咨案札帖内事理，即查五经博士宗族、庙丁、礼生一切杂差蠲免定例，若有更改，即将更改之处查明申报。如无更改，仍照顺治十三年旧例蠲免。速具妥详报府，以凭核转咨部。毋得迟违，取咎未便。须至帖者。

康熙二十三年五月初四日典吏张国秀[①]

他们又一次“具呈大部，照例咨行督抚申饬”，这次户部同样也站在了世袭

① 曲阜师范学院历史系编辑：《曲阜孔府档案史料选编·第3编　清代档案史料·第2册　圣贤后裔》，齐鲁书社1980年版，第2～3页。

五经博士一边，要求“顺治十三年例”若有更改，则将更改之处报部，若无更改，则严行申饬。通过布政司山东抚院，到山东清吏司再到兖州府衙，其口吻也从之前的“更改之处报部”变为“即将更改之处查明呈报”，号令如山，咄咄气势，层层加压，传递到邹县衙门，战栗之下，兖州府所属州县回文如下：

兖州府为恳恩再给明文严行申饬等事。本年八月十六日蒙布政司札付康熙二十三年八月初二日蒙巡抚都察院徐批，据本司呈，据兖州府详所属各称，五经博士宗族、庙丁、礼生蠲免杂差缘由前事。看得五经博士孔毓埏等呈宗族、庙丁、礼生免差定例严行申饬一案，蒙宪准部咨，查此蠲免定例，若有更改，即将更改之处报部，如无更改，仍照顺治十三年再加严行申饬。等因到司。蒙此，当即随行兖州府确查。兹据该府详据滋阳等州县各申称，五经博士宗族、庙丁、礼生惟正赋照依地亩均摊，其一切杂差蠲免，例久并无更改之处。遵照顺治十三年旧例蠲免等情，详报前来。但查五经博士宗族、庙丁、礼生优免定例，既据该府州县查明，并无更改之处，仍照旧例蠲免。相应呈祈宪台，伏赐咨部销案可也。等因具呈，蒙批，仰再严行申饬，仍候咨销缴。蒙此，合行严饬。为此札仰该府官吏，照依批详札内事理，即便再加严行申饬。仍照顺治十三年旧例蠲免，毋得迟误，慎之速速。等因到府。蒙此，合行严饬。为此，帖仰本县官吏查照批扎帖内事理，即将五经博士宗族、庙丁、礼生仍照顺治十三年旧例蠲免，毋得滥派累民，取咎未便。须至帖者。

康熙二十三年八月二十日典吏徐一拯①

世袭五经博士们不断移文户部、宪台，加之衍圣公重重施压之下，“院批即将四氏圣裔一切地亩杂项差徭役之处概行蠲免”②，这也标志着对于世袭五经博士而言，无论购置多少亩土地，这些土地一切杂差蠲免，不受例地亩数的限制。

《续修优复恩例》一书中回顾了整个纠缠的过程，总结道：

① 曲阜师范学院历史系编辑：《曲阜孔府档案史料选编 · 第3编　清代档案史料 · 第2册　圣贤后裔》，齐鲁书社1980年版，第3～4页。

②（清）孔继善等辑：《续修优复恩例》（清同治六年刊本）。

> 孔孟例地并无定数，孔孟例地出卖于百姓则为民田，百姓民田出卖于孔孟遂成例地，以致粮额莫定，弊病多端，康熙初年犹是如此，后经东抚题定孔孟府例地中地一百五十六顷一十亩，下地三十五顷，孔孟氏例中地三百八十九顷二十九亩四分，下地四百三顷五十一亩九分，例地遂有定数，若续置民田照依百姓行粮，此例地之始末也，若论差法，则例地民田尽行蠲免矣。[①]

可见从万历年间初赐给例地开始到康熙初年的五十年间，所赐例地并无定数，购得民田依旧以例地享受优待特权，这成为世袭五经博士逃避正赋、杂项科征，寻求经济利益的重要工具，却也成为邹县等圣贤后裔居住的各个州县沉重的负担。

所以，康熙初年改革圣裔例地，使其有确定的数目，照“孔孟圣府”例纳取正赋，对于孔孟府购置的民田，则按照百姓的标准一体缴纳正赋，但无论是额定的例地还是新购置的民田，两种土地一样，其余一切杂项差徭概行蠲免。

孔孟府在例地问题上获得了阶段性的胜利，达到了最初的目的。实际上，孔府与孟府如此不依不饶，不做一丝让步，是有自己的考量，在孔府现存档案中的《为勿更张邹邑优免旧制及卢慎学等案函稿》孔家人陈明了缘由：

> 伏念邹邑为先圣先贤发祥之地，尼山书院在焉，孟夫子专庙在焉，先三世祖书院在焉。所以子孙之居邹邑者，较之他邑为多，供事之在邹邑者，亦较之他邑为多。其地亩之外又有例地，亦较之他邑为多。若邹邑优免稍有更张，将来鼓弄簧舌莫可禁制矣。[②]

邹县的特殊地位，以及圣贤后裔在邹县过多的利益存在，使得他们不得不另眼相待这片土地，如果这种特殊的地位被撼动，那么经济特权倒塌的“多米诺骨牌效应”也会发生，所以他们才会越过地方官府（包括县、府、省），不断地向衍圣公以及中央朝廷抗议，以求得一夕之安寝。

---

① （清）孔继善等辑：《续修优复恩例》（清同治六年刊本）。

② 曲阜师范学院历史系编辑：《曲阜孔府档案史料选编·第3编　清代档案史料·第2册　圣贤后裔》，齐鲁书社1980年版，第10页。

从上文来看，貌似这种世袭翰博经济特权的争执已经告一段落，但实际上，圣贤后裔与基层官府之间的矛盾、特殊的特权大地主与政治实体之间的矛盾并没有从根本上解决，特权背后的利益纠葛让他们之间僵持不下。果不其然，康熙四十年（1701 年）六月“邹县军需蠲免”一案再次“事关达部”①，康熙五十年（1711 年）三月山东藩司再次行府檄县，转饬兖州府遵照四氏优免之处，②雍正十三年（1735 年）衍圣公又有“咨请河督、鲁抚孔、孟圣府例地优免河夫帮贴”一案，③真可称得上是不胜其烦、防不胜防，难怪孔氏族人在四氏学生员优免差徭一案中咬牙切齿地咒骂道：

> 揔之此三人者，性同枭獍，行似蛇蝎，揣其心盖欲借公事以揽通邑之□，使愚蒙畏之，群小附之，为鱼肉小民计尔。细阅邹令详文，极有持平之意，而不知已暗隳其术中矣。④

舞文玩法之人固然令圣裔感到可恶，但其只不过是冲锋陷阵的打手而已，真正在背后出谋划策，试图扳回一局的是与之有经济利益冲突的基层官府长官，在《续修优复恩例》中圣裔就对邹县知县张国瑜如此评价道：

> 张公（张国瑜）以一时之决裂，不善维持，悍然欲破坏数千年之典例，将逆情以干誉耶？抑达道以干名耶？经部文饬查后亦自晓然于先圣之昭然不容没矣。⑤

邹令张国瑜不惜背上“逆情以干誉”，“抑道以干名”的罪名也要与庞大的圣贤后裔特权集团搏上一搏，不可不谓之“英勇”。

---

① 曲阜师范学院历史系编辑：《曲阜孔府档案史料选编 · 第 3 编　清代档案史料 · 第 2 册　圣贤后裔》，齐鲁书社 1980 年版，第 12 页。

② 曲阜师范学院历史系编辑：《曲阜孔府档案史料选编 · 第 3 编　清代档案史料 · 第 2 册　圣贤后裔》，齐鲁书社 1980 年版，第 13 页。

③ 曲阜师范学院历史系编辑：《曲阜孔府档案史料选编 · 第 3 编　清代档案史料 · 第 2 册　圣贤后裔》，齐鲁书社 1980 年版，第 22 页。

④ 曲阜师范学院历史系编辑：《曲阜孔府档案史料选编 · 第 3 编　清代档案史料 · 第 2 册　圣贤后裔》，齐鲁书社 1980 年版，第 10 ～ 11 页。

⑤（清）孔继善等辑：《续修优复恩例》（清同治六年刊本）。

与此同时，我们在《邹县志》中看到了相反的评价：

> 张国瑜，字符玉，陕西鄠县人，丁酉举人，康熙十九年六月任，公性严介，重文学，立崇雅堂，月课诸生童不懈，除里老帮贴之弊，复民壮守城之制，四氏例地外有续置民田，力请上宪与民一例行差。[①]

立场不同的材料所反映的材料中人物的善恶优劣是有差异的，与圣裔编修的《续修优复恩例》的观点不同，在邹县地方官府眼中，张国瑜俨然是个“性严介”、革除弊端，而“有政声”[②]的好官，还特地将改革四氏例地制度的功劳写在其“政绩榜”上。

这种差异从另一个侧面说明了地方政府与圣贤后裔，特别是邹县地方政府与孔孟后裔之间在经济特权利益上的对立与矛盾，这种矛盾一直延续到同光年间仍未获得有效解决。一方面，地方官府表现出一种“相沿日久，违玩不行”[③]推诿扯皮的态度，另一方面，圣裔则不断呈请衍圣公、户部扎饬地方官府，双方对垒攻伐已是常态，地方官府也以强化对圣贤后裔名册的管理为武器，要求“开明住址地亩，责令本户赴州投递”[③]，以防止“闪差包揽，诡寄等弊”[④]，更似一种以攻代守的策略。

（二）祭田

除了例地以外，祭田是朝廷赐予亚圣裔五经博士及其宗族的另一种土地特权，如果说例地的设置主要是为了赡养孔孟府及其族人，那么祭田的主要用途则是“供孟庙春秋朔望祭祀，修理庙宇销用”[⑤]，值得注意的是，虽然一些史料不以“祭田”为名义表述，而代之以“赐田”“拨地”等词汇，其实际上所赐、所拨土地的性质就是祭田。祭田的土地数量仅次于例地。

---

① （清）娄一均修、周翼纂：《邹县志》卷二（清康熙五十四年刊本）。

② （清）汪以诚修、孙景烈纂：《鄠县新志》卷四（清乾隆四十二年刻本）。

③ （清）孔继善等辑：《续修优复恩例》（清同治六年刊本）。

③ 曲阜师范学院历史系编辑：《曲阜孔府档案史料选编 · 第 3 编 清代档案史料 · 第 2 册 圣贤后裔》，齐鲁书社 1980 年版，第 24 页。

④ 曲阜师范学院历史系编辑：《曲阜孔府档案史料选编 · 第 3 编 清代档案史料 · 第 2 册 圣贤后裔》，齐鲁书社 1980 年版，第 15 页。

⑤ 刘培桂编著：《孟子林庙历代石刻集 · 孟子庙资田记》，齐鲁书社 2005 年版，第 61 页。

1. 宋代

官方祭田之赐始于宋代。据《邹公坟庙之碑》[①]载称，北宋神宗元丰七年（1084年）也就是“诏以孟轲配食孔子”[②]，孟子历史上第一次配享孔子的当年，“九月，蒙朝廷赐库钱三十万，增修其祠。其像服九章，乐正子、告子、公孙丑、万章俱侍左右。给其赐田，以严洒扫”[③]。这是现存史料中关于孟氏后裔被赐予祭田最早的记录，有学者以此作为亚圣裔宗族受赐田产的开始，将其列为宋代的两次朝廷赐田之一。[④]

笔者却不这样认为，首先，这次所谓的赐田既没有明确的亩数，也没有坐落何处的记载，其次，在《三迁志》《邹县志》等史料中也未发现相类似记载，提供可供相佐证的材料，不仅如此，《邹公坟庙之碑》立于“贞祐元年秋九月十一日”[⑤]，距离神宗元丰七年（1084年）已经过去了整整129年，所以笔者对元丰赐田之说持怀疑态度。

笔者推断这种误会实在是句读理解偏差所造成的，碑文中所称“元丰七年九月，蒙朝廷赐库钱三十万，增修其祠。其像服九章”[⑥]查《三迁志》确有其事，“神宗元丰七年，朝奉郎权发遣兖州军事李梴……委本州官增修孟子庙”[⑦]。另据《邹孟子庙碑铭》：“（元丰）七年定九章之服，配食孔子。”[⑧]这即是“像服九章”的渊源。而碑文“乐正子、告子、公孙丑、万章俱侍左右”则是说的北宋徽宗“政和五年，诏邹县孟子庙以乐正子配享，公孙丑以下从祀”[⑨]一事，并非发生在元丰年间，所以笔者推测这三句话，应该说的是三个不同历史时期发生的不同历史事件，其碑文所称的“给其赐田”，实际上应该指的是发生在北宋政和四年（1114年）的一次赐田活动。

北宋宣和四年（1122年）十月，监察御史孙傅在《先师邹国公孟子庙记》中写道：“政和四年，部使者以闻，赐田三百万新之。列一品戟于门。又赐百亩

① 刘培桂编著：《孟子林庙历代石刻集·邹公坟庙之碑》，齐鲁书社2005年版，第21页。
② （明）吕元善：《圣门志》卷四（明刊本）。
③ 刘培桂编著：《孟子林庙历代石刻集·邹公坟庙之碑》，齐鲁书社2005年版，第22页。
④ 朱松美：《孟府文化研究》，中华书局2013年版，第151页。
⑤⑥ 刘培桂编著：《孟子林庙历代石刻集·邹公坟庙之碑》，齐鲁书社2005年版，第22页。
⑦ 郭齐、李文泽主编：《儒藏·史部·孔孟史志10·三迁志（清）》，四川大学出版社2005年版，第2页。
⑧ 李彬等主编：《孟庙孟府孟林碑刻集·邹孟子庙碑铭》，齐鲁书社2019年版，第29页。
⑨ （南宋）韩淲：《涧泉日记》卷上（清武英殿聚珍版丛书本）。

以给守者。”[①] 这既是最早对亚圣裔赐予祭田的最早记载，也是被广泛认同的宋代唯一一次对亚圣裔赐予祭田的记录。笔者目之所及，后世最早在嘉靖本的《阙里志》中引用此语：“宋政和四年，赐孟氏田百亩，以给守庙者。”[②] 其后又有万历本《邹志》因之：“政和四年，奉诏重修，赐祭田百亩，以给守者。”[③]《三迁志》《圣门志》《山东通志》《孟子编年》等书也称政和四年（1113 年）赐田百亩，皆是以此碑文为源头。

2. 元代

元代是历代王朝中给赐亚圣后裔祭田最多的朝代，也是从元代开始，朝廷赐给亚圣裔田产开始有了准确的亩数和坐落的记载。元泰定年间，时任大司农都事的先乡大夫郭奉议向礼部呈书，他说：

> 当职系益都路邹县籍，居本县实亚圣邹国公之乡，三迁之地，故迹犹存。前代以来敕修庙貌，及我圣朝举其遗典，于延祐三年七月，遣使追封孟父为邾国公、孟母为邾国宣献夫人，褒宠尊崇可谓至矣。然而尚阙庙田。切念孟子命世大才，攘剔异端，阐扬仁义，功垂后世，惠及当时。春秋祭祀，无所取给，诚为阙典。若蒙比附往年尚珍署系官地拨赡曲阜林庙例，将邹县蔡家庄、野店等处系官草场地土拨属孟庙，以供修理、祭祀，似为允当。仰就呈礼部照验。[④]

战火频仍，神器更易，经过宋、金、元三朝长达 210 多年的时间，不仅朝廷没有赐给祭田，原有的祭田也消失殆尽，以至于“春秋祭祀，无所取给”，不得不比照曲阜林庙例，请求拨给祭田。

此时，身在曲阜的衍圣公也起到了积极作用，他在牒文中称：

> 大德十年十月内，承奉中书礼部符文，承奉中书省札付，该照得，曲阜宣圣祖庭，摽拨尚珍署官地五十顷赡庙。今切念亚圣邹国公庙，若依大

---

① 刘培桂编著：《孟子林庙历代石刻集·先师邹国公孟子庙记》，齐鲁书社 2005 年版，第 9 页。

② （明）陈镐：《阙里志》卷六《礼乐》（明嘉靖刻本）。

③ （明）胡继先纂修：《邹志》卷一（明万历三十九年刻本）。

④ 李彬等主编：《孟庙孟府孟林碑刻集·皇帝圣旨·摽拨孟庙祭田公凭》，齐鲁书社 2019 年版，第 29 页。

司农司都事郭奉议所言，照依我林庙一例于所指上项，邹县蔡家庄、野店二处系官地，内摽拨赡庙祭田五十顷，以供春秋朔望祭祀，修理损坏庙宇，实为允当。[①]

在此之前的史料中还并未有赐给祭田需征询衍圣公意见的情况，但从这份泰定年间衍圣公所谈情形来看，他是受到中书省的公文札付，受到元代中央朝廷的指令，令其对亚圣裔拨赐祭田一事出具意见，可见这一时期的衍圣公已经在统治阶层对圣贤群体的治理上有了自己一定的话语权，元代或可是以衍圣公为首，各氏宗子为次的圣贤后裔集团形成的关键时期。

其后经过“县司议拟”认为“比附曲阜林庙例，于附近野店官草场内拟拨地五十顷，给赡亚圣邹国公林庙，实为相应”[②]。并查明“野店草场一百单八顷，内有佃户段信等二十八户，佃地二十九顷八十四亩，合该子粒赴滕州丁地仓送纳。拟于无人承佃地七十八顷一十六亩内摽拨五十顷作祭田，中间并无违碍，关请照验”[③]。

礼部亦认为：“亚圣邹国公庙食邹县，即与阙里一体……量拨五十顷……诚为相应。”[④]户部则以“未经本道廉访司讲议，仰照验施行”[⑤]。“讲议”在这里的意思是讲究论议、谈论商讨，《元典章》中就有：“[行移公事程限] 至元八年二月钦奉圣旨，据御史台奏，内外诸衙门公事稽迟，乞定立限次，本台纠察令中书省御史台一同讲议回奏，今后小事限七日，中事十五日，大事三十日。”[⑥]这里的“讲议”即是此意。

“廉访司于济南，以按治之属”[⑦]，元代的山东东西道肃政廉访司衙门设置在济南路，管辖范围涵盖济南路、东平路、益都路等，是覆盖当今山东大部分地区的最高权力机关之一[⑧]。虽然肃政廉访司名义上是监察机关，但实际上对地方事务也拥有管理的权力。元代路置总管府“总管一路之政”[⑨]。据李治安先生考证，到了元代中叶，形成了“廉访司与路总管府间上司与属官的关系”[⑩]，

①②③④⑤ 李彬等主编：《孟庙孟府孟林碑刻集·皇帝圣旨·摽拨孟庙祭田公凭》，齐鲁书社 2019 年版，第 29 页。
⑥《元典章·吏部》卷七《典章十三》（元刻本）。
⑦（元）于钦：《齐乘》卷一（清乾隆四十六年刻本）。
⑧ 默书民：《元代的山东东西道辖区考析》，《中国史研究》2007 年第 3 期，第 97 ～ 103 页。
⑨（明）刘节：《南安府志》卷十三《职制》（明嘉靖刻本）。
⑩ 李治安：《元代政治制度研究》，人民出版社 2003 年版，第 172 页。

“总司也需要监掌所在路总管府等官府的照刷按治等”①。从拨给孟庙祭田一事上来看，山东东西道肃政廉访司东平等处分司就是转变作出决定的机构，起到了关键性的作用。

元泰定四年（1327 年），拨付祭田一事再回山东地方调查施行：

> 间于泰定四年正月十四日，承奉滕州指挥，承奉益都路总管府指挥，承山东东西道肃政廉访司东平等处分司牒，该据邹县申，为摽拨祭田公事，县司于至元三十年行卷内照得，至元十二年，将野店地土拨作也速女儿抛下军马草场地土，中间并不与军民相干违碍。已经保结申覆滕州照验去讫，今移关本县，达鲁花赤帖哥亲诣野店官草场地内，呼集到佃地人段信等，从实踏迴，得无人承佃地七十八顷一十六亩，中间并不与军民相干违碍。县司看详，若依大司农司都事郭奉议所言，于上项地内拟拨五十顷作孟庙赡庙地土，实为相应。得此体覆得，上项地土中间别无违碍，宪司合行故牒，可照验就申。合干上司，依准大司农司都事郭奉议所言，于上项地内约量摽拨地三十顷，以供孟庙祭祀，相应先具依准。牒来奉此总府合下，仰照验依已行，于上项地内约量摽拨三十顷，以供孟庙祭祀，先具依准。申府奉此，使州合下，仰照验依已行，于上项地内约量摽拨三十顷，以供孟庙祭祀，先具依准。申州奉此，移准本县达鲁花赤帖哥关，该将引典史孙友，司吏魏毅，贴书李嗣祖，豪寨孙钦，同孟氏家长惟恭，儒人马亨、郭景哲等，亲诣所指野店官草场内，欲将元拨荒闲地土摽拨，却缘条段畸零未便。况兼上项荒地，近年各家俱已节次开耕作熟。为此，呼集到佃户段信等二十七户，将伊各家元种续耕地土通行兑换，那攒，责令佃户李和等一十四户，甘认元该纳官子粒粮发赴滕州丁地仓送纳。不致亏少外，从南、东、西用官降弹尺打量，摽拨到孟庙祭田地三十顷。其地东至峄山东华宫，南至民地，西至官路，北至颜庙祭出。除就南边旧有堎堆二个为界外，随时于地北边，东、西及头筑讫堎堆二个。令孟氏家长召募佃客耕莳，抽分子粒，以供孟庙春秋朔望祭祀，修理庙宇销用。外，关请照验施行。本县准此，合行出给公凭，付孟氏家长收执。照依所拨地土顷数四至堎堆边

① 李治安：《元代政治制度研究》，人民出版社 2003 年版，第 172 页。

界，召募佃客耕莳，抽分子粒，以供本庙春秋朔望祭祀，修理庙宇销用施行。所有执照须至出给者。

实摽拨地三十顷

右付孟氏家长，惟恭收执照用　准此

泰定五年正月　日[①]

从元泰定四年（1327年）之前的公文来看，各级官府都同意的是拨给祭田五十顷，即便是到了泰定四年，邹县官府亦是以五十顷为数量拨给亚圣后裔呈请批准的，但“宪司”改变了这一数额，减少了二十顷，作出了关键性的决定“约量摽拨地三十顷”，益州路总管府也并未更改“宪司”三十顷的决定。“宪司”在元代通常指的是按察司、廉访司[②]，在这里的即是文中的山东东西道肃政廉访司东平等处分司。单就拨付亚圣裔祭田一事，在笔者看来，其在廉访司在基层政务上的权力应该比预想更广泛，不仅仅是监察而已，而是以“体覆”、照刷文卷为手段，借“按治”之名，对政务插手，作出决断。

此赐田公文碑中有“宪司合行故牒……牒来奉此总府合下”之语，查《元典章》中的规定:“照得诸外路官司不相统摄应行移者,品同,往复平牒［正从同］。三品于四品、五品并今故牒，六品以下皆旨挥;回报者，四品牒呈上，五品牒呈上，六品以下并申。其四品于五品往复平牒，于六品、七品今故牒，八品以下旨挥；回报者,六品牒呈上,七品以下并申。……佐官当司有应行移往复者,并比类品从。职虽卑，并今故牒;应申，并咨。”[③]而《元史》中记载:“诸路总管府……上路秩正三品。达鲁花赤一员，总管府一员，并正三品……下路秩从三品。”[④]《事林广记》又记载说:“［上路］花赤大都副花赤并正三品，总管兼尹正三品……［下路］花赤正三品，总管从三品。”[⑤]所以，元代的路总管府是三品官司，达鲁花赤、路总管府总管为正或从三品，上路、下路的区别只是正从上的区别，学者亦考证认为元代的提刑按察司也就是后来的廉访司为正三品官司。[⑥]

---

① 李彬等主编：《孟庙孟府孟林碑刻集·皇帝圣旨·摽拨孟庙祭田公凭》，齐鲁书社2019年版，第29页。

② 王敬松：《元代宪司分行录囚述论》，《北京联合大学学报（人文社会科学版）》2013年第1期，第36～43页。

③《元典章·吏部》卷八《典章十四》（元刻本）。

④（明）宋濂等：《元史》卷九十一《百官七》（清乾隆武英殿刻本）。

⑤（南宋）陈元靓编：《事林广记·别集》卷二《外任诸衙门官职》（元至顺建安椿庄书院刻本）。

⑥ 郭兆斌：《元代肃政廉访司研究》，河北师范大学硕士学位论文，2012年，第19页。

这样一来，即便是廉访总司与同为三品的路总管府也应该使用平牒行移公文，但作为廉访司派出机构的山东东西道肃政廉访司东平等处分司却使用“故牒”一词行移公文，显然是山东东西道肃政廉访司东平等处分司与益都路总管府形成了统摄关系。这一则公文碑不仅有助于我们分析元代亚圣裔祭田的问题，还在廉访司分司与路总管府关系问题上有了额外的收获。

另外还需要注意的一点是，邹县在泰定年间为滕州所辖，而滕州又隶属于益都路，据学者考证，包括益都路在内的整个山东东西道宣慰司辖区都是山东东西道肃政廉访司的监临区域（如图 4-1 所示，圆圈标注处即为邹县）。[①] 按常理邹县虽属于山东东西道肃政廉访司辖域，但理应由廉访司益都路分司监临，而非远在他处的东平路分司监临，况且益都路纵贯山东东部，地域广阔，不可能不设置廉访分司，元代刘孟琛等编撰的《南台备要·分巡违期》所载事实也印证了这一点：

> 至正八年五月，准御史台咨，至正八年四月十二日，御史台奏，俺根底山东等处。体覆官吏，声迹去的，监察御史脱火赤楚惟善。文书里说将来，山东佥事刺思八朵儿只，禀性虽厚，莅事荒疏。本官至正七年八月十五日，前往益都等处分司出巡，至正八年三月中还司。又据寿光县人户李德口告田赋，所冯提领司吏徐吉安等，因事取受钱物，为是分巡官不曾到来，本县根访至昌邑等处，知得已行还司，以此前来，就赴总司陈告，其分巡佥事刺思八朵儿只，只畏惧巡行失宜，止于置司处接受李德告状。切详益都分司，按临州县数多，地里窎远，比年以来，水旱相仍，官府失治，盗贼蜂起，民物凋耗。本官职司风宪，分治一方，不能遵守成宪，依期遍历，以惩官邪，以究民隐，顾乃倦于勤劳，安于怠惰，先期一月之前，无故违例还司，合行公事，尚未结绝，声迹略无所闻，据此行为有乖宪体，拟合奏代么道，说有俺商量来，依着监察御史每题说来的行呵，怎生奏呵，奉圣旨说的是有整治勾当，其间似这般恣意违期，先行还司，合整治勾当不做，那得这般体例来，恁自家整治的，是有行与各处文书，今后有这般行的呵，教监察御史每纠言者么道，圣旨了也。[②]

---

① 默书民：《元代的山东东西道辖区考析》，《中国史研究》2007 年第 3 期，第 97 ～ 103 页。

② （元）刘孟琛：《南台备要》（明永乐大典本）。

在元代，中央御史台有监察地方肃政廉访司的责任，方式之一就是上述《备要》中提及的“体覆官吏声迹”①，文中的“山东佥事剌思八朵儿只”无疑指的是山东东西道肃政廉访司的官吏，何以见得？无非是下文中对其“职司风宪”“分司出巡”的等描述，《元典章》中录有圣旨说：“延祐四年（1317 年）四月初四日，御史台官奏过事内一件：‘各道廉访分司，每年八月中分巡，次年四月中还司，须要遍历。’么道，圣旨行了来。”② 该官虽大元至正七年（1347 年）八月十五日出巡益都分司，自是无违圣旨，但其却在至正八年（1348 年）三月中还司，所以称他“先期一月之前，无故违例还司”。这个分巡期限一直相沿未改，直到元朝亡国之君顺帝北逃。③ 凡此种种，山东地方具有“风宪”职能，并能依据此期限，派出分司监察的必是廉访司。

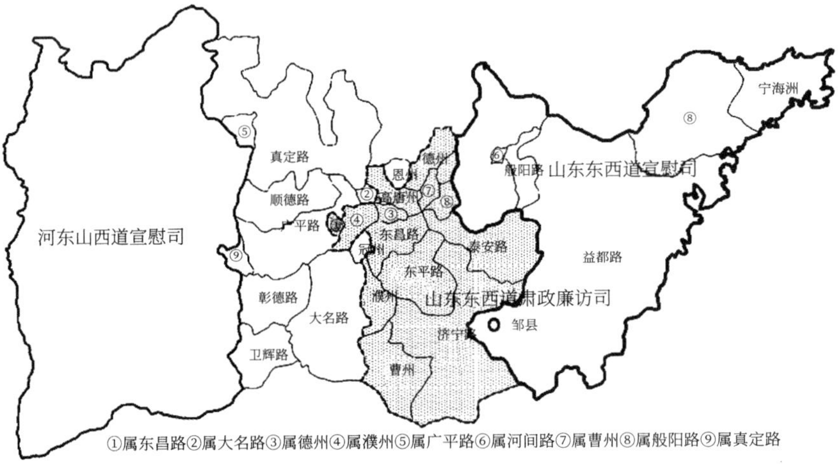

图 4-1　元代山东监司道与山东宣慰司道辖区图④

在描述廉访司益都分司时，其言曰：“切详益都分司，按临州县数多，地里窎远，比年以来，水旱相仍，官府失治，盗贼蜂起，民物凋耗。”所以谨慎地说，至正七年（1347 年）山东东西道就存在过益都廉访分司，还特别提及益都路监

① 郭静如：《元朝地方监察制度研究》，郑州大学硕士学位论文，2018 年，第 40 页。

②《元典章·台纲》卷二《典章六》（元刻本）。

③ 洪金富：《元代监察官吏的出巡日期问题》，《新史学》（中国台湾）2002 年第 2 期，第 168 页。

④ 参考丁一：《元代监司道区划考——兼论元代政治泛区的划分》，《中国历史地理论丛》2012 年第 1 期，第 123～140 页。

察的状况是“按临州县数多，地里窎远”可见监察之难度和辖区之广大，这无疑给我们抛下一个显而易见的问题，邹县属于益都路，为何不是由益都路分司监临，而是东平路分司监临。

同样的问题也出现在黑水城文献中，有学者分析相关文档时指出，“在M1·0528［F125：W71］文书中，对亦集乃路实施监临活动者为‘甘、肃、永昌等处分司’，若此次监临活动实施时业已存在‘亦集乃分司’，则不必令千里之遥的前者远赴该地。甘州、肃州、永昌三路居甘肃行省之南，亦集乃路地处甘肃行省之北，而亦集乃路距甘州路的距离达一千五百多里”。对此，该学者认为：“河西陇北道肃政廉访司，其前期可能设置有‘甘、肃、永昌等处分司’，该分司的监临区涵盖了甘州、肃州、永昌、亦集乃路等甘肃行省南部和北部地区，后期亦集乃等路单独设置了分司。这反映出，元代肃政廉访司分司的设置，可能会根据形势的变化而变化，而这一情况，此前学界尚未察觉。”①

但以上说法只能说是一种可能性，并非绝对。而笔者认为这其中原因可能是元代监察模式的制度性缺陷——实践中，各路廉访司分司或有不按照路的辖域进行分巡监察活动的现象或有混乱、懈怠的监察局面所造成的。对于这一现象，专门研究元代政治制度的李治安先生也颇有一些见解：“所谓‘分司徽州’，‘分治庆元’，只表示分司所在的路府，而不意味着全部分治、按治的区域。”但只是强调“所分治的路数又不限于一个，或是两个以上”②。对于是否突破了“路”的辖域界限，并未有更深层面的探讨。

元末时刘伯温所撰写《浙东肃政廉访司处州分司题名记》一文：

> 题名所以识岁月之久近、行役之劳勤，而寓感思于其中焉。山川阻修，行李跋涉，或一岁而屡至，或历年而一过，是故足以兴人之感。恩在而怀，威在而惮，义在而敬，虐在而怨，若之何而不起人之思邪？是又寓劝戒于其中，而切有裨于世教也。自古及今，相因不废，良有以哉。国家设肃政廉访司，以平官政，举众务，瘳民瘼，执纠墨，以绳天下之曲，揉不顺道理者，故录囚视牍，岁再出外。出必以隆寒盛暑之时，其劳勤孰甚焉？任

① 杜立晖、付春梅：《元代河西陇北道肃政廉访司分司的设置与运作——以黑水城文献为中心》，《宁夏社会科学》2017年第3期，第197～202页。

② 李治安：《元代政治制度研究》，人民出版社2003年版，第292页。

重于百司，而政下于民者独伙，宜其起人之思尤甚也。然则题名之记，其可缺乎？

粤自盗起以来，宪府缺官，分巡不及处州且累岁。今年秋，宪副张公始来，决壅疏塞，剔蠹振坠，大明举措，以植轧山薮之惠迪从逆者，于是七县士庶，咸知畏怀，寇盗爰戢，郡境用宁。乃暇日视分司题名缺记，命伐石树壁下，而俾基为之文。惟公以通济之才，筮仕于朝，出任民寄，以最绩奏闻，扬历风纪，老成更事，所至有德，泽加于民，真足以起后人之畏慕，昭轨范于将来。题名之石，昉建于兹，吾知其垂永久而不磨也昭昭矣！至正十七年冬十月记。[①]

元代廉访司分司出巡的弊病，宪司往往因为世间情势变化，或是缺少人手，以至于“分巡不及处州且累岁”，造成“按治州郡皆不暇”[②] 的窘境，或是如前文《南台备要》所说分巡违期，更甚的是直接在总司处接受治下子民的状纸。廉访司的这些弊病也并非元末大乱才出现，早在元早期就已经埋下了伏笔，世祖朝程钜夫如是写道：“每年按察司[③] 官名为巡按，其实未尝遍历，止于安静之地，迁延翱翔，闻有小警，即行退避。至于偏远之处，旷数年未尝一到，其小民被官吏苛虐，无所告诉。”[④]

如果刘伯温所述的果真是当时处州的状况，那么或可以推测出两种情况，一种是处州廉访分司虽然有，但形同虚设多年，并无廉访司官员前来分巡；另一种是廉访分司由于个中原因，根本就不出巡处州，使得处州处于无分司状态，直到“宪副张公始来”才有了处州分司。

所以对于地域广袤的益都路而言，如果类似于处州的第一种情形，或许其分司就正如《南台备要》所说：“益都分司，按临州县数多，地里窎远。”以至于官府失治，不能遵守成宪，按期监临，当地官府只得与距离相对较近的东平路分司互成上下关系，这样一来就在实际上打破了“路”一级行政单位对廉访司的限制，可以因时因地制宜行事；如果类似与处州的第二种情况，益州路根

---

① 林家骊点校：《刘基集》，浙江古籍出版社 1999 年版，第 125 页。

② （元）许有壬：《至正集》卷七十四《远道阙官》（清文渊阁四库全书补配清文津阁四库全书本）。

③ 廉访司原名称。

④ （元）程钜夫：《雪楼集 · 雪楼先生程公行状》（清文渊阁四库全书补配清文津阁四库全书本）。

本无廉访分司设置，则益州路会陷入累年无官巡按的情况，也不会出现由东平分司代为监临的情况，当然，这也与笔者在上文中对益州路地域广袤，必然存在廉访分司的观点相矛盾。所以笔者认为，元代廉访分司的运作虽然名义上冠之以各路，而在实践中却因为种种原因——尤其是制度性的缺陷以及行政、司法资源的不足，从而突破了“路”的区划范围，实行因时因地制宜的策略。这是我们通过这则碑文所得的另一有趣的发现，这虽不是本书主要研究方向，但确实值得学人进一步探索。

有学者以河西陇北道肃政廉访司为例，梳理出了廉访司在监察地方上的运作路径：“河西陇北道肃政廉访司对于亦集乃路总管府的监察是通过双重途径实现的：其一，在分司出巡情况下，是通过‘廉访司→分司→路总管府→分司→廉访司’的途径；其二，在分司缺驻情况下，则是通过‘路总管府→廉访司’的路径。”①

我们从公文流转的程序上可以看出，就拨付亚圣裔祭田一事，其权力流转路径应该是“县→廉访司分司→路总管府→州→县”，廉访司分司并将处置意见汇报上司，以县衙内官员会同孟氏家长及地方士人豪绅，将三十顷祭田四至范围确定，并将原有在此地上耕作的佃户土地“通行兑换”，将赋税交付滕州丁地仓，发给孟子第五十二代嫡孙、孟氏家长孟惟恭执照为止，元代整个亚圣裔祭田赐给的行政程序完成。元代的这次拨田成为孟府祭田最重要的基础，后代王朝只不过在此基础上加加减减，并无太大变化。

3. 明代

“九天日月开黄道，宋国江山复宝图”②。朱元璋北伐功成，建立明王朝之后相当长一段时间并不赐予分毫土地给亚圣嫡孙，直到景泰二年（1451 年）才“拨赐祭田六顷”③，但这相对前朝的三十顷赐田而言未免太过小气，况且“元尝拨田六十顷④，国初因之，其后被占”⑤，亚圣之祀，早已无以供祭，所以才有了后来景泰六年（1455 年）中宪大夫、都察院左佥都徐有贞的《请复颜孟二氏祭田疏》：

---

① 杜立晖、付春梅：《元代河西陇北道肃政廉访司分司的设置与运作——以黑水城文献为中心》，《宁夏社会科学》2017 年第 3 期，第 197 ～ 202 页。

② （明）钱谦益：《国初群雄事略》卷一（民国乌程张氏刊本）。

③ 郭齐、李文泽主编：《儒藏 · 史部 · 孔孟史志 9 · 三迁志（清）》，四川大学出版社 2005 年版，第 662 页。

④ 孟氏与颜氏合计拨给六十顷。

⑤ （清）谈迁：《国榷》卷三十一（清钞本）。

臣先因公干至兖州府邹县，据孟氏嫡孙世袭翰林院五经博士孟希文说称，颜、孟二氏俱各前元时拨赐祖庙祭田，在本县地名野店，共计六十顷，每庙各得三十顷，岁收种入，以供粢盛，兼得赡养族人。国初以来，亦无改革。其后止因二氏子孙微弱，无力营种，致被附近民人侵占，年久不还。先有颜氏嫡孙颜希仁赴京告理，已蒙行下布政司，差官踏勘，其各佃种人户李光等初问一各承认愿还，共给明文。奈缘此时有司因见二氏无有人情求请，不行追理，致使其中奸顽得计，改换供词，妄称系是洪武年间开垦无主荒田，至今不行退还，以致二氏子孙无田供祭。且今人口生齿既重，虽得前田，尚不够用，何况于无。希文虽蒙上恩，赐与官职，颇可度日，其奈举族之人未免饥寒，无以赡养等情，到职。

除查本县卷案相同外，切念颜子之德，孟子之功，宗传先圣，垂范后来，万世人君所共尊礼。故虽有元之君，亦知崇尚而拨田赡庙，矧乃先朝惇典庸礼之盛，皇上崇儒重道之至，而忍使其祭田不供，子孙失所乎。臣又伏见皇上亲行幸视太学，特诏孔、颜、孟三氏子孙陪从，乃授颜希惠、孟希文以近侍儒官，其优待之恩，有隆无替，诚超轶前代之君而过之矣。然其祭田有缺，子孙之苦，有司不为分理，使者不以上闻，非惟有负圣贤之宗教，抑且有负皇上之德意，岂不为圣世之缺典而儒道无人之叹哉。臣愚辄不自揆，敢以实闻。

乞敕该部行移山东布政司，委自堂上官员，前往本处，会集府县该官，公同踏勘前项原系颜、孟二氏祭田，沿丘履地，丈量明白。如其间有已纳粮者，乞行免纳。及未纳粮者，就便追给。仍前从公分拨与颜氏三十顷，令各依旧收种，并世嗣授官者掌管。岁入赡庙供祭之外，听存其余，周给各族之人。以后再不许他人占争认种，违者并罪有司。此外犹恐前项原田供赡不敷，二氏子孙乏力垦种。如蒙俞允，乞将附近抛荒空间田地量加顷数，增添拨赐。仍照孔庙事例，量拨佃户助种以供之，尤见特恩。如此，庶几上有以明皇上追崇先贤之至意，下有以俾贤裔切荷圣朝之盛恩，斯文甚幸。[①]

赐田不易，从元泰定五年（1328年）初赐三十顷到明景泰六年（1455年）长达

① 郭齐、李文泽主编：《儒藏·史部·孔孟史志9·三迁志（清）》，四川大学出版社2005年版，第662页。

127年间，中央朝廷再无分毫土地赐给；守田亦难，徐有贞在奏疏中阐明了祭田特权丧失的原因是子孙微弱，没有足够的人手耕种土地，从而逐渐被其他民人侵占，长期不归还。

历代所赐圣贤后裔土地特权难以存留也是经常发生的事情，在孔府档案中这种现象被称为“失迷”，[①]除了奏疏中豪强、民人的侵占以外，还有其他原因：一是自然环境的变迁，尤其是黄河在华北泛滥，水淹沙压。慈禧太后召见孔令贻母、妻的时候就曾有这样一番对话：

> 太后曰：“有多少地？”
>
> 对曰：“当初原额两千余顷，于今剩一千余顷，少了大半。”
>
> 太后曰：“如何到剩这些？”
>
> 对曰：“雍正、乾隆年间上黄水淹了，并有水冲沙压的，如今涸出无水，现今有人认作大粮的，有拨归各州县书院的，种了多年，难以回归。上年孔令贻引见后，次年王懿荣递折查找衍圣公田产，蒙批山东巡抚。洙泗书院重修了，膏火无着。地亩经抚臣张曜去查，本与伊是亲戚，拜庙后面见嘱其办理，回省故了。后换巡抚福润催办。”[②]

黄河改道、泛滥导致田地被沙土覆压，长时间没有人找回，结果被附近民人当作荒地耕种，或者被官府拨给各地书院作为学田，以至于“种了多年，难以回归”。

二是圣贤后裔有不肖子孙，变卖田产。时清康熙二十二年（1683年）、四十一年（1702年），程子后裔程佳璠、程延祀曾两次奏闻清圣祖，程延祀在奏文中说：

> 但臣家实寒微，庙宇之修葺，黍稷之供存，每遇春秋，拮据莫办。诚恐日渐亵越，有辜圣旨。臣不胜日夜悚惶。今值圣寿无疆之辰，正帝德广被之日也。臣不揣愚蒙，冒昧上请，乞赐祭田一曲，以延祀世。颜、曾、孟、仲之例，非臣所敢拟也。倘邀特恩旷典，量给祭田俎豆，生辉流泽万世。先臣生生世世永沾，□数于无极矣。伏乞皇上，睿鉴敕部施行。臣不胜悚

① 孟继新主编：《孔府档案珍藏》下册，中国社会出版社2010年版，第538页。
② 孟继新主编：《孔府档案珍藏》上册，中国社会出版社2010年版，第36页。

惶上陈，为此具本奏闻。[①]

程子后裔本想援引孔、孟等圣贤后裔赐祭田的例子，且前朝“额设祭田，世官其后”[②]班班可考，请求赐给田产应是顺理成章，却没想到朝廷“应不准行”，清圣祖如是说道：

> 程子，宋之大儒，祀典不可有缺，但给与祭田，或为其子孙之不肖者变鬻，则祀典仍缺。其令该巡抚藩司，善为酌处，务令程氏子孙世世奉祀，永远无缺。[③]

清朝统治者并未像前朝那样直接赐予田地，而是考虑到赐予的田产可能会被其子孙变卖，另寻他法：

> 至是河南巡抚徐潮疏言，两程子共祀一祠，应于每年春秋文庙附祭外，另给致祭银四十两，以昭旷典。从之。[④]

用给祭银代替祭田是清朝别开生面，限制世袭博士土地特权的做法，除了针对程子后裔之外，山西解州则采用出租房屋的办法：“内蒙抚宪巴大人发银五百两，令本州置买产业，收租以为关博士（解州关公后裔）养赡之资……每年共出租银六十两，于乾隆四十二年正月起，按夏冬两季收租。每年扣除银八两以为修房之费，其余银五十二两给博士领用，官为催收，年底报销，毋庸博士经理，免致变卖。”[⑤]房屋既不属于世袭博士，也不经过世袭博士的料理财务，直接由官府分配资金，避免了因为变卖等原因造成财产流失的风险。

这种措施基本上革除了祭田失迷带来民人与贤裔之间纠缠、争讼，官府再行耗费大量行政资源找回祭田，以及祭田赋税等附着在土地上的一系列问题。同时也可以看出到了帝制后期，尤其是清代，人口的增加与土地资源的有限性

---

① 程鹰、张红均编：《二程故里志》，河南大学出版社 1992 年版，第 82 页。
② 程鹰、张红均编：《二程故里志》，河南大学出版社 1992 年版，第 4 页。
③《清圣祖实录》卷二〇八，康熙四十一年五月丁亥（中华书局影印本）。
④《清文献通考》卷七十三《学校考》（文渊阁四库全书本）。
⑤ 刘泽民总主编、李玉明执行总主编、张培莲主编：《三晋石刻大全·盐湖区卷》，三晋出版社 2010 年版，第 306 页。

之间的矛盾冲突，使得统治者对待土地更加慎重和“吝啬”，减少甚至根本就不再赐给圣裔田产。

三是圣贤后裔的祭田管理机构或人员贪污腐败，缺乏监督。孔府档案中曾有负责祀田管理的倪廷桂历陈祭田迷失六弊：

守卫百户署管勾为历陈弊端，申请严禁，以除利弊，以保祀银事：

窃卑职伏查祀银自钦拨以来，载在赤书，设有屯官，派有甲首，承办催纳，何致有迷失之愆？不知始自何年，渐有无着散银五百两有奇。

细究根由，实因屯官不诚心清厘，甲首投轻躲重，买卖地亩，辗转匿割，顶替挂完，不随时承粮等弊，以致祀田失百余顷。卑职痛悉情形，理合将屯下之利弊逐一开列，备文申请爵宪鉴察，批示严禁，庶祀银保无迷失矣。为此，备由具申，伏乞照验施行。须至申者。

计申开：一款，甲首分散，五百余名，致使一人一甲，零碎无纪，一弊也。一款，书写征册，以大作小，混乱填写，致使原额不敷，二弊也。一款，甲首已故，不另派充膺，致使差役催办多有拖欠不清，三弊也。一款，盗卖祀田，提入逃户，致使祀田缺额，四弊也。一款，有着花户，提人散银，致使征收减价，五弊也。一款，过割地亩，贪利隐漏，致使有除无收，六弊也。

右申

袭封衍圣公府

咸丰二年正月二十日管勾倪廷桂

袭封衍圣公府批：据详屯田各弊，所见甚是，仰该员彻底清查，妥为办理可也。

二月初六日[①]

上文中所称的“六弊”涵盖了圣贤后裔祀田管理机构所存在的绝大部分问题，虽然表面上看祀田流失在于管理人员贪污受贿，懈慢怠工，但是这一切背后的根本原因实际上是以衍圣公为代表的圣贤后裔群体，虽为地方豪绅、贤贵，但毕竟不同于地方官府，可以动用的行政资源实属有限，走投无路时还需请求朝廷、

① 孟继新主编：《孔府档案珍藏》下册，中国社会出版社 2010 年版，第 559 ～ 560 页。

官府插手。

慈禧太后就曾经询问衍圣公孔令贻的母亲和妻子："你府中用多少人？"其对曰："有十几房，幸系部中之例，出缺顶补。现在丁祭属员俸薪不足，四十员有俸的，有二十多名无俸的，是以遂补遂告退的。"慈禧太后评价道："是养不住了，你出去托人替孔令贻代奏。"[①]可见，行政资源匮乏带来的监督不力、贪污受贿、懈慢怠工对于他们而言始终是难以避免的，也长久地困扰着这一群体，官府也不得不反复赐予祭田，又反复找回祭田，成为帝制时代体制万花筒中一个窥一斑而知全豹的弊病。

徐有贞奏疏呈上之后，同年（1455年）十二月庚申日朝廷"诏复颜、孟二庙祭田，加锡至百顷，置佃户各十家"，"既复野店之田六十顷，又得蔡庄之田四十顷益之。总为顷百，分而两之"[②]。找回了孟府原来的祭田，并在此基础上增加了亩数。有学者认为到此时，孟府所获明代朝廷祭田共计五十六顷[③]，但笔者查阅相关碑刻资料发现并不是如此，《孟氏大宗支派碑记》碑阴记载到乾隆十四年（1749年）为止"钦赐祭田并载《会典》：元泰定五年拨赐祭田三十顷，坐落野店。明景泰六年，增给祭田二十四顷十五亩，坐落蔡庄"[④]。除了拨在邹县的这五十四顷十五亩之外，滕县也有拨给祭田，清道光二十四年（1844年）的碑刻《祀田记》记载：

> 恭查：亚圣庙林暨滕阳上官、性善书院所有续增拨赐、捐买各项祀田，其有为《三迁家志》所未载者，亟应详勒一石，以示后世，而便稽考云尔。明景泰六年……又拨滕县上官馆祭田八顷（坐落孟家口）……[⑤]

邹县为孟子后裔世居的地方获得祭田可以理解，为何滕县也有赐田？笔者在元代碑刻中寻找到了答案，元代延祐元年（1314年）的碑刻《先师亚圣邹国公续世系图记》中记载：

---

① 孟继新主编：《孔府档案珍藏》上册，中国社会出版社2010年版，第36～37页。
② 刘培桂编著：《孟子林庙历代石刻集·大明锡复颜孟祭田之碑》，齐鲁书社2005年版，第115页。
③ 朱松美、王志民：《孟府文化研究》，中华书局2013年版，第153页。
④ 李彬等主编：《孟庙孟府孟林碑刻集·邹孟子庙碑铭》，齐鲁书社2019年版，第103页。
⑤ 李彬等主编：《孟庙孟府孟林碑刻集·祀田记》，齐鲁书社2019年版，第118页。

……至我大朝，诞膺天命，奄有四海。甫定以来，浸向儒术。庚子年，先皇帝因大臣奏请，访其遗裔。乃与滕州邹县傅村得知孟在，滕县刘庄得孟德成、孟德信。各照南宋元年元丰七年暨亡金大安三年增修庙像二碑之阴世系图，沿流溯源。知孟在系五十代孙，孟德成、孟德信系五十一代孙。朝廷怜之，并复其家。圣恩光宠，古所未有，猗欤盛哉！

岁舍癸丑秋九月，孟德成之子光祖不远数百里抵青社从予游。一日，藏修之暇告予曰："弊族赖远祖亚圣余庆，荐罹丧乱，幸逃大祸，犹获奉承祀事。近又荷圣朝恩恤，各复其家。有司仍为给据。议欲刻石庙庭，以续世系，且敬识朝廷汪涉之恩，以昭示于将来。敢请先生次第其事，幸无拒焉。"予方辱摄学事，义不得辞。闻谕盛美，故喜书而乐道之。

窃尝悲夫欲洁身而乱伦者，轻去圣人之常道，溺于异说以幻惑其心术，谓仁义不足学，君父非所敬，贪高慕远，妄意方外。如扑风系影，劳瘁枯槁，曾无所获。易箦之后，断无遗育。作俑之报，酷不致此。死而有灵，宁无悔耶？哀哉！或者不悟，犹蹈覆车之辙，故并及此使知。夫典礼者，天所秩叙，犹饥食渴饮，夏葛冬裘，皆人生日用当然之礼，决不可离。庶彼知所复焉。[①]

孟德成是孟子的第五十一代嫡长孙，只不过在孟克刚一代断掉了继承，其世居于滕县，仍然可以享受圣贤后裔的经济特权，所以元代中央朝廷认为"是亚圣之后，仰依僧道一体蠲免差发去讫"[②]。而明代中央朝廷则赐给其祭田，仍旧是顺理成章。所以，有明一代包括复原前朝的土地，总共赐给孟府及其嫡系后裔六十二顷十五亩。

4. 清代

如上文中所说，清朝统治者对待土地更加慎重，加之孟府的土地经济特权已经基本上与其政治、文化地位相匹配，所以，清廷对孟府田产只做清查备案，并无增加赐给。清康熙二十二年（1683 年）世袭翰林院五经博士孟贞仁向衍圣公汇报孟府宅基地、坟地、祭田、户丁清册：

世袭翰林院五经博士加二级孟贞仁为行查事。依蒙遵将职祖孟子庙宅

---

① 李彬等主编：《孟庙孟府孟林碑刻集 · 祀田记》，齐鲁书社 2019 年版，第 118 页。
② 李彬等主编：《孟庙孟府孟林碑刻集 · 皇帝圣旨》，齐鲁书社 2019 年版，第 35 页。

基地、坟地、祭田、户丁逐一查明。理合开造施行。须至册者。计开亚圣庙祭田，元泰定三年拨给三十顷，明景泰六年增给二十顷，佃户十户。又新增祭田一顷一十五亩。俱坐落邹县。孟母坟地三顷三十二亩二分。坐落邹县城北二十五里马鞍山之阳。亚圣孟子坟地一顷六十九亩二分。坐落邹县城东北二十五里四基山之阳。亚圣庙宅基地一顷二十一亩五分。坐落邹县南关断机堂并池与暴书台，共六亩二分五厘。坐落邹县南门外迤东。坟田二顷三十亩。坐落邹县。亚圣庙护丁，宣和四年拨庙户二十五户，元至正二十六年给门子五户，成化六年拨佃户七户，十八年复赐二十五户。孟子故里名曰付村。祠堂基地并孟母池共地三亩。坐落孟母墓侧。

康熙二十二年五月　日①

至此，亚圣裔世袭五经博士的祭田数目，就稳定地伴随着清王朝走进了历史的坟墓之中。

（三）墓田、庙宅基

墓田、庙宅基也属于官府赐予孟子后裔的土地特权，这些性质的土地经历了历代的变迁，到了清代逐渐稳定下来，再无较大变化。墓田主要包括孟子墓地、孟母墓地以及孟氏家族墓地，庙宅基主要包括亚圣庙、亚圣府、孟母祠与暴书台。

晋代的郭璞曾记载说："郲城北有绎山，绎山北有牙山，牙山北有唐口山，唐口山北有阳山，阳山北有孟轲冢在焉。"②阳山即是四基山。北宋景祐年间孔辅道知兖州，"俾其官吏博求之，果于邑之东北三十里有山曰四基，四基之阳得其墓焉。"这是孟子墓第一次被官方发现，景祐五年（1038 年）孔辅道"去其榛莽，肇其堂宇"③又成为官方修缮、营建孟子墓庙的开始。清代亚圣裔世袭博士在上报衍圣公的清册中呈报孟子墓占地一顷六十九亩二分，《重纂三迁志》将孟子墓以图的形式绘制出来，反映的即是这一时期孟子墓形制、占地的基本情况。④

后来因为亚圣庙距离县治三十余里，不方便祭祀，由"别营庙于邑之东郭，

---

① 曲阜师范学院历史系编辑：《曲阜孔府档案史料选编 · 第 3 编　清代档案史料 · 第 2 册　圣贤后裔》，齐鲁书社 1980 年版，第 38 页。

② 刘培桂编著：《孟子林庙历代石刻集 · 邹公坟庙之碑》，齐鲁书社 2005 年版，第 22 页。

③ 刘培桂编著：《孟子林庙历代石刻集 · 新建孟子庙记》，齐鲁书社 2005 年版，第 1 页。

④（清）孟广均原纂，（清）陈锦、（清）孙葆田重纂：《重纂三迁志》，山东友谊出版社 1989 年版，第 50 页。

以便礼谒”[①]，但是这一选址仍旧有问题，县士徐韧说：“庙濒水亟坏，不四十年凡五更修矣。”[⑥]地势低洼，水害频仍，导致庙宇不得不多次修复而不得安好，所以，宣和三年（1121年）“韧遂以私钱二百万，徒庙于南门之外道左”[②]，再次将亚圣庙迁到城门南，“总四十二楹”，这就是现在亚圣庙所在的地址，而亚圣庙的西侧为世袭博士居住的亚圣府。

亚圣庙的规模几经变化，金宣宗贞祐二年（1214年）“毁于兵，惟门垣在”，其后更是“凡八十年，孟氏有德昌者，资力四方，阅岁既久，仅成一堂”。战火毁损，仅剩门垣，后来八十年中竟然仅仅建成一堂，实在是惨不忍睹。到了元贞元年（1295年），才又新建十四间，“新其阶庭级道”[③]，但这也远比不上宋代四十二间的宏伟壮丽。后来的各朝代都有不同程度的损毁、复建、修葺，形成清代至今六十四楹的面貌，可以说是不幸中的万幸。康熙年间世袭博士在上报清册中标明，亚圣庙宅基地一顷二十一亩五分，坐落邹县南关。断机堂并池与暴书台，共六亩二分五厘。坐落邹县南门外迤东。

这里说的坐落邹县南门外迤东的断机堂并池与暴书台应该指的是孟母祠，《重纂三迁志》云：“孟母祠旧名断机堂，在邹县城东南隅，俗传为孟子故宅。”可见，断机堂、孟母祠、孟子故宅等均是指的同一个地方，只是历来叫法不一。孟母祠始建于元贞元元年（1295年）“邑尹司君居敬，因建沂国公书院于左，追往意也。又台下构室，曰‘断机’，思懿范也”[④]，一直延续到清代，其址未曾变更过。孟母墓地在“邹县城北二十五里马鞍山之阳”，“元成宗元贞元年，县尹司居敬始修墓树碑”[⑤]。清代统计时，孟母坟地总计三顷三十二亩二分。

（四）守林地

守林地是朝廷钦赐祭田之外，由县令、邑人、贤绅等购置的另一种形式的祭田，“此地设而膳食有资，看守不致乏人”[⑥]，目的是为了满足看护林墓的经济需要。对于亚圣林墓进行经济上的优待，购置守林地始于明嘉靖四十一年（1562

①⑥ 刘培桂编著：《孟子林庙历代石刻集·先师邹国公孟子庙记》，齐鲁书社2005年版，第9页。
② 刘培桂编著：《孟子林庙历代石刻集·先师邹国公孟子庙记》，齐鲁书社2005年版，第9页。
③ 刘培桂编著：《孟子林庙历代石刻集·邹孟子庙碑铭》，齐鲁书社2005年版，第25页。
④ 刘培桂编著：《孟子林庙历代石刻集·断机堂郏国宣献夫人新像记》，齐鲁书社2005年版，第75页。
⑤ 郭齐、李文泽主编：《儒藏·史部·孔孟史志9·三迁志（明）》，四川大学出版社2005年版，第542页。
⑥ 刘培桂编著：《孟子林庙历代石刻集·置地守林记》，齐鲁书社2005年版，第265页。

年），时任邹县令章时鸾，“先是督谕族人每春领俸银二两”后来又“复捐俸置田五十亩”，这一时期田地是否需要缴纳赋税还没有记载，只是说“岁入其租，以为祭祀、修理之具”[1]，收入用以祭祀、修理的开销。

对于孟母墓，曾有“万历十六年，前任知县王公讳自谨者，径裁革之”致使“看守无人，以致墙垣坍塌，林木渐侵渐伐，雕残殆尽”。所以邹县知县王一桢“捐俸买地二十亩，给帖佃种。一切租税差役悉为蠲免，止令看守林墓”[2]。这里就明确表明，守林地无须缴纳任何租税，承担任何差役，因而成为世袭博士特权体系的一部分。

到了万历三十五年（1607 年），邹县知县胡继先记言：“诘其前令之若、若王所置祭田，岁久且湮没也。”于是知县胡继先“捐俸廿余金，托其族之贤者孟闻钲等谋置祭田三十五亩”并将先前散失的五十亩“归其本族，酌为参祭”。[3]万历四十六年邹县知县李凤翔，再次捐俸二十两，买地三十亩，“仍令孟弘田佃种收租。每岁十月初一日，备办猪羊祭品香帛等物，永祀孟夫子墓前”且田地“止许佃种供祭，不许欺隐盗卖”[4]。天启三年，邹令毛芬再次增设亚圣墓祭田，这是史料记载中最后一次守林地的赠给，到了清代此类性质的土地也没有分毫增加。

二、税收拨作祭费

亚圣裔世袭博士祭祀孟子、孟子父母等费用一般从祭田的岁租中获得，但还有的情况是直接从公家集市等的税收拨款，来充当祭祀所需要的费用，断机堂的祭祀即是一例。其中，在孙士清的《邹县正堂移文》中，详细记载了祭祀的费用来源：

> 邹县正堂孙，为崇重祀典事。案据奉祀生颛孙开存、武生孟衍镛、候选主簿孟毓圻等呈称：“窃邹邑为圣贤梓里，祠祀甚多，除春秋二丁正祭外，

① 刘培桂编著：《孟子林庙历代石刻集·重建亚圣林享堂记》，齐鲁书社 2005 年版，第 237 页。

② 刘培桂编著：《孟子林庙历代石刻集·置地守林记》，齐鲁书社 2005 年版，第 265 页。

③ 刘培桂编著：《孟子林庙历代石刻集·增置四基山孟夫子墓陵祭田记》，齐鲁书社 2005 年版，第 273 页。

④ 刘培桂编著：《孟子林庙历代石刻集·捐俸银置买祭田记》，齐鲁书社 2005 年版，第 290 页。

如二仲丁、清明、中元、七月望、十月朔等日，祭品乃蒙历任贤父台筹拨。承值迄今，相沿未泯。惟本城南门外断机堂，乃启圣端范宣献夫人三迁训圣之所，道脉所基。是以历蒙圣朝殊恩，崇锡美封。庙貌祭品虽有杀于正庙，而酬庸报本之典尤应先于亚圣也。其春秋上丁固已载在祀典，官为办祭。其二仲中丁祭品，惟有韩庄一集。而集小税微，仅供秋丁一祭，其春丁祭品无出，缺典久悬。前蒙刘天俯鉴及此出示晓谕，于韩庄另起小集，即以集税补供春丁。无如韩庄一带集市稠密，空縻演戏之资，而集市无成，断难复起。且现当断机堂庙貌重新，蒙藩宪刘亲题匾额，以示尊崇。仲丁届迩，若缺典仍悬，无以抑副上宪崇重之至意。用特沥情呈恩另筹，以垂永久。倘蒙鉴察筹画，祀典得以无坠，仁天一日之甘棠，即圣贤千载之血食矣。如蒙筹补允妥，孟氏庙庭惟计察品之有无，族丁并不经手，庶免有所借口。合并陈明上叩等情。”

据此，当经批查春仲中丁祭费实需若干，着再呈明，以凭筹拨。去后。兹据颛孙开存等呈称：“遵查断机堂春仲祭品，每祭用羊一、豕一，再加香帛酒烛，约需制钱八千文等情。”具覆前来。

敝县查：断机堂为孟母三迁教圣之所，道脉所基，礼应崇祀。据禀，向乏春仲之祭，诚属缺典。查界河驿每年四月初八日古会，旧例有牛驴行市收税充公一项。嗣后每年准于此项税内拨给制钱八千文，作为春仲丁祭祀之费，以崇祀典。现在春祭已过，自明岁春仲为始，着该祀生等赴县具领。除批示外，拟合备文移会。为此，合移贵院，请烦查照备案，永远照办施行。

右移

翰林院五经博士孟

道光十五年四月初十日移

敕授文林郎、兖州府邹县知县、北平孙士清……[1]

断机堂在邹县东南孟母三迁祠内，元至正四年（1344 年）邹县耆儒、孟子后人在其内新塑孟母像一尊，“畚笾实豆，以牲酒致享……周旋洒扫，日严奉祀”[2]从此在断机堂内开始了对孟母的祭祀活动。从公文中可知，历来春秋丁祭都由

---

① 刘培桂编著：《子思书院 断机堂历代诗文集 · 邹县正堂移文》，齐鲁书社 2019 年版，第 236 ～ 238 页。

② 刘培桂编著：《子思书院 断机堂历代诗文集 · 断机堂邾国宣献夫人新像记》，齐鲁书社 2019 年版，第 110 页。

官方给费用，使用韩庄集的税收收入，但仅仅可以满足秋季丁祭的需要，春祭所需费用无法满足，虽然前任知县为了解决这个问题在韩庄另起小集，但却在税收收入上无法比肩韩庄集市，“断难复起”。

为此奉祀生颛孙开存、武生孟衍镛、候选主簿孟毓圻等人不得不再请现任知县孙士清另筹他法，并且声明孟氏族人只负责祭品等的完备，而不经手财务，以免引起不必要的纠纷。随后，邹县行文要求查明所需要祭祀费用多少，奉祀生颛孙开存回报“每祭用羊一、豕一，再加香帛酒烛，约需制钱八千文”。邹县知县最后以界河驿每年四月初八日的集会，将“牛驴行市收税充公一项”中的八千文作为断机堂春丁祭祀孟母的费用，令奉祀生每年春祭领取。

世袭博士在经济上获得的优待，不仅仅来源于土地，还包括这种税收拨给的经济利益，这就表明世袭博士的经济特权是丰富的、多样性的，是立体的经济特权。虽然限制于现存史料我们无法完整全面地描绘这种特权，但从上文中“祭品乃蒙历任贤父台筹拨”“官为办祭”等语就可以知晓，这种特权在性质上是官方认可、背书，“邹邑为圣贤梓里，祠祀甚多……历任贤父台筹拨”，在规模上也颇为可观，在延续时间上又可以说是“历蒙圣朝殊恩，崇锡美封”，特权之“特”，跃然纸上。

三、优免赋役

赋役一直是帝制时代财政、人力的重要来源，“民有田，则有赋，有丁，则有役”①，是供养国家机器运作必不可缺的资源，但“贫儿多租输不足，夫死未葬儿在狱”②，普通百姓却经常难以承担朝廷的役使和盘剥。不过，对于世袭五经博士及圣贤后裔而言，在优宠时代，朝廷免除了其赋役，给予特权使他们免受役使和盘剥。

世袭博士经济特权中的赐予田地、税收拨作祭费等属于其经济特权体系中“给赐”的范围，组成其经济特权体系的另一部分就是“蠲免”，前者使亚圣后裔享有更多的经济利益，而后者则减免了亚圣后裔的经济负担。

---

①（明）黄润玉：《宁波府简要志（明成化）》卷三（清钞本）。
②《全唐诗》卷二十八《山头鹿》（清文渊阁四库全书本）。

（一）金、元代以前

据《三迁志》记载，朝廷对亚圣后裔的优免赋役始于唐代，贞观元年（627 年）唐太宗曾诏免圣贤子孙赋役，唐开元十三年（725 年），唐玄宗又特地诏免孟氏子孙赋役，[①] 但是否确有其事值得怀疑，笔者查阅各类资料均未发现再有与其相互印证的史料。但查阅《阙里志》却有这样的记载“唐太宗贞观元年，诏孔氏子孙，并免赋役”，“玄宗开元十三年十一月，诏孔氏子孙，并免赋役”[②]。《阙里志》在这里明白地提及是诏免孔氏子孙赋役，而非圣贤后裔或者孟氏子孙。并且，自唐代诏免以后一直到金章宗明昌五年（1194 年），才再次有了优免赋役的记录，这期间竟然有长达 469 年的空白期，即便是在孟子地位显著提升的宋代，也全无优免的记录，这是极不合理的。所以，笔者怀疑可能是孟子后人附会唐代孔氏优免，以彰显其优免赋役的特权历史长久。

（二）金、元

金章宗明昌五年（1194 年），“诏免先师邹国公后免赋役”[③]，由此代开始，关于优免孟子后裔的记载就更加翔实起来。《山东通志》也记载称：“章宗明昌五年，诏颜子、孟子后并免徭役。”[④] 元代是优免孟氏子孙赋役最为集中的朝代，早在版图未定之时，元太宗就曾两次下令诏免，“九年，颜、孟二氏子孙奉上系绵、颜色、税石、军役，大小差发并行蠲免”，又“十年，以颜氏子孙八家，孟氏子孙二家，系先贤之后，蠲免差役”[⑤]。元朝正式建立以后，世祖忽必烈于至元二年（1265 年），免除孟氏子孙赋役。[⑥]

孟子后裔优免赋役的内容，现存史料关于元朝初期以前的记载，总体来说是比较简陋的，无法看出优免的对象有哪些，优免的内容是什么，但从元成宗以后，因为公文碑刻的存世，就有了可以进一步考究这些问题的丰富资源。大德元年（1297 年）元成宗颁布圣旨：

> 今准袭封衍圣公孔元措申，曲阜县见有宣圣祖庙，其亚圣子历代并免差发。目今兖国公后见有子孙八家，邹国公后见有子孙二家。事除已行下

①③⑥ 郭齐、李文泽主编：《儒藏·史部·孔孟史志 9·三迁志（清）》，四川大学出版社 2005 年版，第 664 页。

②⑤（明）陈镐：《阙里志》卷六《礼乐》（明嘉靖刻本）。

④（清）岳濬修、杜诏纂：《山东通志（清雍正）》卷十一之三（清文渊阁四库全书本）。

东平府照会，是亚圣之后，仰依僧道一体蠲免差发去讫，并不得夹带他族。仰各家子孙准上照会施行。奉到如此。右札付亚圣颜国公、邹国公之后子孙，准此。

札付兖国公、邹国公子孙事

丁酉年十一月二十六日[①]

这则圣旨第一次将优免对象和优免内容呈现出来，其中优免对象是邹国公两家子孙，查看孟氏家族的谱系。元大德元年（1297年）健在的嫡系孟氏子孙为五十二代孙孟惟恭、孟惟清、孟惟忠、孟惟敬，孟惟敬远在滕县，他一家的优免在更晚的圣旨中被提及，而孟惟恭作为此时孟氏的家长也必然会被恩荫，所以另一家可能为孟惟清或者孟惟忠，可见这一时期优免赋役的经济特权还没有恩及整个孟子后裔家族。

对于优免内容而言，并不是将孟氏两家赋税、徭役全部免除，而是特别指出“仰依僧道一体蠲免差发”即免除的内容是“差发”。虽然有的史料如《黑鞑事略》称：“其（蒙古）赋敛谓之差发。”[②]但实际上，差发与赋税并不等同，据元代重要的居家日常生活文献《居家必用事类全集》记载：“包银，谓民纳钞。包以充差发，即古之庸也。丝线，亦差发，古之调也。”[③]这里的“庸”“调”指的是唐代税收政策中的租庸调制度中的“庸”与“调”，唐代“每丁根据当地的出产纳绢或绫绝各二丈，纳布的加五分之一。输绫绢绝者，兼纳绵三两；输布者，兼纳麻三斤，是为调。每丁每岁服役二十日，闰月之年加两天;不愿服役者，每日折纳绢三尺，是为庸。国家有事加役达十五日者，可以免调；达三十日内，租调皆免。但连正役在内不得超过五十日”[④]。“庸”并不是单纯的赋税，而是对拒绝赋役的一种变通折抵。

元代施行以税粮、科差为主的税收策略，“元之取民，大率以唐为法。其取于内郡者，曰丁税，曰地税，此仿唐之租庸调也。取于江南者，曰秋税，曰夏税，此仿唐之两税也。丁税、地税之法，自太宗始行之”[⑤]。税粮在中原地区以丁税、

---

① 刘培桂编著：《孟子林庙历代石刻集·皇帝圣旨》，齐鲁书社2005年版，第37页。

②（南宋）彭大雅：《黑鞑事略》（明嘉靖二十一年钞本）。

③（元）《居家必用事类全集》辛集（明刻本）。

④ 赵德馨主编：《中国经济史辞典》，湖北辞书出版社1990年版，第293页。

⑤⑥（明）宋濂等：《元史》卷九十三《志第四十二》（清乾隆武英殿刻本）。

地税两种形式缴纳，在江南以秋税、夏税两种形式缴纳。“科差之名有二：曰丝料，曰包银。”[6]科差以包银、丝线两种形式税收，而此二者又是上文中提到的“以充差发”的来源。所以说，这里的“差发”实际上是仅仅指徭役，或者是对不愿服徭役的一种折纳税，并不包含唐代“租庸调”中的“租”，并非是正项田赋，即元代的税粮。

一则元代圣旨更加清晰地将差发与其他赋税并列，称：

> 至元二十五年十月十八日，察察尔集赛第一日奏过事内一件：江南秀才做买卖呵，与商税，种田呵，与地税者，除外，横枝儿不拣甚么差发休与者。么道执把着的圣旨索有。俺商量的，执把着的圣旨他每根底与呵，怎生？么道。奏呵，那般者。么道，圣旨了也。钦此。[1]

文中称，做买卖的、种地的江南秀才，仍要缴纳商税、地税，而“差发休与者”差发予以优免，这里显然是将商税、地税与差发并列而谈，可以见得差发并不等同于全部赋税。陈高华教授在《元代佛教寺院赋役的演变》一文中对圣旨中“据邱神仙底应系出家门人等，随处院舍都教免了差发税赋者”的“差发赋税”进行分析时说：“‘赋税’应包括地税和商税，‘差发’泛指各种差役和力役，有时还包括和雇、和买。”[2]显然，陈高华教授也已经观察到了两者的不同，笔者从其观点，同时也认为将差役、力役等折抵所缴纳的税也应该包含在“差发”的概念之中。

这样一来，我们就可以这样认识，如果从性质上来看，“赋税”和“差发”自然是完全不同的两个概念。从表现形式来看，“差发”中的折纳税也可以说是“赋税”的一部分，那么“差发”中的差役、力役等被征用的劳力，则不能被冠之以“赋税”之名。但“差发”与“赋税”又可以被统而言之为“赋役”。古人也意识到了这种不同，在《三迁志》记载中称：“成宗元贞元年，诏孟氏子孙并免差役。”“大德二年九月，以邹国公子孙地税、大小差徭尽行豁除。”地税、差徭表述准确，分辨清楚，各有所指。

这种划分的分析看似锱铢必较，但对于我们分析优免内容而言仍然是十分

① （元）《庙学典礼》卷二（清文渊阁四库全书本）。
② 陈高华：《元代佛教寺院赋役的演变》，《北京联合大学学报（人文社会科学版）》2013 年第 3 期，第 5 ～ 15 页。

必要的，这也不仅仅是为了厘清各个朝代对亚圣后裔优免内容的历史事实，更重要的是为了找寻优免内容前后的变迁。

到了元仁宗年间，皇帝再次颁布圣旨，扩大了优免特权的享受范围：

> 中书户部承奉中书省判送□部，元呈山东宣慰司关益都路滕县、曲阜县申，邹国公五十二代孙孟惟敬等呈，孟氏子孙合该税石，于丁酉年间奉圣旨，依僧道例将各家合该地税除免了当。惟敬等二家元籍系滕县，住□不相统摄，未蒙除免。得此。又据邹县状申，孟在委系亚圣邹国公四十九代孙，将合纳地税四斗一升，除免相应。得此。本部议得，亚圣颜国公颜氏子孙颜宽等八家税石已经呈准省部除免了当外，亚圣邹国公孟氏子孙孟信、孟成二家，乙未壬子二年籍面内明，该滕县孟信、孟成系孟子五十代孙，鄹县孟在系孟子四十九代孙。即与都堂钧旨连送户部，更为照勘地亩税石数目。如无违碍，依上施行。奉此当部合行移并请照验，更为照勘地亩税石数目。如无违碍，依上施行。须至关者，右关山东宣慰使司。
>
> 延祐元年十一月廿一日令史李翔承行[①]

元仁宗延祐元年（1314年），身在滕县的孟惟敬两家，因为与邹县不相统摄，导致没有享受优免赋役的特权，特地呈请扩大优免的范围将其两家也纳入其中，此外，滕县孟子五十代孙孟信、孟成，孟子四十九代孙鄹县孟在等人也以孟子后裔的身份，请求优免，《先师亚圣邹国公续世系图记碑》更加清晰地记载了几人的籍贯来源："滕州邹县傅村得孟在，滕县刘庄得孟德成、孟德信。"[②]

可以看出，随着时间的推移，在优免对象的范围上是不断扩大的趋势，并且在地区上，不仅涉及邹县，而且也扩展到了滕县。孟惟敬在文中说："孟氏子孙合该税石，于丁酉年间奉圣旨，依僧人道例将各家合该地税免了当。""税石""地税"这与丁酉年间的圣旨内容"差发"不相符合，应是讹误。

《元典章》中记载："西番、汉儿、畏兀儿、云南田地里和尚、也里可温、先生、答失蛮，拟自元贞元年正月以前，应有已未纳税地土，尽行除免税石。今后续

---

① 刘培桂编著：《孟子林庙历代石刻集·皇帝圣旨》，齐鲁书社2005年版，第38页。

② 刘培桂编著：《孟子林庙历代石刻集·先师亚圣邹国公续世系图记碑》，齐鲁书社2005年版，第45页。

置或影占地土，依例随地征税。”[①] 这里的“税石”就与后文中的随地征税相互呼应，与此相同，优免圣旨中的“税石”也与后文中的“地税”相呼应。所以说，“税石”指的就是田赋，也即是“地税”。孟惟敬所指先前免除的地税应该指的是，距离延祐元年（1314 年）较为接近的大德二年（1298 年）九月的一次优免，《三迁志》记载称此年将邹国公子孙的地税、差徭尽行豁除，所以孟惟敬的所得的这次圣旨，并不是第一次扩大优免的内容，而目的是扩大优免对象的范围。大德二年的优免，已经将优免的内容从仅仅免除“差发”，发展到既免差发又免除地税，完整的实现了优免赋役的经济特权待遇。

（三）明、清及民国

明代建立之后，洪武元年（1368 年）即延续了元代的一些对孟氏子孙的优免措施，但并非是全部赋役的优免，据孟府所藏碑刻记载明代圣旨：

> 济宁府兖州邹县，洪武八年二月十七日，承奉宣圣五十六代孙、资善大夫、袭封衍圣公，承准山东等处行中书省照会，准中书省咨，准江淮行省平章韩荣禄咨，为林庙等事，送据翰林国史院官，会同太常博士陈承事，议得孔、颜、孟三氏赋役等事，定拟到后项事理。洪武元年十二月十六日，本部傅侍郎、张郎中，同陈修撰、李起居注、单起居注、安给事中、安殿中侍御史、宿卫等官，于奉天门奏，奉圣旨，准拟。钦此。
>
> 洪武元年十二月十九日，本部崔尚书、宝侍郎，同朱学士、濮指挥、李指挥、周指挥、陆镇抚等官，于谨身殿西廊下钦奉御笔圣旨：“其孔孟子孙，皆免差发。税粮，有司依例科征。颜氏子孙，惟大宗免差，余枝不免。钦此。”
>
> 除钦遵外，前件钦依圣旨事意施行。请照验依上施行。准此照会，可照验施行。承此，照得孔、颜二氏除已行下曲阜县照验外，据孟氏子孙见于邹县守护林庙住坐，拟合行移该管有司，钦依圣旨事意施行。
>
> 为此，公府合下仰照验，依上施行。奉此，使县合下仰照验，即将孟氏大宗子孙免差，依上施行。须至帖者。
>
> 右下孟氏主奉孟思谅　准此

① 《元典章·户部》卷十《典章二十四》（元刻本）。

洪武八年二月十八日[①]

洪武八年（1375年）的这一则公文碑提到了洪武元年（1368年）朱元璋的旨意，其将孔氏、孟氏子孙免除差发，但税粮仍然按例征收，从优免内容上来看，这里仍然延续了元代“差发”与税石相分离的策略，而且并没有延续元代中后期对孟氏子孙差发、地税全部免除的措施。

在优免对象上，第一次将孔孟两家相提并论，颜氏子孙另议，而且只免除颜回子孙的大宗，“余枝不免”，这明显地反映出唐、宋、元“孟子升格运动”的最终成果之一——孟家子孙地位的抬升，已经仅次于孔家。有的学者认为：“宋代由于王安石及其继任者的一系列推动以及‘四书’的官学化，最终使孟子得以受封袭爵，配享孔子，《孟子》一书直登官学宝座。至此，唐宋孟子升格运动画上了一个圆满句号，其在中国政治与思想史上的地位最终得到了重视和确认。”[②]的确，“唐宋孟子升格运动”自然是南宋末期孟子地位达到最高峰，但从整个“孟子升格运动”的宏观视野来看，虽然宋元之际，南宋方面孟子已经在事实上取代了颜回“亚圣”的地位，但这仅仅限制在南宋境内，长期被少数民族统治的广大北方地区，以及后来的元朝廷对孟子的认可，还要靠后一些。[③]

上文中延祐元年（1314年）免税公文碑还将颜回称作“亚圣兖国公”，将孟子称为“亚圣邹国公”，可见二者此时的官方地位仍然是相提并论的，并且延祐三年（1316年）才“诏春秋释奠于先圣，以颜子、曾子、子思、孟子配享”[④]南北“四配”才统一下来。这一时期孟氏子孙在各类公文碑刻中基本上排列在兖国公颜回子孙之后，体现出两者之间地位的高低差距。

元文宗至顺元年（1330年）正式下旨册封孟子为“邹国亚圣公”，而颜回则不称“亚圣”改称“复圣兖国公”，从此，孟子、颜子的地位始得正式变更。由此带来的结果，不仅是“唐宋时代地位久居孟子之上的颜回，元朝加封其父为公爵却晚至加封孟子父约二十年后”，两家后代子孙的命运也变得不同起来。[④]三十八年后，洪武元年的这一道圣旨即反映出由颜、孟地位变迁带来的颜、孟

---

① 刘培桂编著：《孟子林庙历代石刻集·邹县帖·孔孟子孙皆免差发税粮圣旨》，齐鲁书社2005年版，第108～109页。

② 宋冬梅：《儒家道统中的孟子升格与孔孟之道》，《中国文化论衡》2017年第2期，第53～65页。

③④ 赵宇：《儒家“亚圣”名号变迁考——关于宋元政治与理学道统论之互动研究》，《历史研究》2017年第4期，第43～61页。

④（明）宋濂等：《元史》卷七十六《祭祀志五》（清乾隆武英殿刻本）。

子孙经济特权地位的易位，经济特权内容的差异。

不过，虽然圣旨中虽然孟氏子孙与孔氏子孙一样不仅仅免除大宗的差发，但在实际操作中还是只“将孟氏大宗子孙免差”，这也与《圣门礼乐统》中“元太宗九年，颜、孟二氏子孙蠲免税役，洪武元年，诏只免大宗差发，余枝不免”[①]的说法相一致。

明代又分别于正统七年（1442年）、景泰二年（1451年）、嘉靖二年（1523年）三次重申优免孟氏子孙差徭[②]。到了万历三十七年（1609年）优免差徭的经济特权从孟氏一家重新扩展到孟家的户役，据《邹县为恳恩照例优免以杜攀扰事公文》载：

兖州府邹县为恳恩照例优免以杜攀扰事。蒙钦差巡抚山东等处地方、督理营田、提督军务、都察院右副都御史黄批，据本县申，据翰林院世袭五经博士孟呈前事。

呈称：“先祖孟子庙，于宣和四年并景泰六年叠蒙皇恩，崇重贤儒，钦拨庙户二十五户、佃户十户、门役四户、礼生六十名，其各役杂差悉行蠲免。在庙洒扫，供祀陈设，历经年久。近被里书地方、保甲人等科诈不遂，朦胧妄攀，苦累逃窜，不愿供庙，皆将离心。仅存庙户二十户、佃户六户、门役三户，不足原额。佃户无人，粢盛奚供？祭典既废，先贤何安？合将由具呈，仰祈天台轸念先贤俯存庙祀，行县查明，照例优免，刻石垂后，永远遵守。以杜奸宄之攀害，永载洪恩之再造等因。”具呈本院。蒙批，仰邹县查明。蒙此，该本县知县胡，看得庙户、百姓各有本管差徭。今佃庙人户、礼生，既以一身供庙，又加民间差徭，一身难应两役乎。况考《三迁志》书旧例，除豁差税确有证据者也。合无申乞俯赐定夺。准将庙户、礼生照旧优免杂差，令其颛事洒扫。庶先贤无失祭之虞，庙户无重累之苦。合候详允，行令里书保甲人等，免攀杂差。仍勒石垂后，永远遵守施行等因。呈详本院。蒙批，准如议行缴。蒙此，除本县行令里书保甲人等，免编佃庙人户、礼生杂差。刻石本庙垂后，永远遵守施行。

---

① （清）张行言：《圣门礼乐统》卷二《祀典通考二》（清康熙四十一年万松书院刻本）。

② 郭齐、李文泽主编：《儒藏·史部·孔孟史志9·三迁志（清）》，四川大学出版社2005年版，第664页。

万历三十七年仲秋吉旦……[①]

洒扫户、佃户等的免除差徭正如公文碑刻中所说“除豁差税确有证据”，据《三迁志》记载，早在宋宣和四年（1122年）拨赐首批庙户的时候，就已经“免其杂税”，这也并非孤证，宋代石刻《邹县榜》一则更是言之凿凿：

七月二十八日，奉圣旨，依右札付，袭庆府照会符县须至晓示者，右出榜，令有司就拨庙子二十五户，优免差税，常□洒扫邹国公庙。晓示仰详前项，符内备到圣旨指挥，恭依施行。各令知委。

宣和四年八月　日榜……[②]

通过这两则史料，我们可以知道宋代就开始对庙户进行优免差税应是确信无疑的，如此一来，假设我们对《三迁志》中唐代对孟氏优免的怀疑成立的话，晚至金元时期孟氏后裔才享受优免赋役的经济特权，那么朝廷对庙户等户役的优免竟然比孟氏子孙本身的优免特权待遇还要早。这从一个侧面为我们勾勒出了亚圣裔经济特权的制度设计的发展轨迹和规律，即帝制王朝赐给的经济特权是由实用性价值到利用性价值转变的结果，也就是从开始的为了使祀典无缺，以安先贤的实用性价值，发展到以优待圣贤子孙，笼络圣贤后裔为主的利用性价值。

之所以能称之为“规律”，是因为我们发现在祭田赐给上似乎也遵循了这样的路线：从开始满足祭祀所需的祭资，到不断增加名目多样的各类性质土地，演变为笼络、收买性质的经济特权。对于“权力”而言同样如此，王朝赋予亚圣裔世袭博士各种权力的本意是“以奉祭祀”，“督理林庙，绳愆子孙”[③]，但却无可避免地滑向了权力力度的增强，权力种类的多样化，俨然建立了一个“小朝廷”，这自然是中央朝廷不愿看到的，即便是采取了一些措施，也是睁一只眼闭一只眼，到清代末期这种情况并未发生根本性的改变，反而有过之无不及，在实践中亦变异了权力的性质。这种发现是颇有意义的，对于我们研究和认识中国古代甚

① 刘培桂编著：《孟子林庙历代石刻集·邹县为恳恩照例优免以杜攀扰事公文》，齐鲁书社2005年版，第279～280页。

② 刘培桂编著：《孟子林庙历代石刻集·邹县榜》，齐鲁书社2005年版，第8页。

③ 郭齐、李文泽主编：《儒藏·史部·孔孟史志9·三迁志（清）》，四川大学出版社2005年版，第658页。

至是近现代其他特权问题都有借鉴、对比的价值。

清朝开国之初，顺治元年（1644 年）即继承前代优免政策，下旨称："圣门典例，俱应相沿，期于优渥。其在屯佃户见丁计亩开垦祀田，专供祭祀，有司杂差，俱行蠲免。"[①] 到了顺治四年（1647 年），亚圣后裔的优免特权再次发生新的变化，"特恩亚圣嫡裔，并余支散居各州县者，人无丁役，地无差徭"，"车马船支等项差使，一概免派"[②]，享受优免特权的对象由先前的仅限于孟氏大宗，扩展到全部亚圣后裔，事实上也是这样，清代散居在各地的亚圣后裔，有相当一部分将清廷的优免措施刻录成碑，据道光本《巨野县志》载《孟氏优免差徭碑》：

> 持调巨野县正堂黄，为优免差徭事。据祀生孟毓麟，生员孟传佑等呈称，切生等系出亚圣后裔，奉有恩诏优免差徭等情一案，当经备录原呈，关会邹县孟府查办在案。嗣准移覆内开，查得祀生孟毓麟，生员孟傅佑等，实系亚圣后裔，希将移去册开孟毓麟等三十二名，除钱漕正供之外，一切杂差从优免派。等因到县，准此，除将孟毓麟等呈批示勒石外，合行抄册出示晓谕，为此示仰书役人等知悉，嗣后凡孟氏子孙册内有名者，除完纳钱漕外，其一切夫役杂差，永远优免，不准再派。亦不得以册内无名之人，影射混充，察出重究。禀之切切。
>
> 道光二十年冬月[③]

可见对孟氏子孙的优免已经不仅限于邹县、滕县大宗子孙，已经扩展到各地孟氏子孙，这与《三迁志》记载相一致。不过在程序上，仍然需要邹县亚圣府进行确认之后，开具名单，照单优免。从优免内容上来看，与前代并无太大差异，只是将差徭、摊派等免除，正项地赋仍需缴纳。

由于地方官府与圣贤后裔在经济利益上的冲突，优免差徭的经济特权多次遭到各地方官府的滋扰，"各州县奉行不善，派扰时开"。所以户部、山东布政司曾多次因为此事行文申饬，从顺治元年（1644 年）开始，到乾隆二十四年（1759 年）为止，就分别在顺治十三年（1656 年）、康熙二十三年（1684 年）、康熙

① 郭齐、李文泽主编：《儒藏·史部·孔孟史志 9·三迁志（清）》，四川大学出版社 2005 年版，第 665 页。

②《孟氏优免碑记》光绪二十一年，转引自中共邹县县委等编著：《罪恶累累"亚圣府"》，山东人民出版社 1976 年版，第 20 页。

③（清）黄维翰纂修、（清）袁传裘续纂修：《巨野县志（清道光）》卷之二十二（清道光二十六年续修刻本）。

四十年（1701年）、康熙四十七年（1708年）、乾隆五年（1740年）先后五次行文通饬各州县官府，要求严格遵守成例，“将一切地亩杂项差徭概行蠲免。如有复行派扰者，详报究处”①。

这就说明帝制时代的末期，为了笼络这一群体，中央朝廷不得不比之前朝，再添优宠，进一步扩大了优免徭役的施用对象，然而这种膨胀的经济特权与地方官府可承受的经济、财税压力已经突破了平衡的界限，地方官府的经济利益与圣贤后裔的经济特权之间的矛盾已经渐趋白热化、公开化。

清王朝覆灭以后，民国时期在相当长一段时间内仍然沿袭对圣贤后裔的优免措施，据《孟府档案辑录》中《孟氏族务会议记录》载，民国三十二年（1943年），日伪政权在山东各处征收食粮，其中邹县摊派达四千八百吨，围绕亚圣后裔能否免予摊派，时任亚圣奉祀官的孟凡骥发表了这样一段训示：

> 今天开会的意义呢，有族长说的（得）很详细，不必再为赘叙。惟有一种最大问题，就是现在政府征购食粮，因此就影响到我们的权益。查圣贤牌之设，原为优遇我们的，即是孔孟后裔所格外享受的特权，向来差徭杂费一概不摊，惟此次征购食粮恐怕势不能免。何以呢？因此次系征购、系给价的、又系整个国策。我们的圣贤后裔既得国恩，对于国策能不拥护吗？可是虽然拥护，而办法可择其捷便者而行之。究其实怎么办呢？以我的意思，有府方负责联络有关之孔姓，单独负责、以有统系（系统）的办法去直接向官方交涉。不过经区乡过程这种办法或者可省，更可表显我们的亚圣牌的尊严。这样的办法可不可以？希望大家尽量的（地）发表意见是否赞同？希望无隔阂的（地）来说，这是本人所望的。至于数目之多寡、如何进行法，俟再研讨决定。再今天看来，出席者皆是负领导族众之责的，务要了解这种意思。无论何人，如发挥意见时，须先立起报名，报后再说，以重纪律。完了。②

直到1943年，因为有“圣贤牌”的设立，所以牌民们的差徭杂费仍然优免，

① 中国社会科学院近代史研究所中华民国史研究室等编：《孔府档案选编（上）·豁免孔孟颜曾四氏后裔差徭碑记》，中华书局1982年版，第66～67页。

② 郑建芳主编：《孟府档案辑录·孟氏族务会议记录》，中国社会出版社2013年版，第107～108页。

即便此时帝制已经被摧毁，社会性质已经发生了深刻变化。这就说明圣贤后裔群体的势力依然较为强大，并未随着帝制时代的灭亡一起毁灭，仍旧在社会生活中延续着他们一定的地位，以至于政权不得不正视他们在历史上所获的境遇。不过通过这一训示，我们也可以明显看出，到了民国三十二年（1943 年），亚圣府对这些经济特权已难以为继，以致孟氏宗族严重威胁到亚圣后裔尊严的地步。随着中国近现代反帝反封反专制运动的逐渐展开推进，与时代极不相容的孟子后裔所存有的经济特权，也必然走向了消亡的命运。

总之，我们观察历史上亚圣后裔的优免赋役的经济特权，能够总结出几点现象和规律，首先是在优免对象问题上，特权之赋予经过了由“户役→亚圣大宗子孙→亚圣子孙”的扩张过程，这种优免轨迹经过了一个由实用性价值到利用性价值的变迁。其次在优免内容上来看，特权之享受，从开始的仅仅免除差发，发展到既免差发又免地税，最后折返回到仅免差发上来，并帝制覆灭以后逐渐走向消亡的发展过程。

第五章
翰博府与衍圣公府法权的关系

孔子与孟子是儒家学派最为重要的代表人物，他们的思想共同组成了儒家精神的核心内容。孔子被统治者尊为“至圣先师”，孟子则被奉为“亚圣”，“孔孟”并称成为统概儒家体系的代名词。对于现实意义上的“孔孟”家族而言，也因为具有共同的思想文化背景和朝廷对孔、孟两大家族共同的器重、厚爱，正所谓“同声相应，同气相求”，两者形成了多重相互联结的关系，尤其是世袭博士与衍圣公之间形成了一种最为典型的相互依存，互相支持的圣贤后裔群体联盟，他们之间亲如一家，也荣辱与共。

对于世袭博士而言，观念世界中的孔、孟二人尊卑有序，衍圣公的官、权由来源远流长，衍圣公的官阶也远高于世袭博士，自然而然衍圣公的地位要高于世袭博士，两者在法权语境下具有明显的位阶差别，孟府在与孔府的交往中更多的是一种被动的，是被关注的、被管制的对象，就这一点而言表现在法权交融过程中的诸多方面。

第一节　法权来往的背景：血缘与宗法伦理的结合

正如《华严经》中所云：“一切诸报，皆从业起，一切诸果，皆从因起，一切诸业，皆从习起。”[①]没有无因之果，也没有无果之因。历史上的亚圣府与孔府之间的法权往来绝不是于无中生有，凭空产生的，他们之间沾亲带故的血缘与宗法伦理关系是两家礼尚往来的基础，是世袭博士与衍圣公进行法权交流、互动的重要背景，这种血亲关系为两家蒙上了一种公中有私，私中带公的交往色彩。

---

①（唐）实叉难陀译：《大方广佛华严经》卷第七十七（大正新修大藏经本）。

一、孔、孟两家的通婚联姻

恩格斯曾在《家庭、私有制和国家的起源》中指出："对于骑士或男爵，以及对于王公本身，婚姻是一种政治行为，是一种借新的联姻来扩大自己势力的机会;起决定作用的是家世的利益，而决不是个人的意愿。"[①] 像这样利用婚姻作为纽带，加强家族与家族之间的政治关系，扩张政治利益的做法，对于古代中国来说，也是极为常见的现象。所以，《礼记·昏义》直白而不避讳地强调："昏礼者，将合二姓之好，上以事宗庙，而下以继后世也，故君子重之。"[②] 这正如陈鹏先生考证中国婚姻史后得出的结论那样："亘中国婚姻史之全部，自天子至士大夫，其婚姻之缔结，多属政治行为，稽其形态，约分为四，曰内政，曰外交，曰朋党，曰仕宦。"[③]

孔、孟两家得先天之地利，孟氏居于邹县，孔氏居于曲阜，两家相距不过五十华里，为两家世代联姻创造了客观上的条件，又得先天之人和，同为圣贤后裔，世袭官爵，长期享受朝廷优待，山鸣谷应，门当户对。所以孔、孟两家的联姻相比其他圣贤后裔之间的联姻，不仅频率上更加频繁，而且延续时间上也更长。

朱松美教授将全部存世的亚圣嫡长子墓志铭所载婚姻情况作出了统计，[④] 笔者在其基础上综合孟府碑刻、敕命诏书、宗族图谱[⑤] 以及《阙里志》所收录的墓志铭进行了增添，使其更能全面反映孔、孟两家联姻通婚的状况：

---

① 《马克思恩格斯选集》第 4 卷，人民出版社 1972 年版，第 74 页。

② （东汉）郑玄注、（唐）陆德明音义：《礼记》卷二十（四部丛刊景宋本）。

③ 陈鹏：《中国婚姻史稿》，中华书局 1990 年版，第 30 页。

④ 朱松美：《孔府与孟府关系发微》，《孔子研究》2014 年第 1 期，第 119 ～ 126 页。

⑤ 由于四十五代孟宁以前的档案多附会失实，所以谨慎地从孟宁开始统计。

表 5-1　孔、孟两家联姻通婚情况表

关系 姓名	妻	继妻	继妻	继妻	女（适）
四十五代孟宁	昌氏	—	—	—	—
四十六代孟坚	杨氏	—	—	—	—
四十七代孟宽	郑氏	—	—	—	—
四十八代孟钦	孔氏	—	—	—	—
四十九代孟津	危氏	—	—	—	—
五十代孟德义	伟氏	—	—	—	—
五十一代孟允祖①	贺氏	—	—	—	—
五十二代孟惟恭	李氏	—	—	—	—
五十三代孟之训	孔氏	仇氏	—	—	—
五十五代孟克仁②	孔氏	孔氏	孔氏	—	—
五十五代孟克昭③	—	—	—	—	孔希勉
五十六代孟希文	孔氏	—	—	—	—
五十七代孟经④	孔氏	—	—	—	—
五十八代孟公綮	孔氏	—	—	—	孔闻绍
五十八代孟公肇⑤	孔氏	—	—	—	—
五十九代孟彦继	孔氏	—	—	—	—
五十九代孟彦璞	颜氏	—	—	—	颜赓
六十代孟承光	张氏	孔氏⑥	—	—	孔贞棰
六十代孟弘誉	孔氏	—	—	—	—
六十一代孟闻玺	孔氏	颜氏	刘氏	—	—
六十三代孟贞珮	刘氏	孔氏	苑氏	高氏	—
六十三代孟贞仁	董氏	孔氏	—	—	—
六十九代孟继烺	杨氏	—	—	—	—
七十代孟广均	王氏	张氏	白氏	—	—
七十一代孟昭铨	王氏	—	—	—	—

① 自四十五代至五十一代，据郑建芳主编：《孟府档案辑录·亚圣宗图》，中国社会出版社 2013 年版，第 256 页。
② 李彬等主编：《孟庙孟府孟林碑刻集·孟氏大宗祖考妣明远忌日之图》，齐鲁书社 2019 年版，第 60 页。
③④（明）陈镐：《阙里志》卷十四《墓志铭·明故五十六世孙和德处士孔君墓碑铭》（明嘉靖刻本）。
⑤ 刘培桂编著：《孟子林庙历代石刻集·孟彦继墓志》，齐鲁书社 2005 年版，第 215 页。
⑥ 刘培桂编著：《孟子林庙历代石刻集·亚圣六十一代孙世袭锦衣卫千户振扬孟公墓志铭》，齐鲁书社 2005 年版，第 315 页。

续表

关系 姓名	妻	继妻	继妻	继妻	女（适）
七十二代孟宪泗[①]	鲁氏	—	—	—	—
亚圣孙孟沂[②]	孔氏	—	—	—	—
亚圣孙孟云[③]	孔氏	—	—	—	—
亚圣裔孟彦祥	—	—	—	—	孔承性
亚圣裔孟彦诗	—	—	—	—	孔承情
亚圣孙孟希□[④]	孔氏	—	—	—	—
至圣六十代孔承概[⑤]	孟氏	—	—	—	—

从上表中我们就可以十分清晰地看出，仅是不完全统计，三十一位亚圣后裔中，以孔氏为妻的孟子后裔就有十六人，占到总人数的一半以上；四十位孟家妻中，竟有十人都是孔子后人，这与其他姓氏形成了鲜明的对比。此外，五十五代孟克仁接连娶了三任孔氏女性，五十八代孟公縈不仅自己娶了孔氏，还将自己的女儿也嫁与孔家，亲上加亲，足可见孔、孟两家联姻之频繁，亲属伦理关系之紧密。

从上表也可以看出，除了两家联姻频繁之外，孔、孟两家结亲时间早，延续时间长又是另一大特点，从宋代的亚圣第四十八代孙孟钦开始，一直延续到康熙年间乃至更久，前后长达六百多年，而不因风尘之变，王朝更迭，有过中断改变。另外，在孟府碑刻《重修亚圣祖妣祠堂记》[⑥] 中，也可以看到孔氏族人有十人参与资助了重建祠堂，人数仅次于孟氏，试问如果两家不是连理相接，亲缘紧密，何必资助他姓修本族祖妣祠堂。在孟家一些墓志铭中更是直言“余与孟氏世讲也，又世姻也”[⑦]，“余与公累世通家”[⑧]，“孔孟有朱陈之好”[⑨]一语点破两家关系。可以说孔、孟两家的亲缘伦理关系是刻在石碑上，融进时

① 第六十九、七十二代，据孟府历代敕命诏书，现藏邹城市文物局。
②③（明）陈镐：《阙里志》卷十四《墓志铭·明故三氏学录北窗先生孔公墓表》（明嘉靖刻本）。
④（明）陈镐：《阙里志》卷十三《墓志铭·故文林郎曲阜县世职知县孔侯墓表》（明嘉靖刻本）。
⑤（明）陈镐：《阙里志》卷十四《墓志铭·圣裔孔东泉先生墓志铭》（明嘉靖刻本）。
⑥ 刘培桂编著：《孟子林庙历代石刻集·重修亚圣祖妣祠堂记》，齐鲁书社 2005 年版，第 315 页。
⑦ 郭齐、李文泽主编：《儒藏·史部·孔孟史志 10·三迁志（清）》，四川大学出版社 2005 年版，第 60 页。
⑧ 郭齐、李文泽主编：《儒藏·史部·孔孟史志 10·三迁志（清）》，四川大学出版社 2005 年版，第 59 页。
⑨ 刘培桂编著：《孟子林庙历代石刻集·孟彦继墓志》，齐鲁书社 2005 年版，第 215 页。

间里，深入骨血中，成为中国古代婚姻史上不能忽视的独特现象。

二、孔、孟两家共用字辈

《重修孟氏族谱序》说：“族姓繁衍海角一方，若无行辈，易乱宗派恩伦。”① 所以“立行辈，所以分尊卑，定表字，所以别长幼，凡在族人均应恪遵”②。字辈排表是一族长幼尊卑的标尺，是明确伦理秩序的守则，具有重要作用。孟氏家族规定“取名训字随意忘呼者，不准入谱”，“现在人丁，倘有任意取名训字者，该户头、户举等即以宗规训饬改正，或有不遵即按祖训遗规即行扣除”③。由此可见处罚之严厉，也可以看出孟氏家族对行辈秩序的重视。

笔者考察孟氏十二派、二十户划分表④，发现亚圣孟子后裔开始有意识地运用字辈是在第五十代孙孟德义，其有两个同辈亲属：一名孟德言、一名孟德成，五十一代则用最后一个字为辈分，分别有孟允祖、孟贵祖、孟承祖、孟荣祖、孟述祖。从这两代行辈的情况来看，仍然属于不严格，不成熟的阶段。

从孟子第五十二代孙孟惟恭开始，以惟为辈的有六人，按辈起名开始进入正轨，之后分别是五十三代“之”字辈，五十四代“思”字辈，五十五代“克”字辈，五十六代“希”字辈，有学者分析说：“从第五十四代‘思’字辈，始共用行辈排字。但第五十七代又出现了不同，两个人的名字孔讷和孟元都用了两个字，说明此期两个家族行辈的共用并不严格，也不正规。”⑤

笔者不这样认为，首先，孔孟两家共用字辈并非在“思”字一辈，而是早“之”字一辈就开始了。其次，亚圣第五十七代的字辈也并非全都不同于孔家。

孔氏第五十二代有孔之厚、孔之全等，其前代为孔元用、孔元措，虽然第五十三代开始又没有辈字，但却使用相同的三点水偏旁作为辈分标识，这就说明这一时期的孔氏家族有意在排辈分。而孟子第五十三代孙孟之训的墓志铭在明洪武七年（1374 年）立，其享年五十二岁，按时间推算大体应该在延祐、至

① 郑建芳主编：《孟府档案辑录 · 重修孟氏族谱序》，中国社会出版社 2013 年版，第 282 页。
②③（清）《孟子世家迁居汶上谱 · 卷首》（清同治本）。
④ 济宁市政协文史资料委员会、邹县政协文史资料委员会编：《孟子家世》，中国文史出版社 1991 年版，第 66 页。
⑤ 朱松美：《孔府与孟府关系发微》，《孔子研究》2014 年第 1 期，第 119 ～ 126 页。

治年间左右出生[1]，而此时恰逢“自元代之五十四代衍圣公名思晦者起，于是凡五十四代孙，均以思字为派”[2]，孔氏家族首次明确要求行辈所用字，所以孟子第五十四代孙直接应用“思”字为辈，而不用三点水旁作辈，如此一来表面上看不合孔氏，实际上，更是说明孟氏与孔氏的行辈用字是亦步亦趋的。

到了孟氏五十七代时，虽然孔孟都使用了单字，似乎看起来孔孟两家没有联系，而实际上查阅《孟子世家谱》可以发现与孟元处于同一代的孟训、孟详、孟註（注）、孟讓，全部使用了孔讷一代，以言字旁统一辈分的做法，这种千丝万缕的联系，足可以说明孔孟两家的共用字辈，是早已有之。当然，在定字辈的时间上，孔氏早于孟氏一族，孟氏用“之”字辈时，孔氏已经在用“思”字辈，相比孔氏晚了整整两代人。所以，孟氏效法孔氏立行字辈，而不是相反，应属无疑。

明代、清代时，颁布《孔子世家谱行辈告示》，孔氏进一步将字辈上升为国家行为，文称分别经朝廷批准，于明建文二年（1400年）、清乾隆五年（1740年）、清道光十九年（1839年）定行辈：

袭封衍圣公府为晓谕事。照得立行辈所以分尊卑，定表字所以别长幼。迩来我族人满数万丁，居连数百里。岂唯目不能遍识，而且耳不能遍闻。若无行辈则昭穆易紊，无表字则称谓不伦，**在前业经奉旨更定**。今依所定吉字开列于后。凡我族人俱当遵照后开行辈，取名训字。**有不钦依世次随意妄呼者**，**不准入谱**。

计开

明洪武三十三年[3]定十字

希　言　公　彦　承　宏　闻　贞　尚　衍
士　伯　文　朝　录　以　质　用　之　茂

清乾隆五年二月十七日定十字

兴　毓　传　继　广　昭　宪　庆　繁　祥
起　钟　振　体　京　显　法　泽　羽　瑞

道光十九年定十字

① 刘培桂编著：《孟子林庙历代石刻集·孟之训墓志》，齐鲁书社2005年版，第106页。
② 徐珂编撰：《清稗类钞·门阀　姓名》（民国六年商务印书馆初版）。
③ 实明建文二年（1400年）。

令 德 维 垂 佑 钦 绍 念 显 扬[①]

其实，对于孔氏家族行辈确立的时间，一直以来众说纷纭，莫衷一是，另据《续修曲阜县志》所载《孔氏行辈》：

明洪武三十三年，赐孔氏八辈，公、彦、承、弘、闻、贞、尚、胤，胤六十五代胤治，因避庙讳，改胤字为衍字。

崇祯二年，六十五代衍圣公胤植，有立孔氏行辈十字，兴、毓、传、继、广、昭、宪、庆、繁、祥。

清同治二年，七十五代衍圣公祥珂，有立行辈十字，令、德、维、垂、佑、钦、绍、念、显、扬。

七十六代衍圣公令贻，又拟行辈二十字，建、道、敦、安、定、懋、修、肇、懿、长、裕、文、焕、景、瑞、永、锡、世、续、昌，于民国八年咨请内务部核准有案。

这里的明代"洪武三十三年"赐字与孔府档案相互印证，应当是准确的。文中说崇祯二年（1692 年）孔胤植再立十字，与孔府档案所记清乾隆五年（1740 年）的差距较大。实际上明初所赐的八个字在明天启年间就用完了，《癸巳存稿》云："天启中，衍圣公衍植又定十字。"第二次定字辈虽然时间上各说各话，但在孔衍植一代制定，应是无疑。

孟氏一族的字辈也紧跟孔氏一族行辈，《重修孟氏族谱》云："御赐亚圣后裔命名世次，宗支字派钦遵，凛然切切。希言公彦承宏闻贞尚衍兴毓传继广昭宪庆繁祥令德维垂佑钦绍念显扬。"[②] 既然是御赐，就必然不同于普通家族的行辈。到了民国时期，又根据孔氏申请批准的字辈，也增加了建、道、敦、安、定、懋、修、肇、懿、长、裕、文、焕、景、瑞、永、锡、世、续、昌二十个字辈，[③] 如果说"之""思"之辈分，孔孟两家是否一致仍然不甚清晰，那么从"希"字辈

---

① 曲阜师范学院历史系编辑：《曲阜孔府档案史料选编 · 第 3 编　清代档案史料 · 第 1 册　孔氏宗族》，齐鲁书社 1980 年版，第 259 页。

② 郑建芳主编：《孟府档案辑录 · 重修孟氏族谱序》，中国社会出版社 2013 年版，第 282 页。

③ 济宁市政协文史资料委员会、邹县政协文史资料委员会编：《孟子家世》，中国文史出版社 1991 年版，第 58 页。

开始，两家已经没有分别，完全一致了。

以上孔、孟两家行辈发展的历程再结合他们之间累世通婚的血缘关系，向我们昭示，孔孟两家之间的关系经历了一个由亲缘关系到宗法制度，由松散联系到紧密相关，由民间效法到政治服从的过程，凸显出与帝制时代普通地主家族不同一般的生存背景。那么孔、孟的这种长时间的联姻，论辈排行的紧密关系，给两家、世袭博士和衍圣公之间的法权带来何种背景上的影响？

首先是法权关系类型上的影响。亚圣裔世袭博士在与衍圣公公文相见的场合一般会称呼自己为“职”，但有的公文中也会直接称呼衍圣公为“大宗主”，可见两者之间的法权关系既有政治上的尊卑之别，也有宗法等级关系上的尊卑之别，是两者结合的产物。

其次是法权关系内容上的影响。正因为世袭博士与衍圣公之间不仅仅是官场中人，也是家族中人，所以他们之间的权利与特权的内容与表达交织着家长、家法、官僚、律法的内容，不同于一般法权关系相对单一的内容表现。

第二节　世袭翰林院五经博士与衍圣公法权来往的内容

世袭博士与衍圣公之间的法权来往纷繁复杂，内容多样，为了能够全面地展示世袭博士群体与他们的节制上司衍圣公之间的互动，笔者将所选用的史料扩展到包括亚圣裔世袭博士在内的诸后裔世袭博士，之所以能这样运用史料，也在侧面上说明了各氏族世袭博士之间具有整体上的一致性，具体来说就是在世袭博士群体与衍圣公之间法权来往的内容的问题上，他们之间也具有一致性。

一、衍圣公对世袭翰林院五经博士的司法管辖权

（一）涉及世袭翰林院五经博士的司法案件由衍圣公管辖

衍圣公作为圣贤后裔群体中最高的官爵，在权力广度和权力高度上自然要

比八品官世袭博士大出不少，虽然并没有直接的律例条文称世袭博士的司法案件由衍圣公负责管辖审理，但在实践中有关涉世袭博士的案件基本上是衍圣公来处理，有时候还会发生地方官府与衍圣公之间，因为世袭博士案件而发生管辖权的争议与交涉，孔府档案中就有一相关案件：

> 太子太保袭封衍圣公孔为咨请移会檄饬解案事。查本年四月二十日据翰林院五经博士仲绪坤禀称云云，等情到本爵。据此，当经批准，一面委员将仲绪基传案去后，兹据该委员陈怀清禀称云云，等情前来。查圣贤后裔各氏翰博并额设各官，均系本爵管辖。凡有呈控在案者，例由本爵先行传讯，或自行断结，或移送地方官审讯，历久办理在案。此案该翰博仲绪坤呈控到案，自应先行传讯，邹县库书李宪章胆敢将仲绪基藏匿，暗令叫屈门丁王姓将伊管押，不令带案，并称仲绪基先行贵衙门兖沂道呈控批令邹县集案讯断，硬将仲绪基管押不发，实属非是。是否库书串同门丁舞弊，仰系实有其事，现经该翰博既在本爵呈控，无论仲绪基先在别衙门控告，应将仲绪基先行移送本爵讯断，再行分别核办，以符定制。兹据前情，除咨兖沂道外，拟合咨移兖沂道外，拟合咨移会。为此咨移贵府道。请烦查照文内事理，希即严行札饬邹县，并饬委首提。速将仲绪基移送本爵，以凭讯办，毋稍宕延，实为公便。望速施行。
>
> 计咨移提思监生仲绪墓
>
> 右咨移
>
> 分巡兖沂曹济道
>
> 兖州府正堂
>
> 咸丰七年五月初三日
>
> 圣公府行[①]

世袭翰林院五经博士仲绪坤将司法案件呈禀衍圣公，本应该由衍圣公提审涉案之仲绪基，却不曾想邹县衙门捷足先登，“将仲绪基管押不发”，衍圣公为此移会兖州府，要求饬行邹县将仲绪基交由衍圣公处置。

---

① 曲阜师范学院历史系编辑：《曲阜孔府档案史料选编 · 第 3 编　清代档案史料 · 第 2 册　圣贤后裔》，齐鲁书社 1980 年版，第 228 ～ 229 页。

这则司法公文反映出衍圣公的确有权管辖世袭博士司法案件，而且无论另一方当事人是否向当地官府告诉，衍圣公都有先行传讯的权力，这是长期以来形成的惯例，并且衍圣公也有权将该案件自己审断，或者选择移送地方官府审理。公文中所称“是否库书串同门丁舞弊”，笔者认为衍圣公的这种推测并非只是臆测，衍圣公作为圣贤后裔集团的首要长官，他与世袭五经博士之间有着共同的利益诉求。与世袭五经博士有争端的当事人自然会选择避免由衍圣公管辖案件，以免影响案件公正，所以发生这种与官府小吏串通舞弊，从而希望得到地方官府管辖的现象也就不难理解了。

本案的主角是世袭五经博士本人作为司法案件的状告者，衍圣公有权管辖其案件，另外一种类型是世袭五经博士本人作为案犯的司法案件，衍圣公亦有管辖之权力，这一点可以通过两个案件得以阐明。

一类是中央朝廷交付的案件，如：

兵部侍郎兼都察院右副都御史巡抚山东等处地方管理营田兼提督衔节制全省军务兼理盐政觉罗崇为恭录咨会事。窃照本部院于咸丰九年七月十五日准兵部火票递到军机大臣宁寄山东巡抚崇，咸丰九年七月十三日奉上谕，有人奏翰林院五经博士孟广均于咸丰四年在高唐军营捐输谷米三千石，经保奏请赏戴蓝翎并赏加主事衔，迄今数年之久，尚欠缴谷米八百石。又闻该博士自恃贤裔，与本省官吏交结，徇庇匪徒，干予公事，本族讼案不候官办，私行出票，传人讯断。该省大吏及州县等官碍于情面，置之不理等语。该博士欠缴米谷至八百石之多，并结交官吏倚势营私，如果属实均干功令，著崇按照所参各节确切查明，据实具奏，毋稍徇隐。将此谕令知之。钦此。

遵旨寄信前来等因。承准此，查该博士欠缴粟八百五十石，前据粟禀先备五十石，自赴军营交纳，下余八百石，具限五个月补交。经本部院咨准钦差大臣胜咨复，令其分运聊城、堂邑两县各四百石，听候拨用。后因日久，未据报解，其前禀先交五十石，胜营曾否收到，当经咨询并严催去后，迄今仍未报解，亦未准胜帅咨复。现在钦差大臣胜督兵南省，或者前项米石已据大营交纳，亦未可知。昨又备文咨询，并行司饬县，一体查明催缴各在案。至于原参该博士结交官吏，倚势妄为，如果属实，尤属不法，亟应查明参办。除行司委员前往查办外，相应恭录咨会。为此，合咨贵公府。

烦请钦遵查照，一体详细访查咨复，核办施行。须至咨者。

右咨

袭封衍圣公府

咸丰九年七月二十一日[①]

世袭翰林院五经博士孟广均曾在咸丰四年（1854年）将麦、粱等三千石粮食捐给胜保军营，胜保为其请赏六品京官衔，赏戴蓝翎，咸丰皇帝准奏。[②]咸丰九年（1859年）却被吏科给事中李培祜告发，[③]说他不仅三千石粮食尚有八百石没有捐纳，并且私自结交官吏，干预公事，自己径直究传讯问族内案件，而不经过官府，被认为是“自恃贤裔，徇庇匪徒”，请求查办。咸丰皇帝亲自过问，要求查明奏报。

山东巡抚接到上谕并没有自行提审讯问亚圣裔世袭五经博士孟广均，而是移咨衍圣公让其与山东巡抚委派的官吏“一体查明”，这仍然表明衍圣公对世袭博士本身所犯案件的情况也有审断的权力，只不过像这种清廷中央交付的案件，地方官吏有了参与审理的权限。

值得一提的是，上谕中“该博士自恃贤裔，与本省官吏交结，徇庇匪徒，干予公事，本族讼案不候官办，私行出票，传人讯断。该省大吏及州县等官碍于情面，置之不理”的说法，十分精炼地总结出了在地方上世袭博士的所作所为，从上文中分析世袭博士的司法权、行政权，以及在宗族内的权力角色、内容来看，这也并非空穴来风，实在是有过之而无不及。处于风雨飘摇、内忧外患中的清朝廷已经开始注意到了这一点，并试图革除弊端，但从《清实录》等文献看来，道咸同光时代，世袭五经博士违法乱纪的事情是越查越多，相比前朝呈现出集中爆发的态势，朝廷已经是分身乏术，无力改变现实局面了。

无独有偶，曲阜县世袭五经博士东野崇鐍私捐奉祀生一案亦是如此：

兵部侍郎兼都院右副都御使巡抚山东等处地方督理营田兼提督衔节制

① 曲阜师范学院历史系编辑：《曲阜孔府档案史料选编·第3编　清代档案史料·第2册　圣贤后裔》，齐鲁书社1980年版，第95～96页。

② 郑建芳主编：《孟府档案辑录·奏请优奖孟广均的胜保片文》，中国社会出版社2013年版，第7页。

③《奏为山东翰林院五经博士孟广均倚势营私请饬地方官管束事》，咸丰九年，档案号:03-4148-132，中国第一历史档案馆藏。

全省军务明为咨提审办请旨饬查事。乾隆五十年六月二十二日准安徽抚院书咨，据藩、臬司会禀，据宣城县详准儒学移称，接到五经博士东野崇鐈公文内开，选得宣城县吴靖臣等二十五名堪补奉祀生，移令注册，照依庠生一体优恤。查无上宪明文，真伪莫辨，当将文内有名之管森等，并说合之管能魁、管树三拘获，讯系王千尺、翟守煌承揽代捐，每名银四十五两，给有博士印票。及关提翟守煌查讯，供认上年七月内揽捐管廷耀等八名奉祀生，每名收银四十五两，八月间到曲阜找见东野博士书办李鹏宗，每名给银三十两，办给印票八张，带回分散管廷耀等收执等情，查验印票，并非清汉篆文，实系木刻钤记。是否李鹏宗窃得博士宗谱，假刊印票，欺哄愚民，取财自肥，抑系博士东野崇鐈知情分肥，违例滥给，自应彻底跟（根）究，等情，到院。据此，除恭析具奏外，相应抄析咨会。为此合咨贵部院，请烦查照。希即饬拿李鹏宗解安质讯，并祈查明世袭五经博士东野崇鐈是否知情分肥，违例滥给印票，分别办理，见复施行。等因到本部院，准此，除行布、按二司转饬查拿李鹏宗解安质讯外，拟合咨会。为此合咨贵府，烦请查照。希即就近查明世袭五经博士东野崇鐈是否知情分肥，违例滥给印票之处。

迅速移复施行。须至咨者。

计粘抄稿一纸

右咨

袭封衍圣公府

乾隆五十年六月二十五日①

世袭五经博士东野氏与其书吏因为兜售奉祀生印票，收受银两，贪赃枉法，需要究问博士东野氏之时，还是需要移咨衍圣公“希即就近查明世袭五经博士东野崇鐈是否知情分肥，违例滥给印票之处”，孔府档案记载说：“臣（山东巡抚）亲加覆讯，据东野崇鐈供称……”② 山东巡抚也参与了对东野氏的审讯。

从这三个案例来看，世袭五经博士司法案件由衍圣公管辖是其共性，但与地方钱粮细故的小案中其他审判主体的缺少不同，如果涉及大案、要案或者是

①② 曲阜师范学院历史系编辑：《曲阜孔府档案史料选编·第 3 编　清代档案史料·第 2 册　圣贤后裔》，齐鲁书社 1980 年版，第 49 页。

朝廷指派的案件，那么地方督抚特别是山东抚宪，就有权参与到衍圣公的审判活动中来，这是案件性质所决定的。此外，这三个案例还说明，以世袭博士为原告的案件，或者是世袭博士本身为案犯的案件都需要经过衍圣公之手，都是衍圣公司法权管辖的范围。第一历史档案馆藏档案《奏为特参世袭翰林院五经博士曾纪连受贿干预公事请旨革职事》中载有“相应请旨将世袭五经博士曾纪连革职，以便提同全案人证，研讯确情，按律办理，谨合同衍圣公臣孔庆镕，恭褶具奏，伏乞皇上圣鉴”[①]等语，可见就连斥革八品世袭博士，山东地方督抚也要会同衍圣公向皇帝呈报，才合乎程序。

另外一类案件是地方官吏与世袭五经博士互控案件，如：

兖州府金乡县为沥陈势绅诡寄田粮隐蔽户口乞天严饬以伸国宪事。切照博士颜懋衡，在金乡白坨社九甲立复圣府一户，诡寄民地二十余顷，隐蔽民户一百一十八家，结党行凶，变生叵测，为金邑第一大害。缘于康熙二十一年十一月内，佥点河夫，复圣府庄头杨灿应贴十甲夫头张天如地九顷一十三亩。此系钦工大差，阖县照地协应，岂巨憝杨灿因天如索取帮贴，触犯虎威，随飞报懋衡架捏朋蠹违例等词，赴济宁、东兖两道耸准俱批本府提审。卑职遵将一干人犯解府，各供出懋衡诡寄隐匿等弊，杨灿即手持博士名帖，当堂咆哮。前任赵知府见势宦挟制，不服审理，遂未结案，随批发城武、金乡两县会勘。讵意懋衡知奸弊昭著，理屈词穷，意图反噬，遂大逞势恶，捏款架诬，遍控司道各衙门。

第卑职一介寒员，惟知守法奉公，况官箴贤否，皆在天台照临之下，惟是懋衡世受国恩，罔顾行检，伙奸结党，侵国嚼民，赋税敛入私囊，版籍任为脱漏，视么么小吏可以生杀唯命，值此法纪森严之日，而懋衡犹肆恶横行若此，目中宁知有三尺乎。卑职既确查有据，谨将懋衡抗审反噬情由，开造辩明冤枉清册一本，同懋衡诡寄田粮册一本，隐蔽户口册一本，拟合哀祈天台，大振威灵，秉公处分。庶国宪得伸，不独救全末员阖家生命，俾势绅巨憝亦知诡寄隐蔽之罪，难逃法网矣。为此备由呈详，理合开册具申。伏乞照详施行。须至申者。

---

① 《奏为特参世袭翰林院五经博士曾纪连受贿干预公事请旨革职事》，道光三年十二月二十日，档案号：04-01-01-0653-038，中国第一历史档案馆藏。

右申

太子少师袭封衍圣公府

康熙二十二年七月初十日　知县张泰来

县丞范台铉管粮

典史潘宏迪巡捕

沥陈势绅诡寄田粮等事[①]

在本案中，世袭博士颜懋衡复圣府庄头杨灿因为不肯帮贴夫头张天如，将事情闹到金乡县衙门。时任赵知府来审问中得知世袭博士颜懋衡有诡寄隐匿的嫌疑，意图继续追查，但庄头杨灿倚仗世袭博士权势，咆哮公堂，使得案件不能顺利进行下去。但随后世袭博士颜懋衡却将知县张泰来"遍控司道各衙门"，以至于形成世袭博士与金乡县知县、官与官相互斗讼的局面。在本案中知县张泰来请衍圣公"大振威灵，秉公处分"而非其让上一级官府，为张泰来申冤，纠治世袭博士之罪。这就说明在地方官吏与世袭博士互控的案件中衍圣公是居中裁判者，也具有一定的管辖权。

（二）涉及世袭翰林院五经博士宗族内、外的司法案件亦可由衍圣公管辖

有关涉及世袭博士宗族和户役的案件，在上文中通过档案分析，我们可以得知，主要由世袭博士本人来进行审断。但作为世袭博士上峰的衍圣公，拥有管辖这些案件的权力是应有之理，孔府档案中就有大量这种类型的司法案件，一是孟氏宗族内诉讼的案件：

具禀亚圣府执事生孟传文，年四十五岁，居关东复州城岳社东山距城一百八十里为诡计诓骗假造文稿叩恩提讯以惩虚伪事。缘复州自始以来，买卖粮石（食）向无斗税。于光绪五年，复州知州奭良莅任以来，硬立斗税，致万民被累。生虽系孟氏后裔，难免此项。生无奈，于本年春间赴亚圣府禀明宗主大人孟昭铨案下，求办圣公府公文一角，移到盛京，饬令复州州

① 曲阜师范学院历史系编辑：《曲阜孔府档案史料选编·第3编　清代档案史料·第2册　圣贤后裔》，齐鲁书社1980年版，第167～168页。

主，以免杂差。生宗主允诺，向生要纹银六百两。生当即应允，眼同孟继灿、田九来交付玉孟昭铨之三子孟宪漷纹银三百两，下欠三百两，许俟来年春间送到亚圣府。延至六月十七日，有孟继灿及亚圣府家人刘庆福、田九来等三人又向生索要纹银二十两。生当面交付伊等。伊三人均言生宗族主孟宪漷办理公文情实，圣公府文已发出多日，着生在邹县等候回文，于八月初三日孟宪漷忽言，圣公府昨天将盛京回文稿送来，诸事办理妥协，着生回家。生视问文言语不符，恐其不实，即赴圣公府查问，并无此事。生因移文、回文二稿俱系自造，现有孟继灿并假稿二纸为证。似此诡计诓骗，假造文稿，情实难甘。理合据实禀明，叩乞仁明公爷恩准提讯，以惩虚伪施行。

被禀孟宪漷

干证孟继灿、田九来

光绪九年八月初十日

袭封衍圣公府批

查复州抽收粮谷斗税，系属办理练饷之用，早经盛京军督部堂奏明有案，今该后裔妄生觊觎，希图优免，本属不安本分。惟据称孟宪漷辄敢捏造文稿，任意诈财至三百两之多。如果属实，殊属藐法已极，姑候札饬孟博士查明禀复，再行核夺。文稿二纸附。八月十四日。[1]

在本案中亚圣府执事生孟传文因为试图逃避复州抽收粮谷斗税，所以向本宗族亚圣府请求办理公文，世袭五经博士孟昭铨同意办理，但需要其缴纳六百两纹银，孟传文同意之后，将纹银三百两先期交付给世袭博士孟昭铨的三儿子孟宪漷，剩下三百两后期再补交，不过他并没有如期收到世袭博士的真公文，而是收到两张孟宪漷等人伪造的假文稿，孟传文就向衍圣公状告，请衍圣公“恩准提讯，以惩虚伪施行”。

在这个案件里比较特殊的一点是，虽说案件本身是宗族内部的案件，但世袭博士孟昭铨也是涉案人员，更何况直接案犯孟宪漷就是世袭博士的三儿子，孟传文是绝无可能向世袭博士孟昭铨状告，这样一来也毫无胜算，所以他将案

① 曲阜师范学院历史系编辑：《曲阜孔府档案史料选编·第3编　清代档案史料·第2册　圣贤后裔》，齐鲁书社1980年版，第110～111页。

件呈送给统辖世袭五经博士的衍圣公于理、于情、于法都是可以说得过去。这也说明衍圣公不会因为这是他姓本族内部司法案件，就不予管辖，或者径直转交给相关某姓世袭博士。

另一起案件，则是单纯的孟氏家族族人与地方小吏之间的讼案，更具有代表性：

具禀亚圣裔孟广福孟传玺孟昭雅为差役借端吓诈抢掠圣像被毁叩恳恩准移会提讯以伸冤诬而惩蠹役事。窃因广福等孟家堂方一支，前蒙宗官确查，的系亚圣后裔，业于道光三年移会金乡县出示优免差徭，当有于文庙立有碑石在案。凡有差徭，历蒙前县主并无派办，即自咸丰四五年来，虽有兵差络绎，皆未蒙派出丁役。且广福等实俱系寒儒，亦委无大车。凡沾皇仁优待贤裔之典，皆出自圣朝恩例，有加无已。讵于五月间忽有本县差役田以伦、侯明瑞并地方李同居，蒙官舞弊，派出大车，以图讹诈。广福等实系愚懦良民，以好言回复遵成例并不敢抗差，不料不遂其欲，竟捏禀人团总孟继藻撕票殴差。至后五月初二日，差役田以伦、侯明瑞并地方李同居竟率领凶徒二百余人，手执枪炮器械，突至孟家堂方，堵门抄辱，大肆抢掠，胆敢（将）世家谱内亚圣神像撕毁，嘈辱罄家，所有衣物器具并京钱四十余千，全行抢去，并有孟继听腿受枪伤可验。更将孟继藻、孟继听、孟毓朝等十三人不分老幼拿梆(绑)回城。有邻右荆汉屏可证。更且严押班房，百般逼索，情实难堪。似此蠹役凶横，残暴良懦，不法已极，被冤苦情，莫此为甚。万分情急，曾经奔叩宗官，据情移会济宁直隶州州宪。迄今未蒙提讯，叩恳恩准移会，迅赐提讯，以拯水火而恤良懦。焚顶上叩。

同治四年八月　日[①]

案中金乡县差役田以伦、侯明瑞以及地方李同居谎称派出大车，讹诈亚圣后裔孟广福、孟传玺、孟昭雅等人并称孟继藻撕票，殴打差役，又劫掠、关押孟氏后人，给孟氏造成较大损失。在上呈世袭博士无果以后上呈衍圣公，请求“迅赐提讯，以拯水火而恤良懦”。按照衍圣公在公文中开列的条款：“圣贤后裔各氏

---

① 曲阜师范学院历史系编辑：《曲阜孔府档案史料选编 · 第 3 编　清代档案史料 · 第 2 册　圣贤后裔》，齐鲁书社 1980 年版，第 105 ～ 106 页。

翰博并额设各官，均系本爵管辖。凡有呈控在案者，例由本爵先行传讯，或自行断结，或移送地方官审讯，历久办理在案。”[①] 而这一案件相比上一案件，并无世袭博士涉案，更可以说明孟氏宗族或者说世袭博士宗族族人的案件也可以由衍圣公管辖，案件中孟氏族人先行向本宗主呈请状告，这说明一般情况下，本族内的司法案件由本族宗主即世袭博士先行解决，无法解决的再向衍圣公状告。

二、衍圣公对世袭翰林院五经博士的行政管理权

（一）行政管理制度制定的权力

在帝制时代政治制度的设计上，衍圣公的地位始终高于世袭五经博士，世袭五经博士的政治活动需要获得衍圣公支持，并受其节制、统摄。但衍圣公对世袭五经博士的行政管理权力并非恣意妄为。他们制定了一些行政管理制度，以规范各氏世袭博士的行政、司法权力。例如，在清乾隆年间时，衍圣公就统一管理各氏钤记，并有《札领钤记碑》一碑存世，可以一窥衍圣公所制定的世袭博士行政管理制度：

> 袭封衍圣公府为奏明事。案准山东布政使司咨开，蒙准吏部咨文选司案呈，知照文武佐杂等官钤记，由省会官铺镌给，其余市肆不准私雕，犯者按律问拟一案等因。行据经历司刊刻，呈送前来，拟合移送，为此合咨。希即查收备阅施行。计移送例册一本等因，到本爵府。准此，查本爵府所属，除四氏学教授、学录原有部颁印信外，其各氏五经博士、孔氏族长均有钤束族人之责。世袭太常寺博士，各书院学录，及圣庙六品官，各有分主祀事。圣庙执事官、林庙举事及书写伴官等员，俱有呈详结领。百户官守卫林庙，管束庙佃，经征丁银；典籍官专守赐书籍，管领礼生；司乐官管领乐舞生；管勾官总理祭田；五屯屯官分催祀银。均职有专司。向俱自刻钤记，大小不伦，甚非体制。遂遵照现例，由本爵府衙门官匠镌刻。每颗给工料银三钱。编列字号后先。交代其自刻钤记悉令缴销。将来有模糊者，呈请更换，以

① 曲阜师范学院历史系编辑：《曲阜孔府档案史料选编·第3编　清代档案史料·第2册　圣贤后裔》，齐鲁书社1980年版，第228～229页。

昭画一。业将遵例办理缘由，并新镌钤记汇总印册，造送吏部、礼部备查。

嗣准部咨查，衍圣公有表率属员之责。其属员内有承办事件，向经自刻钤记者，自应官为镌给等因，到本爵府。准此，合行饬知。为此札付该博士，照礼事理，即便赴本爵府衙门，请领其自刻钤记缴销。仍将开用日期申报备查。须至札付者。

右札会孟氏世袭翰林院五经博士　准此

乾隆三十七年四月二十三日

札付[①]

世袭博士在与官府进行公文往来，修订家谱，订立家规，进行公务事项确认，发布重要行政命令时，都需要用到钤记，如果家谱或者公文上没有钤记印，就没有规则上的约束力，《山东武城曾氏重修族谱》就规定："我族家史更异齐民，迩蒙□天上宪不次通饬，必需东宗核盖钤钤记，南宗恭将世宗宪皇帝，钦赐省身念祖四字图章，逐页核盖。"[②]

世袭翰林院五经博士作为衍圣公的属官，在行政权力的运用上受到上峰衍圣公的节制，新镌钤记也是管理这一群体的方式之一，以往的钤记由于没有统一标准，导致五经博士、太常寺博士、各氏学录、林庙举事等大小属员，各不相同，不成体制，现在由衍圣公统一镌刻，就可以防止避免钤记混乱带来的行政、司法事务上的不便，也可以防止假冒，避免各属官推卸责任，衍圣公府在发放新钤记的同时要销毁旧钤记，并将开用日期、钤记汇总印册一应完成。

虽然囿于史料的不足，我们无法全面获知衍圣公对世袭五经博士的行政管理制度，但是仅仅从札领钤记这则公文上来看，衍圣公对世袭五经博士的管理是认真的、考虑周全的。

（二）行政命令的权力

行政命令的权力指的是衍圣公对世袭五经博士所要求的作为或者不作为单方意思表示的权力。[③] 衍圣公的行政命令权表现最为直接的方式是公文下达，直

① 刘培佳编著：《孟子林庙历代石刻集》，齐鲁书社 2005 年版，第 381 ～ 382 页。

② （清）曾衍咏纂修：《山东武城曾氏重修族谱不分卷 · 武城曾氏谱序》（清同治十一年刻本）。

③ 参考肖蔚云、姜明安：《北京大学法学百科全书 · 宪法学行政法学》，北京大学出版社 2001 年版，第 591 页。

接命令世袭博士做某事或者不做某事。

以命令作为的方式主要是利用世袭五经博士的地位、职权完成某项调查任务，例如孔府档案中有：

> 世袭翰林院五经博士孟　为遵饬申覆事。案蒙钧札内开，以寄居直隶开州之职族流寓族人孟广川呈恳咨会转饬免差一案，饬即查明孟广川是否贤裔，果否修有谱牒，有无弊混，据实详覆，以凭核办。等因。蒙此，遵查孟广川于道光三年来邹呈恳优免差徭，经职查明，实系职族流寓宗支，当经移会开州，援例优免。继因该本籍牌民以躲差指扳控，经委审拟以果无冒滥，减免杂泛差徭之半，详奉批饬移查，嗣准开州抄粘原详，看语移查，有无冒滥前来，复经职以孟广川实系流寓宗支，并无冒滥情弊，切实移覆在案。此历办之原委也。兹奉前因，查孟广川实系职族流寓宗支，是以前经据呈移会该原籍援例优免。惟是直省为畿辅重地，差繁甲于天下，流寓族人虽世次井然，究与东省世列儒籍者有间。既经上控委审有司拟定详明减差一半，足征直省有司于以差代赋之区曲加体恤贤裔，洵足以示区别而昭公允。若泥于东省成案，遽议全免，窃恐与直省原审详案不符，有司得以借口窒碍难行，牌民扳控不休，转非所以仰休邻省上宪体恤贤裔之初心也。所有遵饬详查拟议按照该原籍有司详定减差一半之处，理合据实申覆。再孟广川之本支流寓支谱，前已按系纂修，尚未具领回籍，合并声明。为此，备由具申。伏乞大宗主鉴核示遵。须至申者。
>
> 右申
>
> 袭封衍圣公府
>
> 道光五年四月十三日申　押[①]

这则档案反映的就是衍圣公札饬亚圣裔世袭五经博士，调查本族内孟广川是否确属于圣贤后裔，是否有谱牒等情况，而亚圣裔世袭博士也遵照衍圣公的命令，进行了查访，并做出了回复。一般而言，衍圣公多在祭田、宗族、优免等问题上，利用世袭博士钤束族人的作用，来调查圣贤后裔的各种情况，实现对圣贤后裔

---

① 曲阜师范学院历史系编辑：《曲阜孔府档案史料选编·第 3 编　清代档案史料·第 2 册　圣贤后裔》，齐鲁书社 1980 年版，第 88～89 页。

群体的控制。

因为到了清朝后期，圣贤后裔违规变乱的情况越来越多，这种命令其不作为的方式主要是用来禁止世袭博士从事某项违反律例的事情：

袭封衍圣公府札应袭翰林院五经博士颜景堉知悉。案查光绪六年八月初七日，准抚部院咨开，准湖北抚部院咨。据复圣府典籍官曾广荃禀称。奉复圣裔世袭翰林院五经博士颜派委，赴鄂采办修庙木植，曾经行文两江总督，请札饬各局卡，免抽厘税，合并禀请札饬各处，一体免收，嗣据通省牙厘总局详覆，业经查例酌办在案，各等因到本爵。准此，查孔、颜、曾、孟各先圣庙，均系钦工，至应修时，例由本爵咨准抚部院请旨遵办，在本爵且不得擅自派员行文外省，采办物料，今该翰博不查向章，亦不详明本爵，公然派员赴鄂采办木植，且擅自行文外省督抚，札饬各处，免抽厘税，殊属谬妄。合行严札申斥，除抄粘原咨外，为此札饬，札到该翰博宜即遵照，嗣后不得擅自行文外省及派员采办物料。若再蹈前辙，定当立与参处，决不宽贷。凛之慎之。勿违。切切，此札。

……

光绪六年八月二十九日

圣公府行[①]

本案中世袭翰林院五经博士颜景堉，为了采购所需建造颜庙的木料，擅自行文外省督抚，并且派员到湖北等地采购，行为严重违反了旧例、逾越了职权范围。故而对其有监督、节制、管理职权的衍圣公，命令其今后不得擅自行文外省以及派员采购物料，否则上书参劾。这即是衍圣公对圣贤后裔所行使的，一种令其不作为的行政命令之权力。

（三）行政确认的权力

前面章节中笔者介绍了亚圣裔世袭博士的确认之权，这里衍圣公对世袭博士所使用的确认之权也是从其定义，衍圣公对世袭博士使用的确认之权相比世

① 曲阜师范学院历史系编辑：《曲阜孔府档案史料选编 · 第 3 编　清代档案史料 · 第 2 册　圣贤后裔》，齐鲁书社 1980 年版，第 182 ～ 183 页。

袭博士的确认之权，使用范围更加广泛，内容也更加丰富，诸如，在保举新任世袭博士时就需要确认其宗派嫡传，在减免赋税的时候要确认世袭博士的土地特权，另外，世袭博士家族的宗族族谱需要经过衍圣公鉴定确认，才可以享有圣裔身份特权，“衍圣公府核盖紫印，方为嫡派，准请优免，庶混冒社，而圣裔清也”[①]，凡此种种，不一而足。

孔府档案中对仲氏世袭五经博士的土地特权的确认就属于比较典型的确认权：

> 袭封衍圣公府为请详均摊河夫帮贴以免编累事。案准布政司咨前事内开，据济宁州详称，查得卑州大挑之年额征河夫帮贴银二千六百三十四两四分，小挑之年额征河夫帮贴银一千八百五十七两四分。旧例原于大粮地亩内另派征解，以济河工急需。但查阖州百姓行差原额一则地五千一百一十顷六十三亩七分一厘五毫三忽，百姓行差原额二则地六千六百一十九顷十一亩一分五厘九毫五纤。无论绅衿士民俱系一例摊派外，有卫公宗圣仲庙钦赐免例一则地六十四顷，又有寄庄一则地一百五十三顷。除正项在于原额内派征外，每亩多征银一分。二则地一百九十三顷，除正项在于原额内派征外，多征银五厘。是差色粮内以上二项地亩例不摊派河夫帮贴银两。再查有仲氏子孙及端、闵各贤裔，有自置一则地、二则地，从前俱免夫银，相沿已久。今蒙檄饬，一例摊派。伏查仲氏子孙，端、闵各贤裔自置地亩，应否一例均派，或照旧例免征，理合申请批示，以便遵行等因，详司。据此，除详批兖州府查议外，所有卫公、宗圣、仲庙钦赐地亩，应否免派之处，拟合咨询。为此合咨贵府，烦将卫公宗圣仲庙钦赐免例一则地并寄庄一则二则地，应否免派河夫帮贴之处，希速确查妥议移司，以凭详夺，幸勿迟滞施行等因到府。准此，随经札付仲翰博，速行查覆叠准司催转去后，今于本月二十一日据该翰博申覆前事申称，蒙札查河夫帮贴一项，圣贤子孙除钦赐祭田例地外，一切自置民田，因买卖无常，不便豁免。职随备查全书内开载卫公宗圣仲庙恩免一则地六十四顷，每亩比百姓免派银九厘，二则地四十顷，每亩比百姓免派银四厘五毫，载在《济宁志》。当年原不足额，

---

① （清）曾衍咏纂修：《山东武城曾氏重修族谱不分卷·武城曾氏谱序》（清同治十一年刻本）。

今止存免例一则地八顷二十一亩，二则地二十一顷五十亩，其余仲氏阖族地亩俱系续置民田，从前亦俱免河夫，相沿已久。今蒙行查，合即据实呈明，应否仍照旧例恩免，亦或止存例地免派，但恩渥出自上宪，伏乞大宗府恩准转咨施行等情到府，据此查该翰博申开数目与贵州原详数目大不相符。即据申开一则地八顷二十一亩，二则地二十一顷五十亩之处，亦无确据可凭。现今河夫帮贴议入大粮，必须确有可据，从无买卖之例地，并有实在数目方可咨覆免派。为此相应移文贵州。烦为查照文内事理，希即确查卫公宗圣仲庙钦赐例地实在确据，画一数目，移覆过府，以凭咨覆。此系藩司立等转详之案，希于封篆内查明移覆，幸勿迟滞施行。须至移文者。[①]

这一则档案记录了济宁州为查实仲氏世袭五经博士应该优免的例地，移文衍圣公予以定夺。衍圣公没有自行决断，而是进一步要求属员世袭五经博士查清自己的例地数量和优免惯例，发现两者数额相差很大后衍圣公并没有行使自己的确认权，需要再确查之后，上报准确数额，所以再次移文给济宁州确认地亩数额。“画一数目，移覆过府，以凭咨覆”，以便最终由衍圣公行使确认权，完成整个行政程序。

① 曲阜师范学院历史系编辑：《曲阜孔府档案史料选编 · 第 3 编　清代档案史料 · 第 2 册　圣贤后裔》，齐鲁书社 1980 年版，第 210 ～ 211 页。

结 论

世袭五经博士这个庞大的特殊群体，不仅在时间上贯穿明、清、民国三代，前后在历史舞台上活跃近五百年，留下了丰富的文献、档案等文字资料，以及建筑、墓葬等这些沉默但却直白的“语言”，而且他们的日常生活横跨政治（官僚制度）、经济（赋税、田土制度）、文化（儒家圣贤文化与制度）社会科学三大传统领域，但当今学术史上这一群体进行系统研究的却是凤毛麟角，如此宝贵的历史财富却被弃置在故纸堆中不无遗憾。

处于官僚、法律、宗族制度三个传统法律史研究领域交叉地带的世袭五经博士，他们既是国家官僚队伍中的一员，又是圣贤后裔宗族中的嫡后宗子，亦掌控着家法族规的运行，他们在不同的历史场域中，以不同的“角色”和“脸谱”示人，游走在三者交界之处，掌握着自己的平衡砝码，拥有权力却又受到节制，处于官僚队伍之中但全无政事“缠身”，一系列专门措置的圣贤特权又让他们迥异于普通地主家庭，毫无疑问是中华法文明中特色鲜明的组成部分。

对于法律史学科而言，对世袭五经博士的史实考证是基础性的工作，但更重要的也是最有难度的，是对世袭五经博士的法现象进行法理视角的考究分析。

传统的法理学理论框架虽然可以在枝丫上对世袭五经博士的法现象进行拾零，但总难以在整体上对其法现象进行描摹。华东政法大学的童之伟教授所提倡的“法权”理论，恰好弥补了这一缺点，既兼顾了传统法学理论所重视的权利、权力现象的分别探讨，又将“权利”之权与“权力”之权整合在一起，观察到了两者背后的本质是国家保护的利益，从而在整体上对世袭五经博士法现象进行宏观的认识和研究，避免了陷入权力与权利对立的理论泥沼，这对于世袭五经博士这一群体而言是尤为重要的，假如历史上的他们失去了权力（包括权力角色与内容），特殊的权利对于他们而言就是风雨飘摇的一叶扁舟，不可能维持达五百年之久，假如历史上的他们失去了特殊的权利，那么权力根本无从谈起，因为毕竟无有所维护的对象，更何况历史不容假设，世袭五经博士身上就是集合了两种要素，对这两种研究要素最科学的理论框架就是“法权”理论。

在上文中笔者已经指出，在中国传统社会中政治对于其他领域而言是根本性的存在，其他领域可以由政治衍生出或者受到政治不同程度的影响和侵蚀。对于古代中国社会中的权利与权力现象而言，无疑皇权又是一切法权的出发原点。

首先，对于世袭五经博士法权的来源问题，虽然皇权明显在其中起着决定性的作用，直接掌握着世袭博士法权授予的权柄，但这并非代表皇权就全然不受其他因素的影响，或者说其对于国家制度的安排是肆意的，尤其是我们能够注意到世袭五经博士作为文脉传承的象征，儒家文化所带来的巨大影响力给予这一群体的加持效应，甚至可以解读出皇权面对儒家文化时表现出其羸弱的一面。

除了这种文化所表现出来对皇权影响的张力以外，皇权本身对是否授予世袭博士特权也有自己的考量，而这种考量是丰富的，有时局政治斗争的需要，有文治功绩的宣扬，有统治合法性的证明等，透过这些影响因素我们可以看出，世袭五经博士的授予成为维系统治、平衡政局的一种工具，也不全然是统治者所宣扬的那样：“以颜、孟有功于世道，询其嫡长子孙，召赴阙庭”，“是知吾道之脉，必荷圣天子有崇儒重道之心，始能光显先圣先贤之后，以致太平之治也”。[①]

不过，对于圣贤后裔而言皇帝是否真的是崇儒重道，这也无甚重要，对于他们而言，如何借由自己珍惜的身份特征保护自己的既得利益，并以此争取利益最大化才是最优先的考虑。我们可以看到从宋代以来到清代初年，世袭五经博士的法权是呈现扩大的趋势，这表明随着帝国体制的成熟，与圣贤后裔的融合是逐渐加深的，他们利用自己特殊的身份赢得了更多的好处，但是清代中期至清代末年以至于民国，随着王朝制度盛极而衰，以我们的常识理解，越是衰落越要收拾人心，越是接近崩溃的边缘，越要强调统治思想的主体性。

的确，清代统治者也是这样做的，但对于世袭五经博士而言，清代只不过重新确定了前朝所赐予他们的法权与利益，其他封赠也仅仅止步于政治上的褒扬，并未有实质性的利益增加。这就说明，世袭五经博士的工具性价值已经大为下降，甚至世袭五经博士的法权与皇权之间产生了颇多的矛盾和冲突，从世袭五经博士违反国家法制，不断触犯律条即可以看出这一点。近五百年来，世袭五经博士与皇帝之间、皇权与世袭五经博士的法权之间总是心照不宣地处理

① 刘培桂编著：《孟子林庙历代石刻集》，齐鲁书社 2005 年版，第 279 页。

着彼此的关系，在利益一致的方面他们竭力配合，戮力同心。而在产生利益矛盾冲突的场域，他们之间则暗流涌动，互相博弈，展现了一幅帝制时代生动的法权关系图谱。

对世袭五经博士法权内容的分析以权力为切入点，以场域、角色为视角，亚圣裔世袭五经博士分别有不同的法权内容。在亚圣府府衙中他是府衙中的“大老爷”，是科层制结构中的权力中枢，位于权力金字塔的顶端，对本府一切事务拥有着最终的决定权。同时为了高效率管理维护府务、林务、庙务的处置，其建立了一套几乎脱离了血缘亲属关系的机构体系，这种现象在我们的常识中也是突破性的，我们通常会认为，孟府一方面作为宗族衙门应该大量由本宗族的人员参与府庙林的事务管理，事实上，除了林务庙务以外，世袭五经博士任用了大量的非本姓人员来进行管理，这也是孟府得以实现科层制的基础。

除了本地管理，通过在各地安插奉祀生一职，世袭博士的法权还延伸到全国多个地区，形成对全国多地林庙事务、宗族事务的掌控，这也是我们以往研究中较难注意到的，体现出世袭博士法权可延展的法权特色。

在宗族场域中，世袭博士除了拥有与帝制时代普通宗族相一致的权力，还形成了与曲阜孔府相近的宗族管理的机构组织，形成了自己历史上派、户、院的结构划分，有自己作为圣贤后裔特殊的方面。同时在处置宗族内部纠纷，与地方政府宗族案件往来关系上，拥有超越一般意义上大家族的特殊权力。

上述权力的运用之妙全在于如何维护其特权为要旨，上文中我们已经提到法权在本质上就是一种利益所在，对于亚圣裔世袭博士而言他们特殊的权利主要包含政治特权、经济特权、司法特权三大方面，展现了皇权对圣贤后裔的格外恩赐，也使得这一群体更加虔诚地依靠、依赖皇权，自觉地成为帝国体制的拥护者、支持者。

世袭博士尤其是亚圣裔世袭博士与曲阜衍圣公之间的法权交往是另一重要的话题，如果说朝廷与世袭博士的关系是国与族的关系，君与臣的关系，那么亚圣裔世袭博士与衍圣公之间则是家与家、族与族、上级与下级之间的复杂关系。说他们之间是家与家的关系，是因为孔孟两家累世通婚，血浓于水，互为儿女亲家；说他们之间是族与族的关系，是因为他们各自为各自家族的宗子，统合各自族裔，维系各自家族利益，又常常以“孔、孟、颜、曾”之“四氏”并称于世，以“族”为单位分享政治、经济利益；说他们之间是上下级的关系，是因为衍圣公有统摄各氏世袭博士的责任与权力，这种权力是从册立前的咨部考试开始，一直延续到世袭博士去职承袭，在时间节点上可以称得上是从出生到死亡。

衍圣公与世袭博士之间在法权交往的过程中，形成了管理与被管理的格局，衍圣公分别在司法和行政上约束着、袒护着世袭博士群体。他拥有的对世袭博士的司法权，不仅止步于世袭博士本身，还连带其宗族一起管辖。在朝廷关心的重大司法案件中，衍圣公不敢有丝毫怠慢，以秉公执法，绝不姑息养奸的正面形象展示在皇帝面前，而在田土细故等蝇头小案中，明里暗里袒护世袭博士的特权利益亦跃然纸上。在行政管理上，衍圣公以家长式的大宗主姿态，制定行政管理制度，发出行政命令，进行行政确认，掌握着统摄世袭博士的权柄。

这些纷繁复杂的法权关系，或许为我们昭示着中华法系的重要特征之一多元化的性格。武树臣教授在《论中华法系的多元性格与时代意义》一文中总结这种性格时强调："中国地域辽阔，民族众多，风土各异。集权王朝权力有限，成文法的调节功能也有限，不能靠成文法支配社会生活一切领域。同时，宗法家族历史久远，成为熟人社会的缩影。而家族首长则成为血缘群体的真正领袖。作为古老风俗习惯的总和的礼具有广阔的适用空间。一方面，成为家族法规的重要依据，从而使家族法规成为血缘群体的真正法律；另一方面，又为判例法的运用提供了空间。这就决定了中国古代的法律样式、行为规范和法律实施渠道是多元的而非单一的。中国古代社会的上述特点，最终使中华法系绕开了市民社会的必然经历，走上一条与西方古代社会完全不同的发展道路。"[①]

诚然，中华法系多元化的性格有集权王朝权力有限的原因，造成全国法制并非铁板一块，成文法与不成文法并存，各地宗法家族也在熟人社会中发挥重要作用成为历史传统。但造就中华法系多元化发展的原因也并非只有这些，本书中的世袭博士的法权能以中华法系的一个组成部分，占据中华法制文明的一席之地，靠的是孔孟儒学巨大的文化影响力，靠的是与皇权相互利用又相互斗法中的自我成就。站在皇权的角度来说，历史上世袭博士的法权样貌是皇权利用他们所产生的副产品，是皇帝不愿见到的。据《清会典》中记载，乾隆三十五年（1770 年）清高宗曾有这样一段谕旨：

---

① 武树臣：《论中华法系的多元性格与时代意义》，《人民论坛》2013 年第 2 期，第 36 ～ 41 页。

六月谕，向遇国家庆典，衍圣公及五经博士，俱有来京朝贺之例。今思五经博士，虽膺章服之荣，究与各省绅士无异，且其品秩不崇，非若衍圣公之身膺显爵者可比。伊等趋诣阙廷，既无由一体延见加恩，徒令其跋涉往来，致滋縻费，甚无谓也。嗣后五经博士，凡遇庆典，俱在各本籍随班行礼，其来京朝贺之例，着永行停止。至衍圣公孔昭焕，昨已传谕，令其今年且不必来京。将来遇有应行朝贺之事，并着先期奏请，候旨遵行着为令。①

此时，清高宗口中的世袭五经博士品阶不高，并非显爵，与地方地主豪绅无甚差异，皇帝还为他们考虑，来京也不见恩宠加恩，所以不让其来京朝贺，防止铺张浪费加重他们的经济负担。但如果参照同年同月不同日的另一则史料进行分析，就可以知道乾隆皇帝实在是口是心非。

中国第一历史档案馆藏浙江巡抚熊学鹏奏疏称：

本年闰五月内，据衢州府西安县五经博士孔传锦咨呈内称，该博士欲进京庆贺（朱批：岂有此理）皇上六旬万寿，请给勘合，填支骑马五匹，引马一匹，包马一匹，水路船一只，夫人名等情到臣。臣查本年四月二十四日，钦奉上谕：本年为朕六旬庆辰，中外臣民，或有以周甲圣节□请祝厘者，虽出爱戴至诚，但崇尚繁文必致耗縻物力，朕心不以为然，该督等诚切呼嵩，届期祗项率领官吏绅士，于万寿宫照常行礼祝。钦此。钦遵。臣当即敬谨眷黄颁发，通行晓谕在案。惟是本年恭逢皇上六旬万寿，普天同庆，在籍大臣心切爱戴，亦有情原赴京祝厘者，亦不呈明地方官，皆系自备脚力，从无请给勘合之人。查五经博士孔传锦于乾隆十六年，进京恭祝皇太后万寿，在浙起身之时并未请给勘合，迨至到京后该博士详请衍圣公咨兵部填给勘合，（朱批：是彼时兵部错了）回浙遂即援为成例。臣愚伏思孔传锦乃系在籍官，即受恩深重，进京恭祝万寿，即当自备脚力，何得请动用朝廷勘合支给夫马船只，于义似觉未协，经臣批饬不准，行令该管地方官传谕孔传锦遵照在案。

①《清通典》卷五十一《圣节朝贺》（清文渊阁四库全书本）。

再查在籍大臣绅士凡有己身事务，悉系具呈地方官转详，更无自刻钤记直移巡抚衙门之例，孔传锦不过承袭博士，居住浙江衢州府西安县，与本籍绅士无异，及用自刻钤记咨呈巡抚衙门（朱批：当不得与绅士□正，必然一多事之人）俨然与封疆大臣平行，亦与体制未合。且查近奉定例，向用钤记之佐又杂以及并关防之游擎，都司守备等官俱报明布政司衙门颁给钤记，不得私自镌刻，盖以文职传杂，武职游都，守备虽非正印大员，各有承办公务，是以颁给钤记，然亦不准其私自镌刻也。今孔传锦不过承袭五经博士，并无职等，更无承办公务，何得私刻钤记。现在借以予令耀乡里，日久难免恃势，别生事端。臣谨请一并饬毁禁用，以杜净采滋事之渐。臣言是否有当，伏乞皇上睿鉴，训示施行。谨奏。（朱批：是，知道了）[①]

乾隆三十五年六月初四日

从这件奏疏所报的情况来看，此时在纸面之下的世袭博士自刻钤记，动辄行文督抚要求支给船、马，“俨然与封疆大臣平行”，决然不是乾隆皇帝口中的“虽膺章服之荣，究与各省绅士无异，且其品秩不崇，非若衍圣公之身膺显爵者可比”，那么的低调、卑微。表面上看乾隆的谕旨是在为世袭博士的经济压力考虑，但实质上，非但世袭博士没有这种压力，反而特权愈发膨胀。显然，乾隆皇帝在刻意隐瞒这种“借以予令耀乡里”的失控状态，谕旨中一套说辞，朱批中又是另一套说辞，态度亦是迥然，其中缘由，正是两者之间纠缠着、利用着的复杂状况。世袭博士法权的这种存在形态，使得他们成为中华法文明多元化特征中，更加富有特色的组成部分。

---

① 《奏为西安县五经博士孔传锦拟进京庆贺皇上万寿自刻钤记沿途使用请饬禁用事》，乾隆三十五年六月初四日，档案号：04-01-14-0036-007，中国第一历史档案馆藏。

参考文献

一、史料、古籍类

[1]（秦）吕不韦撰、（东汉）高诱注：《吕氏春秋》，四部丛刊景明刊本。

[2]（西汉）司马迁：《史记》，清乾隆武英殿刻本。

[3]（东汉）班固：《汉书》，清乾隆武英殿刻本。

[4]（东汉）班固：《白虎通德论》，四部丛刊景元大德覆宋监本。

[5]（东汉）何休：《春秋公羊经传解诂》，四部丛刊景宋建安余氏刊本。

[6]（东汉）郑玄注、（唐）陆德明音义：《礼记》，四部丛刊景宋本。

[7]（东汉）荀悦：《汉纪》，四部丛刊景明嘉靖刻本。

[8]（东汉）郑玄注、（唐）贾公彦疏：《仪礼注疏》，清嘉庆二十年南昌府学重刊宋本十三经注疏本。

[9]（南北朝）皇侃：《论语义疏》，清知不足斋丛书本。

[10]（唐）姚思廉：《梁书》，清乾隆武英殿刻本。

[11]（唐）魏征等：《群书治要》，中国书店 2014 年版。

[12]（唐）房玄龄等：《晋书》，清乾隆武英殿刻本。

[13]（唐）实叉难陀译：《大方广佛华严经》，大正新修大藏经本。

[14]《全唐诗》，清文渊阁四库全书本。

[15]（北宋）欧阳修、（北宋）宋祁：《新唐书》，清乾隆武英殿刻本。

[16]（北宋）司马光：《资治通鉴》，四部丛刊景宋刻本。

[17]（北宋）张载：《张载集》，中华书局 1978 年版。

[18]（南宋）谢枋得：《叠山集·送方伯载归三山序》，四部丛刊续编景明本。

[19]（南宋）黎靖德编：《朱子语类》，明成化九年陈炜刻本。

[20]（南宋）吴自牧：《梦粱录》，清学津讨原本。

[21]（南宋）汪晫辑：《曾子子思子全书·子思子全书》，清文渊阁四库全书本。

[22]（南宋）韩淲：《涧泉日记》，清武英殿聚珍版丛书本。
[23]（南宋）陈元靓编：《事林广记》，元至顺建安椿庄书院刻本。
[24]（南宋）彭大雅：《黑鞑事略》，明嘉靖二十一年钞本。
[25]（金）孔元措：《孔氏祖庭广记》，清咸丰三年仁和胡氏木活字排印本。
[26]（元）脱脱等：《宋史》，清乾隆武英殿刻本。
[27]《元典章》，元刻本。
[28]（元）于钦：《齐乘》，清乾隆四十六年刻本。
[29]（元）刘孟琛：《南台备要》，明永乐大典本。
[30]（元）许有壬:《至正集》，清文渊阁四库全书补配清文津阁四库全书本。
[31]（元）程钜夫:《雪楼集》，清文渊阁四库全书补配清文津阁四库全书本。
[32]（元）《居家必用事类全集》，明刻本。
[33]（元）《庙学典礼》，清文渊阁四库全书本。
[34]（明）刘基著、林家骊点校：《刘基集》，浙江古籍出版社 1999 年版。
[35]（明）王世贞：《弇州稿选 · 读元史》，齐鲁书社 1997 年版。
[36]（明）宋濂等：《元史》，清乾隆武英殿刻本。
[37]（明）申时行：《大明会典》，明万历内府刻本。
[38]（明）俞汝楫、俞廷教：《礼部志稿》，清文渊阁四库全书本。
[39]（明）陈镐：《阙里志》，明嘉靖刻本。
[40]（明）陈建：《皇明通纪法传全录》，明崇祯九年刻本。
[41]（明）王廷相：《浚川公移集》，明嘉靖至隆庆间刊本。
[42]（明）李贽：《续藏书》，中华书局 1974 年版。
[43]（明）钱德洪、（明）王汝中：《王阳明年谱》卷三《年谱二》。
[44]（明）丘浚：《丘浚集》第 8 册，海南出版社 2006 年版。
[45]（明）高拱：《高拱全集》上，中州古籍出版社 2006 年版。
[46]（明）沈德符：《万历野获编》，文化艺术出版社 1998 年版。
[47]（明）雷礼：《皇明大政纪》，明万历刻本。
[48]（明）吕元善：《圣门志》，明刊本。
[49]（明）胡继先纂修：《邹志》，明万历三十九年刻本。
[50]（明）刘节：《南安府志》，明嘉靖刻本。
[51]（明）黄润玉：《宁波府简要志（明成化）》，清钞本。
[52]（明）钱谦益：《国初群雄事略》，民国乌程张氏刊本。

[53]（明）吕兆祥、（明）东野武、（清）东野沛然：《东野志》，哈佛大学燕京图书馆藏。

[54]（清）孟广均编：《孟子世家谱（清同治本）》，现存邹城市文物局。

[55]（清）曾国荃重修：《宗圣志》，山东友谊出版社 1989 年版。

[56]（清）陈梦雷编纂：《古今图书集成·明伦汇编·官常典·贤裔部》，清雍正铜活字本。

[57]《清会典事例》，清光绪印本。

[58]（清）汪辉祖著、王宗志等注释：《双节堂庸训》，天津古籍出版社 1995 年版。

[59]（清）薛允升：《读例存疑》，清光绪北京琉璃厂翰茂斋刻本。

[60]《清文献通考》，文渊阁四库全书本。

[61]（清）孟广均原纂，（清）陈锦、（清）孙葆田重纂：《重纂三迁志》，山东友谊出版社 1989 年版。

[62]（清）嵇璜：《续文献通考》，清文渊阁四库全书本。

[63]（清）钱大昕：《潜研堂集》，清嘉庆十一年刻本。

[64]（清）董诰辑：《全唐文》，清嘉庆内府刻本。

[65]（清）张廷玉等：《明史》，清乾隆武英殿刻本。

[66]（清）孔毓圻等撰：《幸鲁盛典》，孔子博物馆藏。

[67]（清）陈鼎：《东林列传》，清文渊阁四库全书本。

[68]（清）朱彝尊：《曝书亭集》，四部丛刊景清康熙本。

[69]《大清会典则例》，清文渊阁四库全书本。

[70]（清）汪廷珍等：《钦定礼部则例》，嘉庆二十五年刊本。

[71]（清）锡珍：《吏部铨选则例》，清光绪十二年刻本。

[72]《钦定大清会典（光绪朝）》，清文渊阁四库全书本。

[73]（清）刘宝楠：《论语正义》，清同治刻本。

[74]（清）孔继汾：《阙里文献考》，清乾隆刻本。

[75]（清）娄一均修、周翼纂：《邹县志》，清康熙五十四年刊本。

[76]（清）潘莱峰修、王寅山纂：《续修广饶县志》，民国二十四年铅印本。

[77]（清）李希贤修、（清）潘遇莘纂：《沂州府志》，清乾隆二十五年刻本。

[78]（清）孔继善等辑：《续修优复恩例》，清同治六年刊本。

[79]（清）生克中：《滕县续志稿》，清宣统三年铅印本。

[80]（清）谈迁：《国榷》，清钞本。

[81]（清）岳浚修、（清）杜诏纂：《山东通志（清雍正）》，清文渊阁四库全书本。

[82]（清）张行言：《圣门礼乐统》，清康熙四十一年万松书院刻本。

[83]（清）黄维翰纂修、（清）袁传裘续纂修：《巨野县志（清道光）》，清道光二十六年续修刻本。

[84]（清）《孟子世家迁居汶上谱》，清同治本。

[85]《清通典》，清文渊阁四库全书本。

[86]（清）潘相纂修：《曲阜县志（清乾隆）》卷之三十五，清乾隆三十九年刻本。

[87]（清）曾衍咏纂修：《山东武城曾氏重修族谱》，清同治十一年刻本。

[88]（清）《孟子世家流寓沂州府兰山县相公庄支谱》，现藏于上海图书馆。

[89] 徐珂编撰：《清稗类钞》，民国六年商务印书馆初版。

[90] 赵尔巽：《清史稿》，民国十七年清史馆本。

[91] 徐镜泉纂辑、孔繁英参订、徐寿昌点校：《孔氏南宗考略》。

[92]《行政院训令》第二七二〇号（1935 年 5 月 13 日），教育部公报 1935 年第 19、20 期。

[93]《明英宗实录》，台北“中央研究院”历史语言研究所 1962 年版。

[94]《明实录 · 附录 · 94　崇祯长编》，台北“中央研究院”历史语言研究所 1962 年版。

[95]《明武宗实录》，台北“中央研究院”历史语言研究所 1964 年版。

[96] 中国社会科学院近代史研究所中华民国史研究室、山东省曲阜文物管理委员会：《孔府档案选编》，中华书局 1982 年版。

[97]《康熙起居注》，中华书局 1984 年版。

[98] 中国第一历史档案馆编：《乾隆朝上谕档》第 1 册，档案出版社 1986—1991 年版。

[99] 山东邹县地方史志编纂委员会办公室：《邹县旧志汇编》，山东济宁新闻出版局 1986 年版。

[100] 中国社会科学院历史研究所：《曲阜孔府档案史料选编》，齐鲁书社 1988 年版。

[101] 中国第二历史档案馆编：《中华民国史档案资料汇编》，江苏古籍出版社 1991 年版。

[102] 程鹰、张红均编：《二程故里志》，河南大学出版社 1992 年版。

[103] 孔宪尧：《历代邹县志十种》，中国工人出版社 1995 年版。

[104] 刘俊文：《唐律疏议笺解》，中华书局 1996 年版。

[105] 怀效锋点校：《大明律》，法律出版社 1999 年版。

[106] 刘培桂编著：《孟子林庙历代题咏集》，齐鲁书社 2001 年版。

[107] 凤凰出版社编选：《中国地方志集成 · 山东府县志辑 · 79 嘉祥县志》，凤凰出版社 2004 年版。

[108] 刘培桂编著：《孟子林庙历代石刻集》，齐鲁书社 2005 年版。

[109]《钞本明实录》，线装书局 2005 年版。

[110] 郭齐、李文泽主编：《儒藏 · 史部 · 孔孟史志 2 · 阙里广志》，四川大学出版社 2005 年版。

[111] 郭齐、李文泽主编：《儒藏 · 史部 · 孔孟史志 7 · 圣门志考略》，四川大学出版社 2005 年版。

[112] 郭齐、李文泽主编：《儒藏 · 史部 · 孔孟史志 8 · 宗圣志（明）》，四川大学出版社 2005 年版。

[113] 郭齐、李文泽主编：《儒藏 · 史部 · 孔孟史志 9 · 三迁志（明）》，四川大学出版社 2005 年版。

[114] 郭齐、李文泽主编：《儒藏 · 史部 · 孔孟史志 10 · 三迁志（清）》，四川大学出版社 2005 年版。

[115] 郭齐、李文泽主编：《儒藏 · 史部 · 孔孟史志 10 · 重纂三迁志》，四川大学出版社 2005 年版。

[116]《清实录》，中华书局 2008 年版。

[117] 孙葆田：《山东文献集成 · 孟志编略》第 11 册，山东大学出版社 2009 年版。

[118] 孟继新主编：《孔府档案珍藏》，中国社会出版社 2010 年版。

[119] 刘泽民总主编、李玉明执行总主编、张培莲主编：《三晋石刻大全 · 盐湖区卷》，三晋出版社 2010 年版。

[120] 郑建芳主编：《孟府档案辑录》，中国社会出版社 2013 年版。

[121] 周秋芳、王宏编：《中国家谱资料选编 · 家规则约》，上海古籍出版社 2013 年版。

[122] 宫晓卫等：《孟府档案全编（前集）》，齐鲁书社 2014 年版。

[123] 李彬等主编：《孟庙孟府孟林碑刻集》，齐鲁书社 2019 年版。

[124] 刘培桂编著：《子思书院　断机堂历代诗文集》，齐鲁书社 2019 年版。

二、专著类

[1] 中共邹县县委等编著：《罪恶累累“亚圣府”》，山东人民出版社 1976 年版。

[2] 杨为珍、郭荣光主编：《〈红楼梦〉辞典》，山东文艺出版社 1986 年版。

[3] 赵德馨主编：《中国经济史辞典》，湖北辞书出版社 1990 年版。

[4] 陈鹏：《中国婚姻史稿》，中华书局 1990 年版。

[5] 济宁市政协文史资料委员会、邹县政协文史资料委员会编：《孟子家世》，中国文史出版社 1991 年版。

[6] 济宁市政协文史资料委员会、嘉祥县政协文史资料委员会编：《曾子家世》，齐鲁书社 1997 年版。

[7] 姬金铎：《韦伯传》，河北人民出版社 1998 年版。

[8] 许大龄：《明清史论集》，北京大学出版社 2000 年版。

[9] 肖蔚云、姜明安：《北京大学法学百科全书·宪法学·行政法学》，北京大学出版社 2001 年版。

[10] 童之伟：《法权与宪政》，山东人民出版社 2001 年版。

[11] 刘培桂：《孟子与孟子故里》，中国文史出版社 2001 年版。

[12] 瞿同祖：《清代地方政府》，范忠信等译，法律出版社 2003 年版。

[13] 李治安：《元代政治制度研究》，人民出版社 2003 年版。

[14] 吴春雷：《中国司法权的建构》，兰州大学出版社 2004 年版。

[15] 陈梧桐、彭勇：《明史十讲》，上海古籍出版社 2007 年版。

[16] 张千帆主编：《宪法学》（第 2 版），法律出版社 2008 年版。

[17] 刘培桂：《孟子志》，山东人民出版社 2009 年版。

[18] 朱松美、王志民：《孟府文化研究》，中华书局 2013 年版。

[19] 朱松美：《邹城孟氏家风》，人民出版社 2015 年版。

[20] 刘旭光：《孟子家族的记忆：孟府档案管理研究》，世界图书出版社 2015 年版。

[21] 孟宪新：《孟府记忆》，中国文史出版社 2019 年版。

三、论文类

[1] 朱松美：《孔府与孟府关系发微》，《孔子研究》2014 年第 1 期。

[2] 金萍：《家风文化形塑与地方性文化治理——孟子后裔古村落空间治理文化考察》，《甘肃社会科学》2017 年第 4 期。

[3] 刘培桂编著：《孟子林庙历代石刻概述》，《孔子研究》2002 年第 5 期。

[4] 罗国燕、边茂春：《解密孟府档案　弘扬母教文化》，《山东档案》2016 年第 3 期。

[5] 杨海文：《孟子研究的史学进路——兼评刘培桂先生新著〈孟子与孟子故里〉》，《华南理工大学学报（社会科学版）》2003 年第 4 期。

[6] 孔莹、王成舜：《圣贤后裔五经博士考》，《山东档案》2007 年第 5 期。

[7] 刘旭光：《孟府档案的发现》，《档案学通讯》2010 年第 4 期。

[8] 刘旭光：《孟府档案研究管窥》，《山东档案》2011 年第 5 期。

[9] 刘旭光：《孟府档案中的珍品——敕命文书》，《档案学研究》2012 年第 1 期。

[10] 张欢：《孟府档案文化研究》，《北京档案》2018 年第 5 期。

[11] 中共邹县县委、六一九〇部队、曲阜师范学院中文系编写组：《罪恶累累"亚圣府"》，《破与立》1975 年第 5 期。

[12] 郑成礼：《界石碑下血迹斑斑》，《文物》1974 年第 9 期。

[13] 邹文军：《尊孔与侵略、卖国》，《文物》1974 年第 9 期。

[14] 单其悦：《"孟府"的"仁政"就是吃人》，《破与立》1974 年第 2 期。

[15] 吴涛：《西汉博士杂考》，《洛阳师范学院学报》2014 年第 3 期。

[16] 李成晴：《唐五经博士考》，《清华大学学报（哲学社会科学版）》2013 年第增 1 期。

[17] 李俊领：《"文治"与圣裔：国民政府对孔德成的借助及其困境》，《抗日战争研究》2017 年第 2 期。

[18] 尹选波：《试论景泰帝朱祁钰》，《明史研究》1993 年第 3 期。

[19] 文师华、包忠荣：《曾巩家族的〈二源曾氏族谱〉》，《文学遗产》

2007 年第 5 期。

[20] 王春花 :《圣贤后裔奉祀生初探》,《清史论丛》2008 年第 1 期。

[21] 钱杭 :《宗族建构过程中的血缘与世系》,《历史研究》2009 年第 4 期。

[22] 赵宇 :《儒家“亚圣”名号变迁考——关于宋元政治与理学道统论之互动研究》,《历史研究》2017 年第 4 期。

[23] 赵文坦 :《文宣公孔仁玉中兴本事考》,《孔子研究》2015 年第 3 期。

[24] 周郢 :《〈左传精舍志〉与清代“左邱公案”》,《山东图书馆学刊》2009 年第 5 期

[25] 栗铭徽 :《清代法律位阶关系新论——以〈大清律例〉和〈户部则例〉的关系为例》,《华东政法大学学报》2017 年第 3 期

[26] 尤陈俊 :《“新法律史”如何可能——美国的中国法律史研究新动向及其启示》,《开放时代》2008 年第 6 期。

[27] 杜正贞 :《从“契照”到土地所有权状——以龙泉司法档案为中心的研究》,《中国经济史研究》2017 年第 3 期。

[28] 何爱云:《新时期廉政教育研究》, 中共中央党校博士学位论文, 2012 年。

[29] 崔明石:《话语与叙事:文化视域下的情理法》, 吉林大学博士学位论文, 2011 年。

[30] 袁兆春 :《孔氏家族宗族法及其法定特权研究》, 华东政法学院博士学位论文, 2005 年。

[31] 原美林:《中国传统家族司法研究》, 湘潭大学博士学位论文, 2012 年。

[32] 肖淑辉:《清代衍圣公司法权研究》, 山东大学硕士学位论文, 2017 年。

[33] 樊淑敏 :《审美视阈中的土地崇拜文化研究》, 上海师范大学博士学位论文, 2009 年。

[34] 默书民:《元代的山东东西道辖区考析》,《中国史研究》2007 年第 3 期。

[35] 王敬松 :《元代宪司分行录囚述论》,《北京联合大学学报(人文社会科学版)》2013 年第 1 期。

[36] 郭兆斌:《元代肃政廉访司研究》, 河北师范大学硕士学位论文, 2012 年。

[37] 郭静如:《元朝地方监察制度研究》, 郑州大学硕士学位论文, 2018 年。

[38] 洪金富 :《元代监察官吏的出巡日期问题》,《新史学》(中国台湾)2002 年第 2 期。

[39] 丁一 :《元代监司道区划考——兼论元代政治泛区的划分》,《中国历

史地理论丛》2012 年第 1 期。

[40] 杜立晖、付春梅：《元代河西陇北道肃政廉访司分司的设置与运作——以黑水城文献为中心》，《宁夏社会科学》2017 年第 3 期。

[41] 陈高华：《元代佛教寺院赋役的演变》，《北京联合大学学报（人文社会科学版）》2013 年第 3 期。

[42] 宋冬梅：《儒家道统中的孟子升格与孔孟之道》，《中国文化论衡》2017 年第 2 期。

[43] 武树臣：《论中华法系的多元性格与时代意义》，《人民论坛》2013 年第 2 期。

四、域外文献类

[1] [英] R. 科特威尔：《法律社会学导论》，潘大松等译，华夏出版社 1989 年版。

[2] [英] 伊莎贝拉·韦廉臣：《中国古道：1881 韦廉臣夫人从烟台到北京行纪》，刘惠琴、陈海涛译注，中华书局 2019 年版。

[3] [法] 马克·布洛赫：《历史学家的技艺》（第 2 版），黄艳红译，中国人民大学出版社 2011 年版。

[4]《马克思恩格斯选集》第 4 卷，人民出版社 1972 年版。

[5] [日] 滋贺秀三：《中国家族法原理》，张建国等译，法律出版社 2003 年版。

[6] [美] 霍贝尔：《原始人的法》，法律出版社 2005 年版。

[7] [德] 马克斯·韦伯：《经济与社会》第 2 卷，阎克文译，上海人民出版社 2010 年版。

[8] [德] 马克斯·韦伯：《儒教与道教》，洪天富译，江苏人民出版社 1995 年版。

[9] [德] 马克斯·韦伯：《韦伯作品集 2·经济与历史支配的类型》，康乐等译，广西师范大学出版社 2004 年版。

[10] [美] E. 博登海默：《法理学：法律哲学与法律方法》，邓正来译，中国政法大学出版社 2004 年版。

后　记

我寝室所在的这栋建筑在武汉南湖的东岸，中南财经政法大学将他命名为“环湖公寓”，在我看来，更应该叫作“滨湖”或者“望湖”。每到当下这个季节，西落的骄阳会把楼顶晒得焦烫，寝室像是刚被烧开的热水淋湿一样，既闷又热，令人十分不舒服，不过获得一点补偿的是，可以方便地径直登上天台，居高临下，把南湖的景致看个明白。

三年来，无论武汉的天气怎样变化，这片水域总是保持着沉稳、静谧，沉稳到，如果你不朝着湖岸多迈出几步，甚至会忽略了他存在而且宽阔的事实。当然，这种忽视倒也不全在其波澜不惊，世间声名远扬的湖泊大多是因为诗歌的称颂，幸运的是这里虽然没有李杜、苏黄，但这里有更多青春的读者，在清晨，在午后、黄昏，在岸边，在此地，翻开书封，日月盈昃、星汉灿烂随着湖水来回泛动于两岸，蒸腾的气蕴攒涌在远方的大小楼宇之间，对面的狮子山虽然不是重峦叠嶂，逶迤起伏，却也低矮厚重地端坐。记得三年前刚刚搬来校园时，它是暂露初秋的橙黄色，去年冬天的一场大雪，让我第一次有了“遥山雪气入疏帘，罗幕晓寒添”的清寂之感，到如今我望着它，各相视无言，全然已是盛夏的葱茏。

南湖的上空，落日的余晖铺陈到天上散开的霞光，会让人心心念念，也最难捕捉，几次三番看到了，等到跑向前去，按下快门时，已经没有了刚刚的样子。令人心动的美好总是偶然间察觉到，然后眼见他一点点地消失却不能紧紧握住，徒然心生遗憾与无力之感。天空从来不会飘着两朵完全相同的白云，虽然绝美的景致稍纵即逝，但正因如此，就给了人更多可能的惊喜的期待，“多谢扁舟乘兴，慰我天涯羁思”，就将此当作略显单调的研学生活的一点趣味。

不少同学不喜欢学术研究带来的乏味和艰苦，这些我同样经历过，了解并与之相处，是需要一些勇气、毅力，尤其是法律史的研究，它一方面需要历史学中搜集史料、解读史料、驾驭史料的功底，另一方面也是最重要的是要具有法哲学的思维能力，两者结合起来才能做到贴近历史事实，才能找寻到“百姓日用而不知”的生活逻辑，这种学术要求对于大多数思想爱好者来说，也是比较难以做到的。

对于历史研究者而言，持简驭繁，化繁入简的逆向解读是颇具价值的学术贡献，但学术的训练恰恰相反。我的恩师春杨教授经常提醒我，研究生必须具有“小题大做”的能力，能够将一个小而精的微观命题，严谨地、深刻地、多角度地呈现出来，只有经过这种磨砺，才有可能达到更高层次的学术追求，切莫夸夸其谈，言之无物，这些我谨记在心。

眼前的这篇学步之作所关注的也是一个小角色、“小领导”、“小喽啰”，历史上的他在权力与特权面前，有着任性与配合、挣扎与束缚，直至被毁灭的宿命；在府衙中的他为自己置办了一整套权力的工具，挥舞着权柄；在家族中他依托血缘纽带恩威并施，大行祖宗家法，这些都展现了明清基层社会治理中一幅鲜活的人、关系、规则的图谱。不过，由于笔者学力有限，是否将其完整地描摹出来，还仰赖于各位读者的雅教。拙作从 2018 年的秋天开始动笔，每天一千字，少了于心不忍，多了质量堪忧，断断续续大概写了有三个季度，这期间多亏了业师的督促和指导，才得以告一段落。

恩师春杨教授是一位风度翩翩的知识女性。她独立的人格，渊博的学识，励志作为的人生状态，为师门做出了绝佳的表率。每当论及学术问题时，吾师总有一种求是、求实的精神，闲下来，聊到生活时，又细致入微地关心我们，并将许多做人、做事的道理通过点滴言行教导于我，这让羽翼未丰的我少走许多弯路。三年以来与恩师相处的日子，是轻松的、简单的，是自然的、纯粹的。与我同在一个师门的是霍学刚、欧阳凯和耿洁琳，现在回想起一起商讨学位论文的那些日子，顿时感觉天真可爱、不拘一格。虽然在座的各位嘴上聊着彼此的文章，但基本上都能巧妙地演变成自我“吐槽大会”。古训讲：“登高必自卑。”小伙伴们也都在超越自我中遇见了更好的自己。

阿刚不仅是我的同门，也是我们小团体中的一员。记得在校园里散步时，聊起才入学那段寒暄时光，我笑着对他说：“那时候啊，我们关系还不好！”阿坤和阿炳也跟着笑起来，忙着解围：“什么关系不好，那叫还不熟。”日后，逐渐熟络的我们，在淋过大雨的庐山牯岭镇，仰天长叹再也不爬山了，在岳阳听过司机师傅的抱怨，在长沙捡到过一百块钱并称之为长沙人民的热情好客，在广州尝到过还挺好喝的姜撞奶。现如今，耳旁曾经的嬉闹声渐行渐远，毫不意外地我们来到了各奔东西的季节，从前和现在的分别几乎让人失去了感伤的能力，在车水马龙中逐渐似醉如痴，只能困惑地问着自己：未来的你们在哪里？明天的你们是什么样子？

家乡泰安的先孝寺有这样一副楹联，愿与同行的诸君共勉：

十年河西，十年河东，切莫放年华虚度；
一脚门里，一脚门外，可晓得脚步留神。

巩哲

于己亥年庚午月之中南文澴楼

致　谢

《易》曰:“视履考祥。”盛夏时节, 独居小室, 方桌一张, 清茶数盏, 面南而坐, 在我的硕士学位论文基础上修改完善出版了此书。是书之成，要感谢父母的支持和关怀，导师春杨教授的推荐和鼓励，中南财经政法大学“双一流”建设工程的资助批准。

在完成书稿的过程中，笔者曾多次前往中国第一历史档案馆、山东邹城的孟庙孟府、华中师范大学图书馆查阅史料、书籍，感谢工作人员们的热心帮助。湖北人民出版社的朱小丹编辑对书稿精读数遍，校修几番，付出了不少心血，承蒙助力，谨致谢忱。

本书除了获得中央高校建设世界一流大学（学科）和特色发展引导专项资金资助外，还获得中南财经政法大学中央高校基本科研业务费专项资金资助（项目号：202010676），甘霖布润，弥足珍贵。